Ensayo sobre las palabras

Sobre la creación y el sentido
de los nombres de las cosas

FÁTIMA GORDILLO SANTIAGO

Ensayo sobre las palabras

Sobre la creación y el sentido
de los nombres de las cosas

EDICIONES OBELISCO

Si este libro le ha interesado y desea que le mantengamos informado
de nuestras publicaciones, escríbanos indicándonos qué temas son de su interés
(Astrología, Autoayuda, Psicología, Artes Marciales, Naturismo,
Espiritualidad, Tradición...) y gustosamente le complaceremos.

Puede consultar nuestro catálogo en www.edicionesobelisco.com

Colección Libros singulares
ENSAYO SOBRE LAS PALABRAS
Fátima Gordillo

1.ª edición: octubre de 2022

Corrección: *TsEdi, Teleservicios Editoriales, S. L.*
Diseño de cubierta: *TsEdi, Teleservicios Editoriales, S. L.*

© 2021, Fátima Gordillo Santiago
(Reservados todos los derechos)
© 2022, Ediciones Obelisco, S. L.
(Reservados los derechos para la presente edición)

Edita: Ediciones Obelisco, S. L.
Collita, 23-25. Pol. Ind. Molí de la Bastida
08191 Rubí - Barcelona - España
Tel. 93 309 85 25
E-mail: info@edicionesobelisco.com

ISBN: 978-84-9111-909-8
Depósito Legal: B-11.439-2022

Impreso en los talleres gráficos de Romanyà/Valls S. A.
Verdaguer, 1 - 08786 Capellades - Barcelona

Printed in Spain

AGRADECIMIENTOS

Hay mucho que agradecer en la elaboración de este trabajo.

A mis padres, que me enseñaron a hablar.

A Roberto, mi marido, por el respeto con el que me vio dedicar tanto tiempo a escribir, sin preguntar qué hacía y sin intención alguna de leerlo.

A mi hija Laura por haber sido la primera lectora, correctora y comentarista de este texto.

A mi hija Alba, porque algunas ideas de este trabajo surgieron de acaloradas conversaciones con ella.

A Flor por el cariño con que me lee y por su impulso para lanzarme a difundirlo.

A José Manuel por su revisión científica y por sus aportes de ejemplos y anotaciones.

A Antonio, mi primer profesor de oratoria, por su paciencia y por meterme, además, de cabeza en el teatro.

A Mª Dolores, porque me dio a conocer el Crátilo y porque sin ella nunca habría entrado en el mundo del periodismo.

A Maite, por el minucioso trabajo de corrección.

Y a todos aquellos, que son muchos, que ayudaron a encender la chispa.

INTRODUCCIÓN

Confucio decía con frecuencia que bastaba con que un gobernante lo emplease, para poder realizar muchas cosas en un año y lograrlo todo en tres. Un día, un discípulo le preguntó: «Si un rey fuese a confiarte un territorio que pudieras gobernar conforme a tus ideas, ¿qué es lo primero que harías?». Confucio respondió: «Mi primera tarea sería sin duda rectificar los nombres». Al oír esto, el discípulo quedó intrigado: «¿Rectificar los nombres? ¿Y ésa sería tu primera prioridad? ¿Estás bromeando?». Confucio tuvo que explicar: «Si los nombres no son correctos, si no están a la altura de las realidades, el lenguaje no tiene objeto. Si el lenguaje no tiene objeto, la acción se vuelve imposible y, por ello, todos los asuntos humanos se desintegran y su gobierno se vuelve sin sentido e imposible. De aquí que la primera tarea de un verdadero estadista sea rectificar los nombres».[1]

La primera vez que leí esta anécdota sobre Confucio, quedé tan perpleja como su discípulo. También me pregunté si el venerable anciano no estaría de broma. Sin embargo, después de muchos años trabajando en comunicación, intuí fugazmente la asombrosa inteligencia que había detrás de la prioridad de Confucio de «rectificar los nombres» antes de poder gobernar.

No se alejaba mucho Platón de Confucio al afirmar: «...La institución de nombres no es tarea para un cualquiera, ni para gente sin talento. Y Crátilo habla bien cuando dice que hay nombres que son naturales a las cosas, y que no es dado a todo el mundo ser artífice de

---

1. Del libro *Analectas,* atribuido a Confucio, aunque se trata fundamentalmente de anécdotas y palabras recogidas por sus discípulos tiempo después de su muerte. La versión y notas, magistrales, son de Simon Leys.

nombres; y que sólo es competente el que sabe qué nombre es naturalmente propio a cada cosa, y acierta a reproducir la idea mediante las letras y las sílabas»,[2] y menos difería aún al otorgar la capacidad de instituir los nombres al buen legislador.[3]

Durante años he dado clases de oratoria a todo tipo de personas. El primer ejercicio siempre es el mismo,[4] dado que permite hacer una evaluación rápida de la persona. También sirve para que el alumno se enfrente a su primera prueba en público, con algo que le permitirá ir construyendo una base paulatinamente más sólida para aprender a hablar ante otros. Ese ejercicio consiste, sencillamente, en la descripción de un objeto cotidiano (una jarra de agua, un bolígrafo, un zapato, un pasador para el pelo…), y hacerlo como si se lo tuviera que explicar a alguien que nunca ha visto algo igual. En las clases de oratoria, las correcciones iniciales más habituales suelen ser del tipo: «no te muevas tanto», «no estés tan rígido», «no te metas las manos en los bolsillos», «mira al público», «cuidado con las muletillas»…[5] y demás actitudes corporales de inseguridad, dado que los nervios son los que peores pasadas nos juegan a la hora de expresarnos en público. Sin embargo, cada vez con más frecuencia observaba que la dificultad de las personas no estaba en cómo hablar, sino en qué decir. Básicamente, no sabían cómo hacer una descripción, y era necesario parar la clase para hacer reflexionar a la persona no sólo sobre el objeto en sí, sus características y su función, sino también sobre cómo ponerse en el lugar del

---

2. De *Crátilo*, de Platón, en una versión de 1841 de las obras completas elaborada por Patricio Azcárate.

3. Para Platón, el legislador es el «artífice» de los nombres, pero es el dialéctico el que debe juzgar si los nombres son los adecuados a las cosas o no, dado que el dialéctico es el que los usa. De la misma manera que el herrero es el que fabrica las herramientas del carpintero, pero es el carpintero el único capaz de saber si estas herramientas son las adecuadas y más correctas para realizar su trabajo o no.

4. No es una técnica de mi invención, sino la que a mí me enseñaron mis profesores y con la que ellos mismos aprendieron.

5. Muletilla, en referencia a «muleta», suelen ser palabras que repetimos de manera inconsciente al hablar cuando no sabemos muy bien qué decir o cómo decirlo: «bueno», «¿no?», «entonces…». Son un apoyo para el que habla, pero denotan falta de control sobre lo que se dice, aparte de distraer y molestar enormemente al público.

otro para hacerle entender qué era y para qué servía ese objeto. Estas personas buscaban las clases de oratoria creyendo que su problema era el miedo a hablar en público, cuando el problema real era que, sencillamente, no sabían cómo expresarse, porque no sabían cómo pensar, y no sabían cómo pensar porque nunca habían reflexionado sobre las cosas, ni sobre las más simples como una jarra de agua, ni sobre otras más complejas como el amor. Se puede usar una jarra de agua sin necesidad de saber cómo se llama, pero no podremos construir una ni explicarle a nadie cómo hacerlo sin saber qué es. A grandes rasgos igual pasa con el amor, la justicia, el valor o la generosidad. Si no pensamos sobre ello para conocerlo, no podemos reconocerlo. Quizá la clave esté justamente en lo que dijo Confucio y debamos conocer primero los nombres correctos.

La palabra castellana «conocer» proviene de la raíz indoeuropea gno-.[6] De esa raíz deviene el *yo sé* sánscrito, el *yo reconocí* armenio, el *saber* gótico y el *conocer* lituano. En latín tenemos el *gnoscere*, que no es simplemente una observación de las cosas, sino que implica un aprendizaje de las mismas: *gnoscere* es «aprender a conocer a través de los sentidos». Para aprender es necesario poner parte de uno mismo, observar, analizar y pensar sobre las cosas que acontecen e integrarlas a uno; por eso es necesario primero «cogerlas», apresarlas. Aprender (de la raíz gheng-, que significa *coger* o *agarrar*; de ahí viene también *aprehender*) es un esfuerzo que requiere valor (también de la raíz gno- proviene *denuedo*, que significa valentía e intrepidez). El valor es lo contrario a la aprehensión. En esta última palabra, aunque proviene de la misma raíz que aprender, a causa de la partícula latina *hensum* (preso) el valor necesario para conocer se convierte en un temor infundado que nos impide aprender. Sin embargo, ningún daño nos puede causar el conocimiento de las cosas, y sí mucho su desconocimiento.

Asimismo, para acercarnos a esta palabra, viene bien analizar cada una de sus partes. «Conocer»[7] tiene como madre a la latina *cognoscere,*

---

6. Para todas las raíces indoeuropeas, he usado el *Diccionario etimológico indoeuropeo de la lengua española*, de Edward A. Roberts y Bárbara Pastor.
7. He podido completar y añadir algunas etimologías gracias al portal web http://etimologias.dechile.net

pero sus tatarabuelas indoeuropeas son la ya mencionada gno- y kom-, que indica *junto, cerca* y *con*, porque para conocer algo es necesario acercarse a ello, salir a su encuentro (encontrar) y ponerse frente a ello (contra). Para conocer algo, hay que ir hacia ello con valor y cogerlo. Sólo poseyendo el conocimiento de una cosa podremos luego contarla a otros; gno- y el sufijo -ro- dieron lugar a la palabra latina *gnarus* (conocedor), de donde deriva *narro*, que es, sencillamente, narrar.

Con este inciso etimológico, trato de introducir en el lector la idea de que muchas de las dificultades que la gente suele tener para expresarse provienen de la falta de conocimiento del significado real de las palabras. Con el tiempo, el uso y las conveniencias, muchos conceptos han sufrido un proceso de maquillado estético tan feroz que han dejado de significar lo que significan y han quedado, literalmente, vaciadas de su contenido, ocupando su lugar otra cosa totalmente diferente. Es como si en el bote de la sal hubiésemos puesto azúcar. Pasará entonces que, a menos que devolvamos cada cosa a su lugar, cada vez que hagamos tortilla de patatas nos saldrá dulce, y llegará un momento en que nos acostumbraremos a usar el salero para hacer pasteles, y nunca entenderemos cómo fue que antes la gente le echaba sal a la tortilla.

La intención de este trabajo no es suplantar a filólogos y lingüistas. Este texto parte de mi propia necesidad de entender la relación entre lenguaje, pensamiento y acción. También surge de años de acumular textos, libros, artículos y estudios de muy diversos ámbitos, desde la neurolingüística al simbolismo, sobre este tema. Un material que ya requiere saber si, a pesar de sus muy diversas, y en apariencia divergentes, procedencias, existe un lugar donde puedan coexistir sin perder su coherencia. La experiencia me ha enseñado que la mejor forma de aprender es enseñando a otros o, en este caso, escribiendo para otros. Mi deseo es que este ejercicio personal sirva para desentrañar, aunque sea un poco, el sentido correcto de los nombres.

PARTE 1

CAPÍTULO 1

DE PENSAR A HABLAR, DE HABLAR A PENSAR

«El rabí le explicaba el universo
Esto es mi pie; esto el tuyo; esto la soga
y logró, al cabo de años, que el perverso
barriera bien o mal la sinagoga.

Tal vez hubo un error en la grafía
o en la articulación del Sacro Nombre;
a pesar de tan alta hechicería,
no aprendió a hablar el aprendiz de hombre».[1]

Quizá una de las cuestiones más interesantes planteadas tanto por la antropología como por la biología, la teología y la filosofía es cómo y por qué surge el lenguaje en el ser humano.

Todos los seres vivos se comunican. De una forma o de otra existen códigos que permiten que un individuo transmita información a otro e, igualmente, que sea capaz de captar los códigos del medio y transformarlos en información valiosa para la propia vida del individuo. Incluso dentro del reino vegetal se han descubierto sorprendentes mecanismos de comunicación entre los distintos árboles que conforman un bosque.[2] Se sabe también de muchas especies animales que

---

1. Extracto del poema de Jorge Luis Borges, *El golem*.
2. En 2017, la ecóloga de la Universidad British Columbia Suzanne Simard descubrió que los distintos árboles de un bosque tenían un sistema subterráneo de

15

además de comunicarse entre ellas mediante sonidos, vistosos colores u olores, también son capaces de pensar, en el sentido de poder analizar una situación, establecer una relación causa-efecto y elaborar una respuesta.[3]

De los muchos casos que la ciencia ha investigado con resultados semejantes, uno de los más interesantes es el realizado por una logopeda norteamericana, Christina Hunger,[4] que ha enseñado a su perra Stella una forma de comunicarse con los humanos mediante botones. Antes de que un niño cumpla los dos años, sus habilidades comunicativas ya habrán alcanzado las de un perro; son lo que se llama «habilidades prelingüísticas». Sin embargo, el niño seguirá avanzando en sus habilidades hasta alcanzar un desarrollo completo del lenguaje y el pensamiento, mientras que el perro se mantendrá toda su vida anclado en ese momento prelingüístico.

Poco a poco, Hunter ha ido enseñando casi una treintena de palabras a Stella, de manera que ahora puede hacer combinaciones sencillas con las palabras para conformar frases cortas, pero muy claras. La

---

comunicación consistente en una red de hongos interconectados entre ellos que, a su vez, se interconectaban con las raíces de los árboles. A través de esa red, los árboles compartían unos con otros carbono, agua, nitrógeno y fósforo, así como información sobre otros árboles, como el ataque de una plaga u otro tipo de amenazas. Lo más asombroso del descubrimiento fue que identificó una serie de «árboles madre», que eran los más antiguos, por lo que contaban con mayor número de interconexiones. Cuando los nuevos plantones empezaban a crecer, los árboles madre les transferían elementos vitales, ayudándoles en su desarrollo.

3. El nº 11 de la revista *Mente y Cerebro* (2015) publicó, dentro de su especial dedicado al lenguaje y la comunicación, un artículo de Gottfried Vosgerau donde recogía los resultados de un experimento llevado a cabo por Nicola S. Clayton y Anthony Dickinson (Universidad de Cambridge), en el que observaron a los arrendajos después de esconderles dos tipos de alimentos (unos que tenían mejor sabor y otros que tardaban más que los anteriores en descomponerse). Cuando se les permitía buscar la comida antes de que los más ricos se echaran a perder, se iban directamente a desenterrar ese alimento. Sin embargo, cuando se les obligaba a esperar, entendían que el primero ya estaría estropeado, e iban directamente a por el que no tenía tan buen sabor pero estaba mejor conservado. Esto demostraba que habían sido capaces de relacionar información espacial y temporal, y tomar una decisión al respecto.

4. La web de Christina Hunger, donde expone todo el trabajo hecho con Stella, así como los vídeos, se pueden encontrar en www.hungerforwords.com

ventaja de saber qué se quiere es que es muy fácil encontrar la forma de acérselo saber a otro. En los vídeos que Hunger comparte a través de su página web y en redes sociales, se puede ver, por ejemplo, a Stella pulsando los botones en orden para que suenen las palabras «look, look, look, look, look… come outside», que puede traducirse aproximadamente por «mira, mira, mira, mira, mira…vamos fuera». Stella es capaz de interactuar en conversaciones muy sencillas relacionadas habitualmente con comer, pasear y jugar.

Todo esto demuestra que la comunicación es una habilidad innata de los seres vivos, y que existe en ellos la capacidad de aprender y desarrollar formas de expresión, gracias a que tienen la posibilidad de establecer relaciones y tomar decisiones sobre las respuestas más adecuadas en cada caso. Dado que tanto las plantas como los animales y los humanos cuentan con sistemas de comunicación, análisis de su entorno, elaboración de respuestas y *feedback* para afianzar el aprendizaje, la cuestión que debemos plantearnos es ésta: ¿qué es lo que hace que la comunicación humana sea algo completamente diferente?

Los grandes simios son los más cercanos genéticamente a los humanos. Su ADN se diferencia del nuestro apenas en un 5%, y han demostrado tener unos niveles de inteligencia y desarrollo emocional realmente complejos en comparación con el resto de animales: sienten envidia, celos, afecto, tristeza, alegría, empatía…, muestran comportamientos sociales sorprendentes, son capaces de fabricar herramientas y ha sido posible incluso establecer una comunicación hablada con ellos mediante lenguaje de signos.

En 1972, sólo un año después de nacer, Koko, una gorila del zoo de San Francisco, comenzó un proceso de aprendizaje que la haría mundialmente famosa pocos años más tarde. La psicóloga de animales Francine Patterson llegó a enseñar a Koko más de mil palabras en lengua de signos y consiguió que llegara a entender más de dos mil palabras en inglés, con lo que ésta podía interactuar en conversaciones sencillas con bastante soltura. *National Geographic* publicó en una portada una curiosa imagen: un selfi de Koko, una instantánea que había tomado de ella misma frente al espejo como señal, decía el reportaje, de autorreconocimiento.

Ya sea mediante botones como Stella o por lengua de signos como Koko, los animales pueden aprender palabras y reproducirlas de manera adecuada para interactuar con nosotros. También son capaces de pensar de forma razonada, aunque sea una forma muy básica, establecen relaciones y prevén consecuencias. Disponen de manera innata (como hemos visto) de mecanismos para facilitar la comunicación y son capaces de aprender signos y palabras si se las enseñamos, pero no pueden desarrollar un lenguaje con el que expresar su pensamiento, reflexionar sobre sí mismos o proyectar dicho pensamiento hacia regiones de complejidad y abstracción, como el lenguaje humano nos permite a nosotros.

¿Qué fue primero, la gallina o el huevo?

La ciencia no consigue ponerse de acuerdo sobre esto. Existen dos teorías en la actualidad sobre el origen del lenguaje:

1. Concepción comunicativa del lenguaje: defiende que la realidad es independiente de que el ser humano tenga capacidad de conocerla o no. Señala también que, para conocer, no necesitamos a los demás, no necesitamos intercambiar nada con otros, sino que nos bastamos a nosotros mismos para comprender la realidad de las cosas que existen. En cuanto al lenguaje, es una creación por convenio de una serie de elementos para poder describir lo que pensamos y, por último, considera que el ser humano tampoco necesita del lenguaje para crear conceptos. Hasta el siglo XVIII fue la teoría predominante.

2. Concepción cognitiva del lenguaje: considera, entre otras cosas, que el vocabulario y las estructuras propias de cada lengua influyen en la forma de pensar de los pueblos. De alguna manera, el lenguaje como instrumento no es del todo indiferente del pensamiento, por lo que las estructuras lingüísticas influirían sobre las mentales. Hoy día ésta es la teoría más aceptada, especialmente tras el descubrimiento de las neuronas espejo, que muestran cómo, entre otras cosas, la mente se desarrolla a partir del uso del lenguaje.

Como otras muchas cosas en la historia, las neuronas espejo se descubrieron casualmente. Mientras los científicos trataban de investigar, una a una, las neuronas específicas del movimiento de la mano en macacos, dieron con otra clase de neuronas que, sorprendentemente, mostraban un comportamiento mucho más interesante y revelador que el de las motoras. Básicamente vieron que había unas neuronas en concreto que se activaban cada vez que el mono cogía una cosa, pero que esas mismas neuronas se activaban igualmente cuando el mono veía a otra persona coger algo. Un descubrimiento muy sugerente para los científicos que defienden la teoría de que comenzamos a pensar cuando logramos bajar de los árboles y liberar nuestras manos para desarrollar herramientas.

Las neuronas espejo son las responsables de que, de manera innata, imitemos los comportamientos que vemos como forma de aprendizaje. Con la particularidad de que conforme más se aprende, más se refina el sistema, más activas se vuelven estas neuronas y más permiten aprender. En lo que respecta al lenguaje, aprendemos a hablar tratando de imitar sonidos, pero en la medida en la que obtenemos respuesta a nuestras primeras vocalizaciones, en nuestro cerebro comienzan a producirse multitud de reacciones encadenadas que depuran y refuerzan el sistema; así es como seguimos imitando para seguir aprendiendo.

Ahora bien, si todo el aprendizaje se basara sólo en la imitación, seríamos copias los unos de los otros mientras estuviésemos expuestos a los mismos estímulos. En la realidad esto no ocurre así. Sabemos que, a pesar de que hay un sistema automático reactivo, y de que nuestras neuronas espejo se activan para imitar lo que ven, existe un aspecto en el ser humano que no está presente en otros seres vivos: la conciencia y la capacidad para, con cierto criterio, tomar decisiones sobre qué hacer, independientemente del sistema automático de imitación.

Aunque por lo general podemos funcionar y sobrevivir sólo teniendo activo ese sistema automático, disponemos de la capacidad de tomar decisiones contrarias o divergentes a este sistema. Si un animal se ve amenazado por un peligro, su instinto le hará reaccionar automáticamente para salvar su vida echando a correr, cosa que aprenderán sus crías al verlo, reforzando su propio instinto en ese sentido. En el caso de los seres humanos, podemos llegar a neutralizar conscientemente la parte instintiva y decidir emprender otras acciones. Así, aunque las neuronas espejo nos permiten imitar lo que vemos, lo cierto es que no nos pasamos todo el tiempo copiando a los demás: podemos elegir qué imitar y qué no; tenemos la posibilidad de controlar lo que queremos aprender.

Marco Iacoboni es un neurocientífico italiano, autor del libro *Las neuronas espejo*,[5] que actualmente desarrolla su labor en la Universidad de California. Iacoboni es uno de los principales investigadores en este campo y ha estudiado las relaciones de las neuronas espejo con el aprendizaje, la empatía, la neuropolítica, el *marketing*, el libre albedrío, el habla y el teatro, entre otras muchas cosas.

En una entrevista que el investigador tuvo con el afamado (y ya fallecido) divulgador Eduard Punset para el programa de televisión *Redes*, explicaba la implicación a nivel cerebral y psicológico del trabajo que realizan las neuronas espejo. De alguna manera, cuando vemos al otro y nuestras neuronas espejo se activan, nosotros mismos nos volvemos espejo de los demás. Ésa es también una de las claves de la empatía, por ejemplo. Cuando vemos a alguien tropezar, reaccionamos de manera similar a si fuésemos nosotros los que han sufrido ese golpe; así que estas neuronas no sólo nos ayudan a imitar acciones o sonidos, también nos permiten conectar con los demás, sintiendo de forma parecida a como siente el otro. Son, como explica Iacoboni, una de las razones por las que podemos emocionarnos o pasarlo mal viendo una película, una obra de teatro o leyendo un libro: aunque no sea real, aunque no nos esté pasando a nosotros en la realidad y sepamos que no es verdad, podemos sentir como si así fuera.

Otra interesante característica de estas neuronas es que su principal foco de atención no es lo que nosotros, como individuos, valoramos o hacemos, sino el hecho en sí, ya sea que lo hagamos nosotros o que lo hagan otros. Así, aunque nosotros disfrutemos más viendo programas de cocina que cocinando y nos guste más el guiso de nuestra abuela que el de nuestra madre, las neuronas espejo reaccionarán exactamente igual, porque no les importa quién lo hace, sino lo que se hace.

---

5. Publicado por Katz Editores.

¿Podríamos imitar comportamientos si no hubiera neuronas espejo?, ¿podríamos seguir aprendiendo? Según Iacoboni, sí que podríamos seguir imitando, pero no podríamos establecer conexiones emocionales con los demás para inferir su estado de ánimo o sus futuros comportamientos. No habría conexión humana, sólo una imitación robótica.

Aunque las neuronas espejo no son exclusivas del ser humano, su funcionamiento en nosotros sí que es distinto del resto de especies. Si nos ponemos a hacer mímica delante de un mono, haciendo como que olemos una flor sin tener la flor en la mano, o a hacer como que leemos un libro sin tener el libro entre las manos, el mono no ofrecerá ningún tipo de respuesta; sus neuronas espejo no se activarán, porque no pueden imaginar lo que no ven. Sin embargo, cuando un ser humano ve a otro hacer el gesto de pasar las páginas de un libro, sus neuronas espejo se activan aunque el objeto no esté presente, porque es capaz de comprender la acción independientemente del objeto y puede imaginar el libro aunque éste no esté.

El área de Broca es la región principal del lenguaje en el cerebro y uno de los lugares donde más neuronas espejo se han encontrado. También se sabe que las neuronas espejo tiene un papel muy importante en el movimiento de las manos. La razón, al parecer, es que una de las cosas que primero usamos para comunicarnos con los demás son las manos. Incluso, cuando ya manejamos bastante bien el lenguaje, seguimos usando nuestras manos para apoyar y resaltar lo que estamos diciendo y, por eso mismo, podemos ser muy hábiles interpretando los gestos y los movimientos de las manos de otras personas.

Por lo general, damos más importancia a lo que decimos nosotros que a lo que dicen los demás, pero a nuestro cerebro, en realidad, eso le da igual, ya que activa la misma zona para hablar que para escuchar hablar a otros. El lenguaje no tiene dos canales, uno para hablar y otro para escuchar o entender; tiene uno, el del lenguaje.

Otro elemento de interés en las neuronas espejo es su capacidad para captar la intencionalidad de los actos. No se trata sólo de observar para repetir, la imitación tiene un propósito, y ese propósito es comprender al otro. Si observamos a alguien coger un libro, las neuronas espejo se activan, pero su actividad será mucho mayor si ven a una persona con un libro medio abierto sobre una mesa y un lápiz en la mano, junto a una taza de café vacía. En este caso, nuestras neuronas estarán trabajando al máximo para interpretar una escena mucho más compleja, una escena en la que alguien que necesita gafas para leer quizá desea no dormirse mientas lee. Además de captar la intención, también se vinculan con la emoción, por lo que los estudios relacionan también las neuronas espejo con la empatía, esto es, la capacidad para conectar emocionalmente con los demás. Es como si el cerebro estuviera más enfocado en conocer, entender o comprender a los demás que a nosotros mismos. Quizá es más importante para nosotros lo primero que lo segundo, o puede que no sea posible lo segundo sin lo primero.

Hay otras neuronas, éstas alojadas en la amígdala (donde no hay neuronas espejo), llamadas «de simulación» o «*mindreading*», que juegan un papel mucho más fino a la hora de predecir el comportamiento ajeno.[6] Estas neuronas parecen tener una importante función dentro de la conducta social, ya que tratan de predecir el comportamiento y las decisiones del otro antes de que éstas se produzcan. Cumplen su misión en la medida en que logran leer los sentimientos y puntos de vista de otros a través de la expresión facial.

Volviendo a la cuestión del lenguaje, aunque estos tipos de neuronas han arrojado bastante luz sobre la forma biológica en la que comienza a desarrollarse, resulta complejo entender cuál es el papel del lenguaje en sí en el desarrollo del pensamiento y del pensamiento en el desarrollo del lenguaje. Es la vieja historia de la gallina y el huevo.

El otro lado de la Luna

En 1934 se publicó *Pensamiento y lenguaje*, un libro que, a día de hoy, sigue siendo una importante base sobre la que entender las funciones cognitivas del ser humano.

Su autor, Lev Wygotski, falleció muy poco después, a los treinta y siete años, dejando tras de sí una obra enorme, esencial y, aún en gran parte, inédita.

---

6. De un trabajo de Fabian Grabenhorst titulado «Neuronas para la cognición social», en *Mente y cerebro*, nº 103.

Entre los investigadores actuales, los postulados de Wygotski aportan un camino válido sobre el que transitar, y una de las razones es que sus experimentos han podido replicarse con idénticos resultados. Si las neuronas espejo son, de alguna manera, la parte genética del lenguaje, Wygotski revela cuán vasta es su parte epigenética y hasta qué punto el lenguaje es determinante en la transformación del pensamiento... y viceversa.

Los escritos de Wygotski han tenido importantes repercusiones sobre un conjunto muy amplio de elementos, incluyendo a la propia psicología como disciplina. Cuestiona los postulados de Jean Piaget en *El lenguaje y el pensamiento en el niño*, e igualmente critica que la psicología se enfoque en estudiar por separado las funciones psicológicas en lugar de verlas como un sistema de elementos interrelacionados, imposibles de comprender individualmente sin tener en cuenta las otras. Una conclusión a la que muchos psicólogos, filósofos y antropólogos también están llegando. Sin embargo, para no desviar el tema de este trabajo, nos centraremos en las relaciones entre el pensamiento y el lenguaje que trata en su obra *Pensamiento y lenguaje* (valga la redundancia).

A través de los estudios que realizó con niños, Wygotski llegó a la conclusión de que no sólo hay una relación entre el pensar y el hablar, también observó cómo pensamiento y lenguaje pueden transformarse el uno en el otro:

«El pensamiento y la palabra no están cortados por el mismo patrón. En cierto sentido, hay entre ellos más bien una contradicción que una concordancia. La estructura del lenguaje no es el simple reflejo especular de la estructura del pensamiento. Por eso el pensamiento no puede usar el lenguaje como un traje a medida. El lenguaje no expresa el pensamiento puro. El pensamiento se reestructura y se modifica al transformarse en lenguaje. El pensamiento no se expresa en la palabra, sino que se realiza en ella».[7]

---

7. Para la mayoría de las referencias a Wygotsky, me he basado en una tesis de Duque, M.P. y Packer, M.J. titulada *Pensamiento y lenguaje. El proyecto de Vygotsky para resolver la crisis de la psicología*.

Es necesario explicar brevemente en qué consisten los tipos de lenguaje a los que se va a referir Wygotski:[8]

- Social: es la forma externa del lenguaje, la que usamos para comunicarnos con el resto de seres humanos y que los niños empiezan a desarrollar a partir de los dos años de edad.
- Autodirigido o egocéntrico: el lenguaje externo que empleamos con nosotros mismos. Nos ayuda a enfocar el pensamiento en lo que hacemos para resolver alguna tarea. Comienza a desarrollarse a partir de los tres años.
- Interno: no es externo ni, por tanto, audible. Es el habla silenciosa que realizamos internamente; es vital para el desarrollo cognitivo y, por tanto, para el pensamiento. Se considera que se establece a partir de los siete años.

Mientras que Piaget sostenía que el lenguaje egocéntrico tiende a desaparecer, Wygotski consideró que no sólo no desaparece, sino que es una fase necesaria para pasar del lenguaje social al interno (algunos adultos todavía lo usamos al tratar de resolver alguna cuestión difícil). Cuando el niño pronuncia sus primeras palabras, lo hace dirigiéndose a los otros con la intención de comunicar algo. Luego, cuando el niño dirige esas palabras a sí mismo, no lo hará para comunicar, sino para enfocar su propia conducta, así que, de alguna manera, sigue siendo un lenguaje social, pero que está orientando al niño en su proceso de individualización.

Durante el desarrollo del lenguaje social, cuando el niño tiene aproximadamente dos años, ocurre algo. Hay un «destello» en la mente del pequeño que le hace establecer una relación entre los objetos y su símbolo. Esta «función simbólica» tiene una importancia excepcional. No es algo que ocurra de repente, sino que requiere un proceso en el que esa conexión se va asentando en el niño. La cosa no es tan simple como relacionar la palabra con el objeto al que representa. Lo que comienza a gestarse en ese momento es el desarrollo

---

8. Basado en un esquema escrito por Carlos Vergara y publicado en www.actualidadenpsicologia.com/vygotsky-teoria-sociocultural

de los conceptos. Las cosas no son sólo cosas, ni las palabras sólo una manera de referirse a ellas, hay algo dentro de ellas (de las palabras y de las cosas), hay un significado. Ese significado no es rígido, puede crecer, ampliarse y hacerse más y más profundo, abarcando desde elementos sencillos a conceptos abstractos, desde los simples signos a símbolos complejos.

Para Wygotski, el significado de la palabra o, dicho de otra manera, su aspecto interno, no es algo evidente, sino que permanece oculto a nuestra vista como «el otro lado de la Luna». Así, el significado de las palabras es la unidad desde la que es preciso analizar el pensamiento y la palabra. No sabemos si Wygotski conoció o no la anécdota de Confucio, pero sin quererlo se estaba aproximando a lo que el venerable sabio chino había propuesto más de dos mil años antes sobre la rectificación de los nombres y el objeto del lenguaje.

¿Por qué los monos no aprendieron a hablar?

Unos cuantos años antes de que Francine Patterson comenzara a trabajar con Koko, Washoe, una chimpancé nacida en 1965, tuvo el honor de ser la primera primate en aprender lenguaje de signos. En 1966, los doctores Allen y Beatrix Gardner adoptaron a la joven Washoe y la llevaron a vivir con ellos. La trataron como si fuera una niña humana, lo que sin duda contribuyó al enorme logro de Washoe. Años más tarde, se trató de replicar el experimento en un entorno de laboratorio con un chimpancé llamado Nim, pero la falta de estímulos y experiencias dentro de la cultura humana fueron determinantes en el estrepitoso fracaso de ese intento.

Washoe llegó a aprender unas 350 palabras en lengua de signos, y era capaz de construir frases de cierta complejidad usando lo que se denomina como «categorías naturales del lenguaje», así que ella podía entender, por ejemplo, que la palabra «vaso» no se refería a un vaso concreto, sino a todos los vasos. Wygotski no conoció ni a Washoe ni a Koko, pero en su tiempo también se sintió atraído por los experimentos que se realizaban para enseñar a hablar a chimpancés y analizó los resultados de algunos de ellos. Wygotsky señaló entonces que la razón por la que no podían hablar era que su lenguaje y su inteligencia funcionaban de manera independiente. Ya entonces, Wygotski apuntó a que mejor que estudiar su incapacidad para hablar, los investigadores deberían centrarse en estudiar su lenguaje gestual.

Si bien es cierto que los chimpancés tienen una capacidad comunicativa y una inteligencia bastante desarrolladas, Wygotski creía que carecían de tendencia intencional. Lo más cercano que tenían a la intencionalidad era su gestualidad, razón por la cual ha sido posible enseñarles a comunicarse parcialmente mediante signos, pero no mediante lenguaje oral. De hecho, una de las razones por las que los Gardner enseñaron a Washoe lengua de signos fue porque no consiguieron nada con su primer intento: la reproducción de los sonidos vocales. Este fracaso se achacó a una incapacidad fisiológica, dicho de otra manera, a la ausencia de un aparato fonador adecuado. Sin embargo, de acuerdo con la afirmación de Wygotski sobre la intencionalidad, la incapacidad del chimpancé para hablar no se debe a su deficiente aparato fonador y a la falta de capacidad imitativa (sus cerebros también cuentan con neuronas espejo), sino a que no pueden manejar los signos de manera funcional.

La clave estaría en entender que, en los chimpancés, las funciones del lenguaje y el pensamiento están poco relacionadas. Así que no podríamos hablar de que su desarrollo sea inferior al del hombre, sino limitado. Ellos estarían en una fase prelingüística de su desarrollo intelectual y, al mismo tiempo, en una fase preintelectual en lo que se refiere al desarrollo del lenguaje.

Sobre esto, el filósofo, matemático y lingüista austríaco Ludvig Wittgenstein decía:

«Ocasionalmente se dice: los animales no hablan porque les falta la capacidad mental. Y esto significa: «no piensan y por eso no hablan». Pero: ellos simplemente no hablan. O mejor: no usan el lenguaje –si prescindimos de las formas más primitivas del lenguaje–. Ordenar, preguntar, narrar, conversar pertenecen a nuestra historia natural tanto como andar, comer, beber, jugar».[9]

9. Del libro de Ludvig Wittgenstein *Investigaciones filosóficas*.

Aunque compartimos el 95 % del ADN con los grandes simios, parece que en ese 5 % exclusivo del ser humano hay muchos más interrogantes de los que somos capaces de resolver. Se han realizado numerosos experimentos tanto con primates como con mamíferos marinos, y se ha constatado que existe una forma de lenguaje adaptado a las circunstancias vitales, naturales y sociales de cada especie. De alguna manera, estos lenguajes, como el lenguaje «musical» de las ballenas, se adaptan a las características del entorno en que se desarrollan y viven. Así que no somos, ni mucho menos, el único ser del planeta que usa un lenguaje para comunicarse, pero sí los únicos que usan el lenguaje para reflexionar sobre su entorno y sobre ellos mismos como resultado de la aparición del mayor misterio de todos: la conciencia.

Como en los chimpancés, durante los primeros meses de vida del niño, pensamiento y lenguaje se encuentran separados, pero alrededor de los dos años, ocurre algo. Wygostki lo explica así:

> «En un determinado momento, a edad temprana, hacia los dos años, las líneas de desarrollo del pensamiento y el lenguaje, hasta entonces ajenas la una de la otra, se encuentran y coinciden, dando comienzo a una forma totalmente nueva de comportamiento exclusivamente humano».

A partir de ahí, justo desde el momento en que el niño empieza a nombrar los objetos, el lenguaje comienza a expresar el pensamiento y, a su vez, el pensamiento a expresarse mediante el lenguaje.

El proceso continúa durante casi toda la vida generando asociaciones cada vez más complejas, dependientes a su vez de la capacidad de cada persona para adentrarse en esa complejidad a través del universo simbólico. Gracias a eso, por ejemplo, podemos crear y entender la poesía, que utiliza las palabras para generar imágenes simbólicas capaces de evocar en nosotros emociones y sentimientos. Y esto es posible porque mientras que para un niño de dos años la palabra vaso se refiere sólo a un vaso, un adulto puede asociar el vaso con su capacidad para contener agua y, después, asociar el agua a la vida.

Como curiosidad etimológica, la raíz indoeuropea **kerd-**, traducida como *corazón*, de donde provienen palabras como cordial, coraje, concordia, misericordia o recordar, derivó en la lengua latina en la palabra *crēdō*, que significa poner confianza, creer, confiar. Otra raíz, **kerə-**, con ciertas similitudes con la anterior, se traducía literalmente por *mezclar* o *confundir*, y se usó en diversas lenguas indoeuropeas para expresar la idea de temperamento o de fusión, pero también de «vaso», de hecho, la palabra griega *crátera* viene de ahí, y su significado es el de una vasija donde se mezclaba el vino con el agua. Platón llegó a describir el corazón como el *nudo de los vasos*, y los egipcios usaron una vasija para representar al corazón, entendido como el asiento de la conciencia, los pensamientos y el conocimiento, porque en esa vasija es donde se guardan y entremezclan las experiencias vividas y desde donde las personas comunicamos a los demás lo que tenemos dentro, porque no hay un «yo» sin un «nosotros» (los egipcios entendían que para informar verazmente era necesario el corazón, y en la cábala hebrea, la sephira Binah representaba al mismo tiempo el corazón y la inteligencia). Todo eso, en definitiva, es la vida. Ninguna de estas derivaciones y extensiones que relacionan una palabra tan sencilla como «vaso» con algo tan complejo como la vida sería posible sin la profunda capacidad de abstracción que puede alcanzar el pensamiento humano.

La cuestión es que aunque tenemos la capacidad de simbolizar y de interpretar los símbolos, esa capacidad hay que desarrollarla, y ese desarrollo es esencialmente cultural. El pensamiento verbal no es natural, es fruto de un proceso de aprendizaje que se enmarca dentro de un contexto cultural que sólo es posible por la existencia de la conciencia humana. Así, en línea con Wygotsky podríamos afirmar que la cultura e historia humanas son las responsables de las funciones psicológicas superiores en el hombre.

Existe, sin embargo, una corriente de pensamiento que vincula más concretamente las relaciones sociales de los primeros seres humanos, en el contexto de las urbes primitivas, con la aparición de las funciones superiores del pensamiento, aunque no parece que se trate de teorías excluyentes, sino que podrían perfectamente concurrir diversos factores en el desarrollo de las funciones superiores, de la misma manera que el surgir (por razones que aún se desconocen) de la conciencia incide en el desarrollo y expansión de dichas funciones.

De momento, las investigaciones más recientes con primates respaldan las conclusiones de Wygotsky frente a las de Piaget. Dichas investigaciones no sólo prueban que el pensamiento verbal no es natural, sino que remarcan las diferencias con los humanos: los primates pueden establecer relaciones si éstas guardan relación con su experiencia vital, pero sólo los humanos pueden ir más allá de esas relaciones, descubriendo las causas y las consecuencias o, lo que es lo mismo, el ser humano puede llegar a conocer el porqué de las cosas (no sólo para detectar la causa-efecto de lo físico, también de la emotividad o del pensamiento) o establecer las intencionalidades de otros seres humanos, al igual que los demás pueden detectar nuestras intenciones (al margen de haber desarrollado «argucias» para ocultarlas a los demás). En eso, como vimos, las neuronas espejo juegan un importante papel.

La intención no se limita sólo a lanzar o captar las señales que nos indiquen si realmente le gustamos al chico del pupitre de al lado. Intención es también una proyección hacia el futuro sobre algo que queremos hacer o que deseamos que pase. La intención es lo que nos permite establecer metas vitales, da igual que sean a corto o a largo plazo, con las que trazaremos nuestra forma de relacionarnos con el entorno y con las personas que hay en él. Para Wygotski, la razón por la que hemos evolucionado hasta ese punto se debe a las actividades colaborativas del hombre. De nuevo resulta curioso observar cómo, efectivamente, las neuronas espejo se enfocan especialmente en la intencionalidad del otro, de manera que nuestras interacciones intencionales son las que retroalimentan nuestro aprendizaje y el de los demás. Nuestro lenguaje y nuestro pensamiento, por no decir nuestra mismísima conciencia, necesitan del otro para desarrollarse. Desde ese punto de vista, el egoísmo (en el sentido de alguien a quien no le importe nada que no sea uno mismo) no sólo es un defecto moral, sino una traba para el desarrollo cognitivo humano.[10]

---

10. Es importante aclarar que no nos referimos a un absoluto. Todo el mundo manifiesta cierto grado de egoísmo, incluso cuando hacemos algo por los demás por el deseo de que se nos reconozca, se nos agradezca o nos haga sentir bien, lo que no implicaría necesariamente un depreecio por el otro. Sin embargo, el egoísmo como característica predominante supone una incapacidad para reconocer, valorar y querer a otras personas.

Hablemos de conceptos

Según la RAE, un concepto puede ser:

- Una idea que concibe o forma el entendimiento.
- Una sentencia, agudeza o dicho ingenioso.
- Una opinión o un juicio.
- El crédito que se tiene de alguien o de algo.
- El aspecto, la calidad o el título de algo.
- Una representación mental asociada a un significante lingüístico.

También explica que formar un concepto es «determinar algo en la mente después de examinadas las circunstancias», y eso es algo muy importante para nosotros, porque nos permite definir las cosas, explicar lo que son, que es lo que hicieron los académicos de la RAE para poder escribir cada una de las entradas de su diccionario. Esa tarea enfocada en elementos concretos puede ser relativamente fácil. Así, la descripción de «vaso» que encontramos en el diccionario nos dice que es «una pieza cóncava de mayor o menor tamaño, capaz de contener algo». Casi todos podemos reconocer un vaso, tenga la forma y el tamaño que tenga, porque lo esencial del vaso no es el material con el que está hecho o sus dimensiones, lo esencial del vaso es su función: que sea capaz de contener algo, de la misma manera que lo esencial de un concepto es que sea capaz de definir la «esencia» del objeto al que se refiere.

Ahora bien, si definir el concepto de vaso es relativamente fácil (todas las culturas tienen su versión de vaso, todos hemos visto uno y sabemos cuál es su función), la cosa se complica cuando queremos definir cosas que no tienen existencia concreta, ni se ven, ni se pueden medir, como el amor.

Según el diccionario de la RAE, el amor es:

- Sentimiento intenso del ser humano que, partiendo de su propia insuficiencia, necesita y busca el encuentro y unión con otro ser.

- Sentimiento hacia otra persona que naturalmente nos atrae y que, procurando reciprocidad en el deseo de unión, nos completa, alegra y da energía para convivir, comunicarnos y crear.

Para poder escribir estas definiciones, ha sido necesario profundizar reflexivamente en el amor a través del pensamiento, tratar de entenderlo y, después, usar las palabras más adecuadas, en el orden más adecuado, para transmitir, de la forma más adecuada, lo que es el amor, a pesar de que para que otro llegue a saber realmente lo que es, jamás le bastará con leer su definición. De hecho, sólo cuando se ha experimentado el amor, es posible no sólo definirlo, sino también comprender la magnitud de lo que su definición expresa más allá de las propias palabras.

¿Cómo hace el ser humano para formar conceptos? Según Wygotski, la creación de conceptos es la capacidad de «pasar de una percepción inmediata a una percepción generalizada», de manera que desarrollamos la habilidad de ver clases de objetos. Tras sus experimentos, describió cómo el niño aprende el desarrollo de los conceptos en tres fases donde, a su vez, existen subfases que se encadenan en un proceso, dando lugar unas a otras:

- Formación de imágenes sincréticas. En esta fase aún no se ha establecido el significado de la palabra respecto a su objeto.
- Formación de complejos. Aquí los niños ya pueden agrupar los objetos según sus características concretas y objetivas, pero todavía no se generan conexiones abstractas y lógicas. Los complejos les permiten establecer generalidades con múltiples vínculos concretos, como los que permiten entender una receta de un pastel que diga que hay que añadir tres vasos de azúcar. En este caso, «vaso» como contenedor extiende su significado a «vaso» como medida y contenido. Al final de esta etapa, aparece la formación de pseudoconceptos como paso previo y necesario para alcanzar la última etapa. Los pseudoconceptos coinciden externamente con el concepto, pero no internamente (los niños conocen la palabra y a qué corresponde, pero no el significado de la misma). Por fuera es un concepto, pero por dentro es toda-

vía un complejo. Gracias a los pseudoconceptos, niños y adultos pueden establecer una comunicación comprensible; aunque el significado atribuido al objeto sea distinto, las palabras que se asignan a los objetos es la misma, y en ese punto coincidente es donde niños y adultos pueden empezar a comunicarse.

- Formación de conceptos. Para Wygotski, esta comunicación del niño con el adulto es el detonante para el paso del pseudoconcepto al concepto, paso que tendrá lugar definitivamente en la adolescencia: «La comunicación verbal con los adultos se convierte así en un potente motor, en un poderoso factor de desarrollo de los conceptos infantiles», explica Wygotski.

El concepto surge de la relación práctica e intelectual de las personas con su entorno. Gracias al concepto, disponemos de las herramientas para pensar, ver y conocer el mundo, pero sin la palabra, esto no sería posible. La palabra, cargada con significado, adquiere un sentido que permite generalizar y resolver problemas: podemos culminar con éxito la receta del pastel, pero también podemos usar por extensión la palabra «vaso» para referirnos a los conductos por donde circula la savia vegetal o la sangre animal, o construir la frase «ahogarse en un vaso de agua» para aludir a las personas que se agobian con poca cosa.

El hecho de que el paso del pseudoconcepto al concepto tenga lugar durante la adolescencia explicaría por qué ha sido tan importante, desde tiempos muy remotos, el establecimiento de ritos de paso a esa edad. Como bien describiera Mircea Eliade,[11] las pruebas de iniciación enfocadas a «matar» al niño para dejar paso al adulto no sólo van acompañadas de una serie de rituales más o menos cruentos destinados a desligar al niño de su etapa infantil, sino que están fundamentalmente dirigidos a «la revelación de un secreto y de conocimientos sagrados» o, lo que es lo mismo, se les introduce en la historia mítica de la tribu, desconocida para los no iniciados, en los hechos de los seres sobrenaturales, en los antepasados y, en definitiva, en todo lo

---

11. Para estas referencias me he basado en el libro de Mircea Eliade *Nacimiento y renacimiento. El significado de la iniciación en la cultura humana,* traducido por Miguel Portillo.

que constituye los conocimientos sagrados de su cultura, sin los cuales ellos como sociedad no podrían existir. Eliade destaca que, en algunas de estas culturas primitivas, «además de las tradiciones tribales, los novicios aprenden una nueva lengua, que utilizarán más tarde para comunicarse entre ellos». Nada de esto sería posible si el desarrollo mental de los conceptos no les hubiera capacitado para trascender las formas y adentrarse en los significados más profundos.

Hoy en día, todavía persiste la vieja creencia en teorías como la de Carl Wenicke, que afirmaba que pensar y hablar son dos procesos distintos e independientes hasta el punto de que pueden interrumpirse el uno al otro. Poco a poco, los avances en neurociencia y neurolingüística vuelven la mirada hacia Wygostki, que entendía que el significado de las palabras se encontraba en el punto donde pensamiento y lenguaje se encontraban. Así, lingüistas como Ray Jakendoff[12] coinciden no sólo en que el lenguaje permite expresar los pensamientos, sino también en que tiene influencia sobre ellos «como una especie de estructura que permite a los humanos crear conceptos complejos, cual ser vivo sin lenguaje».

El poeta sánscrito Kâlidâsa ya escribió, en su gran poema *Râghuvamça*, estas bellas palabras al respecto:

«Para que mis palabras adquieran significado pleno, reverentemente me inclino ante el señor supremo y su consorte, progenitores del universo, que están siempre unidos, como lo están las palabras y su significado».[13]

12. De un artículo de Cornelius Weiller titulado «El modelo de doble ruta», publicado en la revista *Mente y cerebro*.
13. El texto que sigue está extraído del discurso de incorporación a la Academia Peruana de la Lengua en 1998 de José León Herrero, doctor en Filosofía por la Pontificia Universidad Católica del Perú y especialista en textos sánscritos. El discurso se titula *Lengua y traducción en la India*.

CAPÍTULO 2

EL CAMINO A TRAVÉS DEL ESPEJO

«Por consiguiente, no puedo saber sobre los nombres lo que es cierto y lo que no lo es. Sin embargo, estoy dispuesto a unir mis esfuerzos a los tuyos y a los de Crátilo, y a hacer posibles indagaciones con vosotros».[1]

El ser humano es fundamentalmente social, pero ¿alguna vez nos hemos preguntado por qué? No es una pregunta de fácil respuesta. Es más sencillo verificar que, en la práctica, lo somos; y que cuando por alguna razón no se produce una socialización adecuada, es altamente frecuente encontrar vinculados problemas de desarrollo cognitivo y emocional, tal y como se ha visto en los pocos casos documentados y fiables sobre niños salvajes, niños que han pasado parte de su vida aislados, especialmente durante las etapas más cruciales de su desarrollo.

Diversos estudios apoyan la idea de que a menor relación social, más problemas de salud y más riesgo de fallecimiento.[2] Abundan también los trabajos que vinculan el mejor funcionamiento psiconeuroendocrino con las relaciones sociales, entre otros muchos factores.[3]

---

1. Del *Crátilo*, de Platón
2. Algunos de los trabajos diversos en los que me he basado para dicho tema son https://theconversation.com/afecta-el-aislamiento-a-nuestro-cerebro-136027 y https://cenie.eu/es/blog/9-datos-sobre-el-aislamiento-que-debes-conocer, por citar algunos.
3. Uno de esos trabajos es *Psiconeuroendocrinoinmunología: reclamo de una visión integral en los estudios médicos*, de Pérez de Alejo, L.M.; Moré, C.X.; Álvarez, Y.G. & Alemán, A. (2019) ISSN 2077-2874, de la Universidad de Ciencias Médicas de Villa Clara, Cuba. Hay muchos más estudios que coinciden en esto.

Quizá nunca sepamos verdaderamente por qué necesitamos de los demás, pero lo cierto es que cuando Aristóteles dijo que «el ser humano es social por naturaleza», evidenciaba una interesante verdad. El caso, paradójicamente, es que no sólo necesitamos a los demás para vivir y sobrevivir, también los necesitamos para desarrollarnos como individuos. El mismo Aristóteles afirmó también lo siguiente:

> «La razón por la cual el hombre es, más que la abeja o cualquier animal gregario, un animal social es evidente: la naturaleza, como solemos decir, no hace nada en vano, y el hombre es el único animal que tiene palabra. La voz es signo del dolor y del placer, y por eso la tienen también los demás animales, pues su naturaleza llega hasta tener sensación de dolor y de placer y significársela unos a otros; pero la palabra es para manifestar lo conveniente y lo dañoso, lo justo y lo injusto, y es exclusivo del hombre, frente a los demás animales, el tener, él solo, el sentido del bien y del mal, de lo justo y de lo injusto, etc., y la comunidad de estas cosas es lo que constituye la casa y la ciudad».[4]

Así como que:

> «El ser humano es un ser social por naturaleza, y el insocial por naturaleza y no por azar o es mal humano o más que humano (…). La sociedad es por naturaleza anterior al individuo (…) el que no puede vivir en sociedad, o no necesita nada para su propia suficiencia, no es miembro de la sociedad, sino una bestia o un dios».[5]

Es evidente que no somos dioses, por mucho que alguno así se lo crea, y que tampoco somos bestias, por mucho que algunos lo parezcan. Hemos vivido en sociedad prácticamente desde el principio de la humanidad. Hemos levantado ciudades y hemos establecido leyes para garantizar la convivencia de acuerdo con lo que se ha considerado bueno y malo, justo e injusto, en la medida en la que pudimos valo-

---

4. De la *Política*, de Aristóteles.
5. De un artículo revisado por Ever Arrieta titulado «El hombre es un ser social por naturaleza» y publicado en la web www.culturagenial.com

rar que había unos comportamientos y acciones más adecuados que otros. La psicóloga e investigadora cognitiva Eleanor Rosch, no muy lejos de las afirmaciones de Wygotski, remarca justamente lo esencial del desarrollo de una vida social adecuada:

> «Los conceptos no se dan en aislamiento, sino en un contexto que incluye tanto las circunstancias en las que quien lo concibe se encuentra como todo lo que hay en la base de su conocimiento».

Por eso la vida en sociedad va mucho más allá de la mera supervivencia: está en la raíz misma del desarrollo humano. Así es como se da esa paradoja de la vida social como elemento indispensable para la individualización: lo que un niño es capaz de hacer interactuando con otros, luego va a poder hacerlo por sí mismo.

La tecnificación de la sociedad, si bien ha ayudado a mejorar la calidad de vida de algunas personas en algunas sociedades,[6] ha traído por contra consecuencias no tan buenas para el desarrollo cognitivo, en especial el de los niños y los adolescentes.[7] Los más recientes estudios demuestran que entre los efectos perjudiciales de la exposición temprana a todo tipo de pantallas está el empobrecimiento del lenguaje, los problemas de atención y la fragmentación del sueño. Incluso, aunque se insiste frecuentemente en la necesidad de dotar las aulas de recursos digitales y tecnificar más y más la enseñanza, la realidad es que el aprendizaje directo a través de otro ser humano no tiene competencia posible con ningún vídeo que podamos ver a través de YouTube, por ejemplo. Si una persona enseña directamente una determinada acción (abrir una caja, colocar un objeto en una mesa…) a un niño de dos años, el niño lo imitará con facilidad, pero el aprendizaje no se producirá con la misma intensidad si el niño ve la misma acción por medio de una pantalla.[8]

---

6. En las sociedades en las que existe acceso a esa tecnificación, evidentemente.
7. Basado en un artículo del neurólogo francés Michel Desmurget titulado «Cómo las pantallas perjudican el cerebro de nuestros hijos».
8. Habrá, sin duda, quien afirme convencido que un niño estará mucho más motivado en función de cómo se le muestre la información, por lo que la enseñanza por medio de las TICs puede ser más fácil de asimilar por el niño. Sin embargo,

Los datos, después de una década de niños de casi cualquier edad en exposición directa a las pantallas, son demoledores, y echan por tierra la supuesta eficacia de los programas didácticos digitales enfocados en la infancia.

Según los estudios, antes de los dos años, cada hora que se expone al niño a emisiones enfocadas en el desarrollo de su lenguaje, se «amputa el léxico en casi un 10 %». En resumidas cuentas: los llamados programas educativos no sólo no sustituyen el aprendizaje de las palabras a través del contacto humano, sino que lo perjudican notablemente. Y para qué hablar de la gramática, esencial para dominar el lenguaje y, por tanto, el pensamiento.

Como vimos con Wygostki, la adquisición de estas habilidades se produce a través de unas etapas en edades concretas de la vida del niño. Si no se desarrollan adecuadamente en esos momentos, «cuanto más avanza la edad, más difícil resulta adquirirla».

La percepción subjetiva sobre la capacidad de atención, reflexión y análisis de los jóvenes ha ido empeorando con el paso del tiempo. La sensación es que los jóvenes no saben expresarse, ni verbalmente ni por escrito, lo que indica que tampoco saben muy bien cómo ejercitar su monólogo interior para desarrollar su pensamiento. Lamentablemente, dicha percepción está pasando a constatarse a través de diferentes estudios. Uno de ellos, basado en los datos del informe PISA[9] de 2019, reveló que la mayoría de los adolescentes de quince años no era capaz de diferenciar un hecho de una opinión.

En la era de las *fake news*, hay prácticamente una generación completa de personas capaces de creerse que Bob Esponja existe de verdad si un *influencer* lo dice en YouTube.

---

las múltiples experiencias y mediciones sobre los niveles de atención y aprendizaje de los niños, en relación con la introducción en sus vidas de las pantallas, es bastante reveladora. No hay duda de que a través de una pantalla se pueden aprender cosas, pero la enseñanza presencial incluye elementos de corrección intencionales dirigidos a los alumnos, que movilizan en ellos cuestiones como la responsabilidad, la atención o la necesidad de mejorar. Aun así, como en todo, generalizar es un error, y no atender a la realidad, también.

9. PISA: Programme for International Student Assessment. Es un estudio mundial de la OCDE para comprobar el rendimiento académico por países en matemáticas, ciencia y lectura.

En cuanto a la digitalización del sistema escolar, los datos del informe PISA también apuntan a que «cuanto mayor es la responsabilidad pedagógica que se transfiere de las personas a las máquinas, peores son los resultados de los alumnos y más aumentan las desigualdades sociales».[10]

Nuestro ser social no se contenta con ver las cosas a través de una pantalla, por mucho que nuestras neuronas espejo sean capaces de conectarnos emocionalmente con las actuaciones del cine o el teatro. El ser social necesita de la interacción humana, y no de cualquier tipo de interacción.

Según un estudio de la Universidad de Cambridge realizado por el equipo de la investigadora Lorena Santamaría,[11] cuando madre[12] e hijo juegan juntos tiene lugar una sincronización en sus miradas, estados de ánimo y vocalizaciones, de manera que cuando la madre muestra a su bebé reacciones positivas como risas o gestos y sonidos agradables, las ondas cerebrales de ambos se sincronizan más; de esta manera, los niños se abren más al entorno y su capacidad y receptividad al aprendizaje aumenta. Cuando los progenitores, por el contrario, muestran un estado de ánimo depresivo, con menos contacto visual y menos reacciones positivas, las repercusiones sobre el aprendizaje de los niños también quedan afectadas en sentido negativo.

Hasta tal punto necesitamos a los demás que, aunque parezca una obviedad decirlo, está probado que sentimos menos miedo y estrés cuando estamos acompañados físicamente que cuando nos encontramos solos, y si la persona que está con nosotros se muestra tranquila, ayuda a que nosotros nos sintamos tranquilos también.[13]

---

10. *Véase* nota 29.
11. De un trabajo titulado «Parental neural responsivity to infants' visual attention: How mature brains influence inmature brains during social interactions», del que se publicó un resumen en *Mente y cerebro*, nº 103.
12. Aunque el experimento se hizo sólo con madres, es de esperar que el resultado con los padres fuera similar.
13. De un trabajo publicado en el portal https://royalsocietypublishing.org titulado «The mere physical presence of another person reduces human autonomic responses to aversive sound», de Yanyan Qi, Martin J. Herrmann, Luisa Bell, Anna Fackler, Shihui Han, Jürgen Deckert y Grit Hein.

En *El salto social*, el psicólogo social William von Hippel explica:

«Nada es más importante que nuestras conexiones sociales, porque nada fue tan fundamental para la supervivencia y reproducción de nuestros ancestros. Como resultado, hemos creado muchas formas de permanecer en contacto con nuestros grupos; la principal de ellas es saber qué piensan los demás. Conocer los pensamientos de los demás nos ayuda a adaptarnos y a predecir los próximos movimientos del grupo. También queremos que nuestro grupo conozca nuestros pensamientos y emociones, ya que plantarlos en la mente de los demás nos ofrece una gran oportunidad para empujar al grupo en la dirección que deseamos. La aceptación de nuestros pensamientos y emociones por parte de los demás también confirma nuestro lugar en el grupo y nos brinda una sensación de seguridad respecto a nuestro futuro. Por suerte, los dos objetivos egoístas son asimismo la receta para la cooperación exitosa; si conocemos el contenido de la mente de otras personas, mejorará nuestra coordinación social y la división de trabajo».[14]

En resumidas cuentas, el desarrollo social es vital para el desarrollo del individuo. No hay sustitución posible en cuanto a aprendizaje entre lo que puede aportar el contacto personal en comparación con los medios digitales. Para ponernos en contexto, durante la primera oleada de la pandemia del covid-19, colegios y universidades tuvieron que cerrar antes de acabar el curso y hubo serios problemas para garantizar temarios y exámenes en los centros que no disponían de plataformas digitales bien desarrolladas. No se puede negar que, de no ser por dichas plataformas, la finalización de los temarios, la continuidad de las reuniones de trabajo y hasta los «encuentros» familiares habrían sido imposibles. Disponer de esta opción en caso de no tener otra ha salvado muchas cosas, pero a la luz de lo visto hasta ahora, sustituir porque sí el contacto humano por el virtual sería un error de grandes proporciones, especialmente en las edades tempranas del niño y el adolescente.

---

14. Del libro de William von Hippel *El salto social*.

La máquina como espejo

Igual que necesitamos del contexto que nos dan los demás para aprender a conceptualizar, también necesitamos el contexto que nos aporta la cultura para desarrollar nuestra identidad y otorgar sentido a los conceptos. Es preciso señalar que desde el momento en que hablamos de comunicación humana y cultura, debemos dejar de lado las pretensiones de objetividad. La vivencia de la cultura es subjetiva, el significado que se otorga a los conceptos es subjetivo y la interpretación que se hace del mundo a través de ellos es, igualmente, subjetivo.

Aunque hablar de prejuicios es, hoy en día, algo que lleva demasiada carga peyorativa, lo cierto es que son parte del *software* que traemos de fábrica y tienen una función dentro del desarrollo cognitivo. Pero antes de entrar en este tema tan espinoso, es necesario aclarar la razón. Puesto que estamos viendo la relación entre pensamiento y lenguaje, y cómo el significado que otorgamos a los conceptos retroalimenta nuestros procesos mentales y éstos, a su vez, nuestra capacidad lingüística, es importante dedicar un breve espacio a los sesgos cognitivos por su evidente relación con los prejuicios que expresamos y con los que no llegamos a expresar por motivos culturales, pero tenemos igualmente.

Allá por la década de los cincuenta del pasado siglo XX, durante la Conferencia de Dartmouth, Marvin Minsky y Claude Shannon acuñaron el término «inteligencia artificial». Hoy se define como «el campo científico de la informática que se centra en la creación de programas y mecanismos que pueden mostrar comportamientos considerados inteligentes. En otras palabras, la IA es el concepto según el cual "las máquinas piensan como seres humanos"».[15]

Los avances en IA han ido casi en paralelo al mayor conocimiento del funcionamiento biológico del cerebro humano, la psicología y la neurociencia. Hay un interesante punto de cruce en el que convergen los conocimientos sobre el hombre con el aumento de la «inteligencia» artificial, y en ese punto de convergencia, no sólo intentamos enseñar

---

15. Basado en un artículo publicado en el blog del portal www.salesforce.com titulado «¿Qué es la inteligencia artificial?».

a las máquinas a «ser» como el hombre, sino que el hombre puede aprender mucho sobre sí mismo.

En una conversación con José Alberto Rodríguez, delegado de protección de datos de la empresa Cornerstone, éste explicaba que en teoría un algoritmo es, sencillamente, un elemento lógico (escrito en un lenguaje propio), un programa informático en una sucesión de pasos. Hay algoritmos que permiten hacer operaciones aritméticas, recomendar productos según tu historial de compras, analizar *big data*, programar *chatbots*, etc. Pueden ser relativamente sencillos, como los programas de la Thermomix, o muy complejos, enfocados al desarrollo de gigantes computacionales como Watson de IBM. Sin embargo, explicaba Rodríguez, sea cual sea el tamaño y el objeto al que se destinan, todos tienen algo en común: los programan personas. Son personas las que les dicen qué tienen que hacer y cómo hacerlo, por lo que no es raro que los sesgos cognitivos humanos se transfieran a las máquinas, por muy «inteligentes» que éstas puedan llegar a ser.

Además de ocuparse de la protección de datos en Cornerstone, Rodríguez realizó una tesis sobre las herramientas de análisis de riesgo de no conformidad, donde abordaba por una parte los riesgos relacionados con la construcción de los modelos y, por otra, los riesgos relacionados con la utilización de dichos modelos. En los dos casos, como decíamos antes, el factor humano es el elemento común, ya sea por las personas involucradas en la construcción de los sistemas de IA o por las personas destinadas a usarlos.

Hubo dos casos muy sonados que hicieron saltar las alarmas sobre los sesgos en la IA. Por un lado, en 2009 el sistema de reconocimiento facial de una webcam de HP logró identificar con bastante eficacia a las personas… siempre y cuando no fueran negras… o mujeres. En el otro caso, también en EE.UU., se creó un algoritmo para predecir el riesgo de reincidencia de los delincuentes y establecer así penas más largas a los condenados, pero resultó que según el color de la piel de la persona, subestimaba o sobreestimaba el riesgo de reincidencia. Esto se debió, en parte, a que para que las inteligencias artificiales hagan sus predicciones y mediciones, hay que alimentarlas con datos. En el primer caso, si alimentas la base de datos de reconocimiento facial con hombres de tez clara y estableces la sensibilidad de la cámara para «ver» a esas personas, sencillamente no podrá «ver» a las que no tienen las características con las que han sido adiestradas. El segundo caso es más dramático, ya que el índice de pobreza, exclusión y marginalidad es mucho mayor entre la gente negra que entre la blanca, en parte por un muy arraigado prejuicio preexistente contra ellos dentro de la sociedad estadounidense que hace que, entre otras cosas, sufran más detenciones, discriminación y violencia por el hecho de ser negros; la «inteligencia» fue alimentada con los datos de los archivos históricos policiales, ya marcados previamente con el sesgo, y así fue como elaboró sus predicciones de reincidencia.

En 2016, unos cuantos años después de aquellas experiencias, Microsoft quiso lanzar un *bot* conversacional llamado Tay. Se suponía que podría entablar conversaciones inteligentes con los usuarios, especialmente jóvenes, ya que lo habían «alimentado» con una buena cantidad de conversaciones de chicos de entre dieciocho y veinticuatro años, y esperaban que la inteligencia fuese capaz de aprender de esos datos para comenzar a interactuar y, al mismo tiempo, aprender de las conversaciones reales que mantuviese con los usuarios. Al poco de comenzar, tuvieron que retirarla por exceso de «éxito». Efectivamente, la máquina había sido capaz de aprender con gran eficiencia de las conversaciones entabladas con los jóvenes y adaptar su lenguaje sobre la marcha. El problema estuvo en que los usuarios se dedicaron coordinadamente a dar malas respuestas, por lo que Tay desarrolló pronto un lenguaje racista, antisemita y machista. Y es que una cosa es tener datos y otra muy distinta es tener criterio. Claramente, disponer de muchos datos no implica que se disponga de capacidad para reconocer qué es correcto.

En un artículo publicado en *The Conversation* por Gonzalo Génova,[16] el autor plantea que las famosas tres leyes de la robótica, formuladas por Isaac Asimov en 1941 para introducir una especie de código «ético» en los robots, no sería más que una programación enfocada a establecer límites y prioridades en la máquina, tratando de «descomponer el pro-

---

16. El artículo se titula «La ética no es un juego de imitación», y el autor, Gonzalo Génova, es profesor titular de Lenguajes y sistemas informáticos de la Universidad Carlos III. Publicado el 30 de julio de 2020.

blema en instrucciones secuenciales, repeticiones y caminos alternativos (éstos últimos en función de que se cumplan o no determinadas condiciones)». Sin embargo, este tipo de enfoque es problemático, ya que no es posible introducir en el código de la máquina todas las posibles situaciones y variables con las que podría enfrentarse. Científicos e ingenieros del MIT se han dado cuenta de eso, y ahora trabajan en desarrollar una «Moral Machine» o, lo que es lo mismo, una IA «moral» que sea capaz de tomar decisiones moralmente aceptables.

Unos años después, volvió a saltar a los medios un nuevo caso de sesgo, esta vez en el buscador de talento que trató de lanzar Amazon en 2018. El programa analizaba entre miles de datos de candidatos para ofrecer los mejores perfiles a los reclutadores de recursos humanos. El problema fue que el algoritmo estaba basado en muchos más *curriculum vitae* de hombres que de mujeres, por lo que la mayoría de los candidatos seleccionados fueron masculinos.

También es interesante prestar atención al desarrollo de los coches autónomos, que ya empiezan a circular por algunas ciudades del planeta. Si bien los sistemas de detección de obstáculos y el tránsito autónomo en carretera están bastante desarrollados, hay otros aspectos que tener en cuenta, y es que hay que decirle al vehículo qué decisión tomar en casos extremos. Imaginemos una situación en la que el obstáculo que hay que evitar es un niño que cruza la carretera, pero la maniobra para eludir al niño es potencialmente mortal para el conductor. ¿Qué decisión debe tomar entonces el coche? ¿Evitar la muerte del niño o la del conductor? Una interesante cuestión ética que se plantea en algunas de las aplicaciones de la IA, y que en última instancia depende de la forma y orientación de los datos que se le suministren, así como de los comandos del tipo «si pasa A, haz B».

Dado el interés que existe en la industria por desarrollar vehículos autónomos seguros, están muy involucrados en trabajos como los del MIT con la máquina moral. En las encuestas a la población que se realizan previas a los entrenamientos de los vehículos autónomos, se les plantea, entre dos vidas, a cuál de ellas deberían elegir salvar (que queda mejor que decir «elegir matar»), y ofrecen distintas opciones: hombre-mujer; mujer-niño; anciano-niño; sanitario-mujer… Ahora bien, ¿cómo valorar realmente cuál es la vida que tiene más valor o, dicho de otra forma, ¿cuál es la que tiene menos? En estos entrenamientos también han aparecido los famosos sesgos, tal y como explica el profesor Génova, «contra las mujeres, contra los afroamericanos, contra los que visten de forma poco convencional, etc.».

> «¿Qué ocurre si la población a la que estamos encuestando en el experimento está sesgada? Estaremos reproduciendo el sesgo mayoritario, y eso no es admisible: si la mayoría está sesgada, no basta con imitarla, sino que hay que evitar el sesgo, por mucho que lo diga la mayoría. Esto pone de relieve una cuestión muy interesante: sabemos que el sesgo, o el estar sesgado, es algo malo, independientemente de lo que diga la mayoría. O sea, el bien y el mal no es lo que dice la mayoría, sino que está más allá. Ésta no es una reflexión original: está en los orígenes mismos de la reflexión ética en la filosofía griega. Lo interesante es que la inteligencia artificial lo vuelve a poner de relieve».

Existen bastantes más casos que demuestran la transmisión de sesgos humanos a las máquinas, por lo que es más que razonable preguntarnos si los programadores, o quienes determinen las rutas de programación, están capacitados realmente para darle formación a una IA. ¿Sabríamos establecer los protocolos para detectar desviaciones en los criterios de análisis y predicción? ¿Podríamos confiar en sus decisiones de no ser así? Según explica muy propagandísticamente en su web el desarrollador de IA para analíticas SAS:

> «La inteligencia artificial se adapta a través de algoritmos de aprendizaje progresivos para permitir que los datos lleven a cabo la programación. La inteligencia artificial encuentra estructura y regularidades en los datos, de modo que el algoritmo adquiera una habilidad: el algoritmo se convierte en un clasificador o en un indicador. [...] La propagación retrasada es una técnica de inteligencia artificial que permite al modelo hacer ajustes, a través de entrenamiento y datos agregados, cuando la primera respuesta no es correcta. [...] La inteligencia artificial analiza más datos y datos más profundos utilizando redes neuronales que tienen muchas capas ocultas. [...] Usted necesita muchos datos para entrenar modelos de aprendizaje a fondo porque éstos aprenden directamente de

los datos. Cuantos más datos pueda integrarles, más precisos se vuelven. […] Cuando los algoritmos son de autoaprendizaje, los datos mismos pueden volverse de propiedad intelectual. […] Si tiene los mejores datos en una industria competitiva, incluso si todos aplican técnicas similares, los mejores datos triunfarán».[17]

Todos estos ejemplos sirven principalmente para demostrar varias cuestiones:

- Los sesgos de los «formadores» se transmiten en el proceso educativo.
- Los datos, por muchos que sean, no sirven por sí mismos para enseñar.
- El criterio para tomar decisiones no puede depender sólo de los datos, salvo que obviemos a propósito las cuestiones éticas.
- ¿Podrían las máquinas llegar a desarrollar conceptos y profundizar en las distintas capas de significado de los símbolos por sí mismos?

Quizá el problema de enseñar a las máquinas a ser morales, aparte del sesgo, es que no tiene en cuenta un elemento fundamental, generalmente llamado de forma algo despectiva «factor humano». Como veíamos con las neuronas espejo, la forma que tenemos de aprender dista mucho del sistema que estamos usando para enseñar a las máquinas. Si queremos que una máquina aprenda a reconocer emociones en las caras de las personas, se le introduce la mayor cantidad posible de fotos de rostros de personas etiquetadas con su correspondiente emoción: esto es una cara feliz, ésta una cara triste, ésta está enfadada… Así, será capaz de reconocer dichas emociones en la medida en que reconozca las expresiones con las que se le ha entrenado. Pero nosotros no hemos aprendido así. Nadie nos ha dicho cuáles son las caras enfadadas y las alegres, lo hemos aprendido gracias a que vimos que cuando sonreíamos, nuestra madre sonreía también, y cuando llorába-

---

17. Tomado literalmente del blog del portal www.sas.com de un artículo titulado «Inteligencia artificial. Qué es y por qué es importante».

mos, nuestra madre se ponía triste o enfadada. Somos capaces de captar cuándo una persona está triste, aunque su cara muestre una sonrisa mayúscula, porque, sencillamente, hemos tenido momentos de tristeza en los que no hemos querido que nadie lo sepa. Sabemos lo que es fingir, porque lo hemos hecho y lo hemos experimentado, y por eso tenemos la capacidad de reconocerlo. ¿Cómo sabrá la máquina que la cara feliz que ve es, verdaderamente, signo de felicidad? ¿Será capaz de identificar al menos a una persona que finge sus emociones?

El mismo problema existe en referencia al lenguaje. Hoy por hoy las máquinas son enormemente hábiles en detectar y entender frases, incluso cuando no están perfectamente construidas desde el punto de vista gramatical, pero son incapaces de detectar la ironía. Cabe entonces cuestionarse si las máquinas podrían llegar a desarrollar la capacidad de discriminar lo correcto de lo incorrecto, lo justo de lo injusto, lo bueno de lo malo. Por eso, en este punto debemos preguntarnos, ¿cómo aprendemos los humanos a diferenciar el bien del mal?

En 2011, un equipo de psicólogos de distintas universidades[18] liderados por Paul Bloom trató de averiguar en qué momento aprendemos a distinguir la cualidad moral de los comportamientos, para lo cual desarrolló una serie de experimentos con bebés de entre cinco y ocho meses en los que llegaron a diversas conclusiones:

- Aunque en general preferimos los actos de ayuda, en determinadas situaciones los adultos podemos aceptar comportamientos abiertamente antisociales, así como aceptar a las personas que los realizan cuando no nos gustan los objetivos de una acción.
- Los bebés de cinco meses prefieren a la gente que actúa bien hacia los demás, independientemente del objetivo.
- Los bebés de ocho meses prefieren a los personajes o individuos que actúan en pro del conjunto, por encima de los que actúan en su contra.

---

18. De un artículo publicado en www.researchgate.net con el título «How Infants and Toddlers React to Antisocial Others», escrito por Hamlin, J. Kiley; Wynn, Karen; Bloom, Paul y Mahajan, Neha, así como de diversos artículos aparecidos en internet en referencia a los hallazgos del equipo de Paul Bloom.

- Los niños pequeños se comportan bien con la gente que se comporta bien con otros, y se comportan mal con las personas que se comportan de manera antisocial.

Es extremadamente complejo determinar si un bebé recién nacido tendría el mismo criterio de selección entre personas prosociales y antisociales, dada su inmadurez, sin embargo, la observación de esos comportamientos tan definidos y generalizados en niños de cinco meses, cuando aún no han tenido tiempo de adquirir los condicionamientos sociales, apunta a que podría tratarse de elementos innatos.[19]

Otras investigaciones[20] orientadas a indagar en el sentido de la justicia realizaron diversos experimentos con niños de entre tres y cinco años para determinar cómo buscamos el restablecimiento del equilibrio moral cuando éste se rompe. Éste es un tema muy interesante, ya que nuestros parientes los chimpancés no tienden a castigar los comportamientos negativos a menos que les afecten directamente. Eso no ocurre así con los humanos, y ya desde niños manifestamos reacciones negativas ante las violaciones de las normas hasta el punto de entender el sentido de recompensa de los buenos comportamientos y de castigo de los malos, incluso cuando estos comportamientos no nos afectan directamente. Curiosamente, los niños de tres años, ante la elección entre quitar algo al «malo» en el sentido de impedir que obtengan una

---

19. Como comentaba durante las correcciones de este trabajo el profesor José Manuel Escobero, licenciado en Biología y Zoología, así como máster en Biodioversidad, hay toda una línea de investigación etológica sobre si los impulsos altruistas son heredables o no, así como sobre las ventajas evolutivas de los mismos. El mismo Darwin se sorprendió ante el sacrificio de un individuo en pro de una comunidad, lo que iría totalmente en contra del darwinismo lineal. Sin embargo, al descubrirse posteriormente la carga genética, se pudo explicar que, en ocasiones, el sacrificio de un individuo puede ser beneficioso para la pervivencia de una estirpe génica. Sin embargo, esto no termina de explicar del todo por qué se premia al «héroe», al que se sacrifica a sí mismo por desconocidos que nada tienen que ver con su línea génica e, incluso, por defender a seres de otras especies. Sin duda, una dimensión social de la evolución muy interesante de investigar.

20. De un trabajo titulado «Restorative Justice in Children», publicado en el portal www.cell.com por los autores Katrin Riedl, Keith Jensen, Josep Call y Michael Tomasello (2015), así como de artículos referidos a este trabajo y publicados en medios digitales.

recompensa y restaurar algún elemento a la persona perjudicada, solían elegir la restauración. Básicamente, si tienen que elegir, los niños más pequeños prefieren compensar al perjudicado que castigar al perjudicador. El ser humano, por naturaleza, elige la cooperación, que es justamente la base de la vida en sociedad. Una tendencia que, curiosamente, va cambiando conforme se aproxima a la edad adulta. De hecho, la mayoría de las leyes se basan más en el castigo del mal que en la recompensa del bien o en la restauración del daño causado.

Para Wygostki, los conceptos cotidianos vinculados directamente con lo concreto, que empiezan a manejar los niños, nacen en ellos de manera espontánea, a partir de las experiencias que tienen y sin necesidad de que se le diga o instruya al respecto. Sólo cuando usan esos conceptos es cuando toman conciencia de a qué se refieren. Aunque Wygostki no señalaba explícitamente a la concepción del bien y el mal, sería posible inferir que, como en el anterior estudio, se dio cuenta de que había reacciones comunes en los niños que venían predeterminadas de manera natural, sin influencia externa.

Si volvemos de nuevo nuestra mirada a las máquinas, veremos que no es tan sencillo que una instrucción basada únicamente en datos conduzca al desarrollo de una inteligencia real, con posibilidades de ser independiente del programador y con sentido ético.

No insistiremos más en la vinculación entre pensamiento y lenguaje respecto a las máquinas, pero sí es interesante incluir un recordatorio acerca del visionario test de Turing, una prueba diseñada en 1950 por Alan Turing para verificar cuándo una máquina estaba mostrando un comportamiento inteligente que no fuese posible de distinguir del comportamiento inteligente humano. El test (que todavía se usa para hacer comprobaciones sobre los desarrollos de la IA) consiste en mantener una conversación con la máquina (en aquellos momentos a través del teclado, aunque hoy sería posible mantener una conversación «verbal» gracias a los simuladores de voz).

Para Turing existía la posibilidad futura de que el aprendizaje imitativo de las máquinas fuese tan bueno que nos pareciera indistinguible del humano. ¿Cómo saber entonces si estamos hablando con una máquina o con una persona? ¿Cómo saber si la máquina ha sido capaz de superar el proceso de imitación para crear por su cuenta algo nuevo, y ser una máquina físicamente, pero con un proceso psicomental equivalente al de los humanos? Para Turing la inquietante pregunta que dio origen a su test fue: «¿Pueden pensar las máquinas?». A la fecha, los avances en el desarrollo de redes neuronales artificiales han ido en paralelo con modificaciones y adaptaciones del test de Turing, al igual que cuestionamientos sobre su eficacia. En 1980, John Searle propuso en un escrito lo que denominó el experimento de «la habitación china», donde planteaba la posibilidad de que una máquina pasara el test de Turing a pesar de que no fuera capaz de entender las preguntas, sólo por aprendizaje de las respuestas adecuadas. Parecer humano no significa serlo.

Recordemos que uno de los increíbles logros de las neuronas espejo es que son las grandes responsables de que los actores puedan recrear sentimientos y acciones que conecten con nuestros propios sentimientos, generando una emoción, a pesar de que sabemos que lo que vemos no es real. El proceso de imitación puede ser tan bueno que recree esa emoción, pero eso no significa que se sienta realmente. Entre los humanos, la mentira puede hacernos creer cosas que no son ciertas, pero mientras la imitación no requiere disponer de ningún tipo de conciencia de lo que se hace, para la mentira sí. Según la ley general del desarrollo de Wygostki, «la toma de conciencia y el dominio son propios únicamente del nivel superior en el desarrollo de cualquier función».

Cuando alguien nos habla, sea un humano o una máquina, lo que llega a nuestra mente a través de los oídos son las palabras. Gracias a las neuronas espejo podemos intuir la intención, y por las neuronas «*mindreading*» podemos tomar decisiones basándonos en los comportamientos que prevemos en los demás. Sin embargo, todas estas percepciones son subjetivas. La experiencia nos puede acercar más o menos al pensamiento del otro, pero no siempre al verdadero pensamiento. Por eso, cuando preguntamos: «¿Estás bien?» y la otra persona sonríe y contesta: «¡Claro!, estupendamente», no podemos estar seguros de que eso sea verdad, porque sabemos que ambas cosas (lo que se siente y lo que se dice) pueden no coincidir. Wygostki también indagó en lo que hay detrás de nuestros pensamientos:

«El pensamiento no nace de sí mismo ni de otros pensamientos, sino de la esfera motivacional de nuestra conciencia, que abarca nuestras inclinaciones y nuestras necesidades, nuestros intereses e impulsos, nuestros afectos y emociones. Detrás de cada pensamiento hay una tendencia afectivo-volitiva. Sólo ella tiene la respuesta al último «¿qué?» en el análisis del proceso de pensar».

La conciencia nos proporciona, inevitablemente, una subjetividad, una forma propia de ver el mundo basada en una gran variedad de factores: genéticos, congénitos, ambientales, culturales, familiares, vivenciales… Estos factores influyen en cada uno de manera tan única que incluso entre hermanos gemelos, a pesar de las enormes similitudes, se producen diferencias esenciales que constituyen la personalidad particular de cada uno. Esto nos lleva a adentrarnos en el siguiente punto.

Sesgos y prejuicios

Aunque ya hemos hablado en este capítulo sobre la existencia de los sesgos y cómo se transmiten a través del aprendizaje, nos detendremos un poco más en este punto. Ya dijimos que si el pensamiento tiene sesgos, el lenguaje también los tendrá… y viceversa, y tener plena conciencia de esto es vital para emprender la «rectificación de los nombres». Es lo que ocurre, por ejemplo, con los prejuicios culturales heredados a través del lenguaje. Pero definamos antes qué es un prejuicio y qué un sesgo.

Según la RAE, un prejuicio es una «opinión previa y tenaz, por lo general desfavorable, acerca de algo que se conoce mal», mientras que sobre sesgo señala que es algo «torcido, cortado o situado oblicuamente» como primera definición y que, por extensión, se usa en estadística para referirse a un «error sistemático en el que se puede incurrir cuando al hacer muestreos o ensayos se seleccionan o favorecen unas respuestas frente a otras». Sin embargo, éstas son las definiciones referidas a la actual visión de esas palabras.

En origen, prejuicio viene de la palabra latina *praeiudicium*, que significa, sencillamente, «juicio previo» o «decisión prematura», y que acabó por derivar a la idea de hacer una presunción sobre algo con una carga fundamentalmente negativa, quizá porque lo habitual es tender a prejuzgar mal, en lugar de prejuzgar bien.[21] En realidad, ambos prejuicios, el positivo y el negativo, están íntimamente vinculados, ya que asumir que «lo negro es malo» implica por oposición que «lo blanco no es malo» y, en algunos casos, incluso que «lo blanco es bueno». A la hora de realizar juicios de valor, somos ciertamente propensos a sobreentender la parte «positiva» y manifestar de forma vehemente la «negativa».

En cuanto al sesgo, su significado de origen es todavía más diferente del que ahora usamos, ya que en su sentido más antiguo era «calmar o apaciguar». Aunque no lo parezca, sesgar proviene de *sessegar*, de donde nace «sosegar», y en latín vulgar de *sessicare*,[22] que es hacer que alguien enojado se siente y se calme, un sentido que todavía se puede encontrar en Cervantes, pero que por la misma época ya se había comenzado a usar con el sentido de «torcido». Quizá la explicación de Corominas en su diccionario crítico-etimológico podría arrojar algo de luz a esta discrepancia de sentidos, cuando refiere que «sesgo» como adjetivo se usa para referirse al curso de ríos calmos, cosa que está directamente relacionada con la presencia de los meandros.[23] La razón de esto es que el río, cuando discurre por su parte más llana y baja, tiende a frenarse, por lo que intenta buscar siempre la línea de mayor pendiente para no detenerse, y por eso describe curvas para mantener la corriente. En honor a la raíz primigenia, trataremos de abordar el tema de los prejuicios con sesgo, esto es, de manera sosegada.

Al impartir clases de oratoria o de teatro, uno de los puntos que más temprano que tarde hay que abordar con los alumnos es el miedo. Muchos creen que las clases les servirán para dejar de tener miedo al público, y están severamente equivocados. El miedo nunca desaparece, y es bueno que así sea. El miedo es un mecanismo natural de defensa, es la luz de alarma que se enciende cuando se detecta un peligro, por eso es bueno que el miedo esté ahí. El miedo no es el peligro, sino

---

21. Del portal http://etimologias.dechile.net
22. Latín vulgar o latín tardío es un término genérico empleado para referirse al conjunto de los dialectos vernáculos del latín vivo hablados en las provincias del Imperio romano.
23. También del portal http://etimologias.dechile.net

lo que nos alerta de él, nos pone en tensión e impide que nos confiemos, poniendo (entonces sí) en peligro nuestra vida. Querer eliminar el miedo es como pretender desconectar la alarma antiincendios para no sobresaltarnos con el ruido que hace cuando se activa. El problema es que no nos gusta sentir miedo porque no queremos enfrentarnos al peligro, que es de lo que verdaderamente deberíamos preocuparnos y en lo que tendríamos que centrar nuestras energías.

De alguna manera, el miedo y el prejuicio van de la mano. Como el miedo, el prejuicio es un mecanismo psicológico que tiene su utilidad. Cuando no tenemos a nuestra disposición toda la información sobre algo pero necesitamos tomar una decisión, el prejuicio entra en juego para facilitar esa toma de decisiones, haciendo presuposiciones con los datos que tenemos. Esto se debe a que nuestro cerebro tiene aversión por el vacío. La escuela de la Gestalt ha denominado a esto «ley de cerramiento». Si nos muestran un conjunto de líneas discontinuas, nuestro cerebro nos hará percibir la línea completa. No es que no veamos que se trata de líneas discontinuas, sino que las reconoceremos como si fuesen una sola línea; y si las hacemos transcurrir una detrás de otra en curva, nuestro cerebro entenderá que se trata de un círculo y la persona dirá que ve un círculo. Eso es justamente lo que hace el prejuicio: a falta de poder ver el círculo completo, usa lo que sí ve para rellenar lo que no ve.

Si estamos solos en casa por la noche y oímos un ruido, sentiremos miedo y trataremos inmediatamente de identificar su origen a través de nuestro conocimiento previo para tranquilizarnos. Si nada de lo que conocemos encaja en lo que hemos oído, el miedo aumentará y, si no logramos identificarlo (o creer que lo hemos identificado), podemos llegar a perder el control sobre nosotros mismos, empezar a imaginar cualquier cosa terrible que rellene el vacío de información y entrar en pánico. Con el pánico la función racional se anula por completo y nuestra función instintiva toma el mando, pudiendo hacernos actuar de manera totalmente descontrolada, temeraria, peligrosa e irracional por nuestra incapacidad para detenernos a pensar.

En resumidas cuentas, el juicio previo que hacemos de la situación cuando aún no conocemos realmente qué ha pasado, porque no tenemos a nuestro alcance todos los datos, sirve para calmar el miedo natural que sentimos ante situaciones o hechos desconocidos. El riesgo del prejuicio, entonces, es quedarse anclado en él, igual que el problema del miedo es hacer lo posible por evitarlo y no prestar atención a lo que realmente nos está amenazando.

Tener prejuicios es tan natural como tener miedo, pero pasado el primer impulso prematuro (aún sin madurar), es necesario pararse a analizar con más profundidad las cosas para adquirir la información de la que carecemos y rellenar los huecos con información veraz, en lugar de con lo que hemos imaginado antes de saber. De no hacer ese intrépido y valeroso esfuerzo por abandonar la cómoda tranquilidad del prejuicio, al menos deberíamos ser conscientes de que estamos mirando el mundo sin verlo como realmente es, sino como nos tranquiliza verlo.

Puede parecer un contrasentido que algo que nos causa inquietud, como un miedo, nos pueda dar al mismo tiempo tranquilidad; es por la falsa sensación de control por lo que nos da la convicción de que ya conocemos algo, aunque sea malo (mejor malo conocido...). Y es que si hay algo que nos produce más miedo e inquietud que ninguna otra cosa en el mundo, eso es lo desconocido.

Los sesgos tienen, como los prejuicios, una raíz cognitiva que puede afectar varios aspectos de nuestra forma de ver y clasificar el mundo. Influyen en nuestro pensamiento y, por tanto, en nuestro lenguaje. Hay diversas formas de sesgo cognitivo que, a su vez, tienen más o menos peso en los prejuicios que establecemos, pero lo que nos interesa de todo esto no es tanto la infinitud de formas que tenemos de ajustar la realidad a nuestro gusto, sino que la manera de evitar o neutralizar los sesgos se basa, sencillamente, en reflexionar con sinceridad en nuestro discurso interno sobre las verdaderas razones que tenemos para hacer o decir algo, y en por qué pensamos lo que pensamos.

A lo largo del tiempo, los distintos lenguajes con los que se han expresado los pueblos han sido un reflejo de su pensamiento y, también, de su cultura. Entre 2010 y 2011, Lera Boroditsky,[24] investigadora de la Universidad de California en San Diego,[25] y su colaboradora Caitlin

---

24. Basado en una charla TED titulada «Cómo el lenguaje moldea nuestra forma de pensar», impartida por Lera Borodistki.

25. Aprovechamos esta nota para comentar que las charlas TED son una serie de conferencias breves, de no más de 20 minutos, en las que se promueven «ideas dignas de difundir». Todas las charlas (más de 1 000) están disponibles gratuita-

Fausey realizaron una serie de experimentos con personas estadounidenses, españolas y japonesas. El objetivo era probar cómo la lengua materna influye no sólo en nuestras reacciones y en nuestra forma de pensar, también en la forma en la que recordamos los eventos del pasado.[26] Las conclusiones de los estudios de Boroditsky y Fausey, efectivamente, demuestran que la lengua materna influye, y mucho.

- En nuestra forma de percibir el tiempo y el espacio, así como en nuestra relación respecto a ellos.
- En la forma de percibir y expresar las cantidades, lo que también repercute en las capacidades algebraicas, matemáticas y en todo lo mensurable.
- En la forma de entender y percibir los colores.
- En las cualidades que otorgamos a las cosas.
- En la memoria ocular.
- En la tendencia a culpabilizar o castigar.
- Y, en general, en una enorme variedad de prejuicios que también heredamos a través de nuestra lengua materna.

Si tenemos en cuenta que en la actualidad hay aproximadamente 7 000 lenguas con diferentes sonidos, diferentes vocablos y diferentes estructuras, tenemos que, al menos, hay 7 000 posibles maneras distintas de ver y entender el mundo (aunque la realidad es que hay tantas formas de ver el mundo como personas hay sobre él). De ahí quizá el afán de los conquistadores por extender y oficializar un único idioma, como hicieron los romanos, por encima incluso de la religión: porque el lenguaje estructura el pensamiento, pero el idioma lo orienta. ¿Por qué entonces nos cuesta tanto ver que hay otras formas de entender el mundo y que son tan parciales y subjetivas como la nuestra?

Para Wygostky era necesario estudiar a las personas en interacción, por entender justamente que la cultura es un «mediador» de la activi-

---

mente en internet y existe una activa comunidad de voluntarios que se dedica a traducirlas a multitud de idiomas para facilitar la difusión de esas ideas y conocimientos por todo el mundo.

26. Basado en un artículo de Klaus Wilhelm titulado «Así hablo, así pienso» y publicado en la revista *Mente y cerebro*.

dad humana, de manera que las condiciones materiales en las que las personas hablan y piensan son importantes para entender, entre otras cosas, su comportamiento. Los significados que cada cultura otorga a las palabras están cargados de intencionalidad subjetiva, y sin la comprensión de esa intencionalidad es imposible entender ni la cultura ni la lengua de los pueblos, algo que los actuales filólogos y traductores saben bien.

Hace algunos años, el profesor, traductor y filólogo clásico Carlos García Gual habló en una entrevista sobre el papel del filólogo traductor:

«Debemos ser conscientes de que la filología clásica está al servicio de esa tarea de mediación entre los antiguos y nuestros contemporáneos. Y es una tarea muy atractiva, aunque el buen traductor debe ser servicial y modesto, fiel a la labor humanista que la versión fiel y precisa exige. El traductor es el primer y más íntimo lector del texto original, un lector que debe manejar muy bien dos lenguas captando los matices de una y otra, sobre todo cuando la distancia entre ellas es considerable, como pasa con el griego antiguo y el castellano actual».[27]

En estos momentos, decíamos, hay aproximadamente 7 000 lenguas en uso, aunque con un triste promedio, y es que cada semana se pierde irremediablemente una de esas lenguas, y si no se hace nada que lo remedie, la mitad de esas 7 000 magníficas, ricas y diversas maneras de pensar se perderán en 100 años. No hablamos sólo de palabras, no se trata sólo del curioso idioma de algún pueblo aborigen o de una tribu perdida del Amazonas, es la forma de ver el mundo de un grupo humano, y cuando los pueblos desaparecen, como todos están señalados a hacer tarde o temprano, lo único que nos quedará para conocerlos y comprenderlos será el lenguaje… siempre que haya quedado algo por escrito, y aun así el traductor se tendrá que enfrentar

---

27. Esta parte está extraída de la entrevista que hice al profesor Carlos García Gual en 2010 y publicada en www.revistaesfinge.com. El título (un poco largo) de la entrevista era *La filología clásica está al servicio de la mediación entre los antiguos y nuestros contemporáneos.*

a la dificultad de interpretar el sentido que ese pueblo otorgó a esas palabras.

Gracias a los textos escritos, estudiosos y traductores de diversas épocas como García Gual han podido realizar la monumental tarea de transportar el pensamiento griego, por poner un ejemplo, hasta nuestros días. Gracias a ellos podemos entrar en contacto con nuestras propias raíces históricas, culturales y humanas. Gracias a que somos capaces de aprender y comprender otros significados lingüísticos aparte de los maternos, podemos aprender y comprender a otros pueblos, aunque lleven miles de años desaparecidos. Gracias a eso, en el futuro habrá otras culturas, otras civilizaciones, que serán capaces de comprendernos a nosotros y, a través de nosotros, a los antiguos griegos. Gracias a eso, no sólo conocemos nuestras raíces, sino que nos identificamos con ellas, y nos reconocemos entre nosotros a pesar del tiempo, el espacio y las diferencias culturales, que en el fondo no son tantas.

En ese mismo sentido, el también profesor, traductor y filólogo Alberto Bernabé explicaba en una entrevista:

«Si hablamos de la tecnología, diríamos que ha sido una revolución absoluta, ya que permite estar en contacto con gente de todo el mundo, mientras que un griego, para ver a otro, tenía que coger un barco y pasarse medio mes navegando. Ahora podemos tener contacto con cualquiera llamando por cualquier red y hablamos inmediatamente. Son situaciones muy distintas. Ahora bien, que el ser humano tenga miedo de enfermar o de envejecer, de morirse, eso es algo que no ha variado, porque son cosas de la especie, y están ahí en la mente. Los griegos se plantearon problemas, que son los nuestros también, y dieron soluciones que no son las nuestras, pero lo más interesante son los problemas que plantearon, más que las soluciones que dieron».[28]

La importancia vital del traductor está en que no basta con conocer el idioma a la perfección, sino que debe saber interpretar la intencio-

---

28. Extraído de una entrevista que realicé hace algunos años al profesor Alberto Bernabé titulada *Los antiguos sufrían y se alegraban como nosotros*, publicada en el portal www.revistaesfinge.com

nalidad y el sentido de los conceptos. Sin esa capacidad de ponerse en la piel del otro, en la que interviene de forma tan hábil nuestra red neuronal y nuestras capacidad para percibir y transmitir emociones, no es posible establecer comunicación, entendida ésta como un elemento conector entre las personas. La emoción y la intención son las que juegan en nuestra mente hasta encontrar una manera eficaz de hacerse visibles y evidentes para el otro a través del lenguaje.

Volviendo con Wittgenstein, éste afirmaba que «cuando los juegos del lenguaje cambian, cambian los conceptos y, con los conceptos, el significado de las palabras». En ese sentido, los lenguajes de los pueblos son la particular forma en la que ellos juegan con el lenguaje y lo dotan de significado, de intención. Para Wittgenstein los «juegos del lenguaje» eran tanto el lenguaje en sí como las acciones con las que éste se entretejía. Pocas acciones realiza el ser humano sin que intervenga el sentimiento o la emoción como acicate de la intención.

El artista Poet Ali,[29] por medio de otras palabras, supo expresar también lo que significa entender otra lengua: «A veces pensamos que el idioma es entender el significado de una palabra, pero creo que el idioma es hacer que una palabra tenga sentido para ti». Lo realmente importante de esta idea es que, en demasiadas ocasiones, aun compartiendo el mismo idioma, no es posible establecer una comunicación entre las personas, sencillamente porque no se comparten los significados. Incluso hablando el mismo idioma, si no se comparten significados, si no hay un acuerdo sobre los conceptos, no es posible establecer un diálogo o una conversación, simplemente será un intercambio de palabras, pero sin interacción posible entre las partes, como lanzar pelotas sin nadie que las recoja al otro lado. En palabras de Poet Ali: «En cualquier conversación debe haber algún tipo de interacción, y para que ocurra cualquier interacción debe haber cierto grado de voluntad por ambas partes». Básicamente, una conversación exige que haya voluntad de entendimiento, una voluntad en la que ambas partes se esfuerzan por comprender los significados del otro al tiempo que facilitan la comprensión de los significados propios. Por eso siempre es más sencillo

---

29. De una charla TED impartida por Poet Ali, titulada «The language of being human», y disponible en el portal del sitio.

comunicarse con alguien que ha compartido tus mismas experiencias, por eso es tan importante establecer y compartir los conceptos, y por eso es necesario saber reflexionar para poder elaborar las definiciones correctas. Sin nada de eso la tarea de «rectificar los nombres» es imposible. Ciertamente la comprensión y asimilación de los conceptos puede ser inicialmente subjetiva, pero para que exista comunicación, cooperación y sociedad, los conceptos deben ser objetivos y facilitar los medios para que sean compartidos por todos sin ambigüedades.

Ámbitos como el *marketing* o la política son propensos a adaptar el significado de los conceptos a sus diversos intereses, según convenga presentarlos de una u otra manera. El riesgo en este caso es que, dada su capacidad de difusión a través de los medios de comunicación, los conceptos alterados por ellos llegan fácil y repetitivamente a la sociedad, que acaba por asimilarlos como ciertos. Así, es frecuente que se empleen palabras como «felicidad» o «libertad» de forma habitual, sin que nadie sea capaz de definir esos conceptos. La definición otorga el sentido de la palabra, y también la limita en cuanto a usos inadecuados. El empleo de estas (y otras) palabras desprovistas de su sentido, tan frecuente en la manipulación de masas, lo que hace es destruir el contenido, vaciar la palabra y desvincularla de su realidad, de manera que les sea fácil llenarla de cualquier otra cosa. Desde ese momento, los sofistas de turno pueden usar sin rubor los envases de la libertad y la felicidad, para vender sometimiento y comodidad. Rectificar los nombres es volver a poner el azúcar en el bote del azúcar y la sal en el bote de la sal.

Si alguien se acerca a las páginas escritas por Viktor Frankl en *El hombre en busca de sentido*, descubrirá, no sin cierto dolor, hasta qué punto una experiencia compartida, especialmente una experiencia tan dura como la de los inhumanos campos de exterminio nazis, puede revelar la fortaleza de nuestra humanidad.

«Mi mente se aferraba aún a la imagen de mi mujer. De pronto me asaltó una inquietud: no sabía siquiera si seguía viva. Pero estaba convencido de algo: el amor trasciende la persona física del ser amado y halla su sentido más profundo en el ser espiritual, el yo íntimo. Que esté o no presente, que siga viva o no, en cierto modo carece de importancia. Ignoraba si mi mujer vivía y no tenía medios para averiguarlo (a lo largo del cautiverio no tuvimos contacto postal con el exterior), pero en aquel momento esa cuestión había dejado de inquietarme. No sentía necesidad de comprobarlo; nada afectaba a la fuerza de mi amor, a mis pensamientos y a la imagen de mi amada. Si entonces hubiera sabido que mi mujer estaba muerta, creo que –insensible a la noticia– habría seguido contemplando su imagen y hablando con ella con igual viveza y satisfacción».

El hombre y lo demás

David Lewis-Williams es uno de los investigadores más importantes en el estudio del arte rupestre a lo largo y ancho del mundo. Como arqueólogo cognitivo se dio cuenta de que había ciertos símbolos, pintados en las paredes de las cuevas paleolíticas, que se repetían. Daba igual que la pintura la hubieran hecho los aborígenes australianos o los hombres de las cavernas de Francia, y eso se repetía no sólo en distintos lugares alejados unos de otros, sino también a lo largo del tiempo. Había elementos comunes, tan similares entre sí que Lewis-Williams propuso un modelo neuropsicológico en el que afirmaba que esas imágenes tan parecidas, que él denominó «formas entópicas», se debían a la existencia de una arquitectura cerebral cognitiva universal.[30] Lewis-Williams lo achacó a las prácticas chamánicas de las culturas primitivas, donde se suponía que se consumían sustancias que producían estados alterados de conciencia y, de alguna manera, creía que bajo los efectos de determinadas sustancias, esa arquitectura cognitiva universal reaccionaba produciendo el mismo tipo de alucinaciones.

Unos cuantos años más tarde, los investigadores Kevin Sharpe y Leslie Van Gelder afirmaron que los verdaderos autores de esos gara-

---

30. Basado en un artículo publicado en los blogs de www.investigacionyciencia.es/ blogs titulado «Entópicos o garabatos de niños de las cuevas», escrito por el investigador Julio Rodríguez, del Instituto de Investigación Sanitaria de la Universidad de Santiago de Compostela.

batos eran niños. Niños prehistóricos, pero niños al fin y al cabo, con un tizón en las manos y una pared contra la que usarlo. Nada que no haga cualquier niño moderno si tiene oportunidad. La discusión sobre si era obra de chamanes o de niños está todavía sobre la mesa, aunque lo cierto es que, sea quien sea el autor y fuese cual fuese su estado cognitivo (alucinado o infantil), lo cierto es que las formas entópicas siguen estando ahí, desafiando cualquier teoría sobre difusión cultural. No es necesario entrar tampoco en la discusión de si tiene algo que ver con el fenotipo extendido[31] del que habla Richard Dawkins o con los estudios que vinculan creatividad y genética. Es más prudente, ante la falta de información más clara, asumir un punto intermedio de influencia, como el que defiende la profesora Nancy Segal, responsable del centro de estudios de gemelos de la Universidad Estatal de California. Tras sus estudios con gemelos idénticos criados en ambientes separados, Segal afirma que si bien la genética puede determinar de manera importante la creatividad de las personas, también el ambiente puede ser un factor que se debe tener en cuenta a la hora de favorecer o no su desarrollo.

Volviendo a las formas entópicas, no es descabellado valorar que si realmente hay una estructura cerebral cognitiva común que permitió a los humanos del paleolítico realizar representaciones similares en distintos puntos del tiempo y el espacio, de igual manera pudieron existir patrones lingüísticos comunes en la aparición de las primeras lenguas. ¿Sería posible entonces que hayan existido, en los inicios de la oralidad humana, palabras semejantes para referirse a conceptos semejantes, con parecidos significados? ¿Podría existir una raíz lingüística común originada por esa arquitectura cognitiva, a partir de la cual se han ido desarrollando y diversificando los diferentes lenguajes? ¿Había intencionalidad de representar algo concreto en las formas entópicas? ¿Pudieron ser una primera y primitiva forma de símbolo ideográfico o sólo el garabato sin sentido de un niño o de un alucinado?

---

31. *El fenotipo extendido* es un libro de Richard Dawkins, publicado en 1982, donde este investigador defiende que los genes son el centro de la evolución, afirmando también que la genética de un organismo, al condicionar su comportamiento, puede influir en el medio en el que vive. Básicamente, los genes de los organismos son los que modifican el medio.

Según la lingüística generativa, no podemos hablar de lenguas primitivas y lenguas modernas, al menos no dando por hecho que las primeras expresiones del lenguaje fuesen rudimentarias y con un vocabulario limitado que, a su vez, como hemos visto, limitaría también la capacidad pensante, la capacidad de expresar ideas o de hablar sobre algo con profundidad. El lingüista Noam Chomsky es uno de los investigadores que defienden que todos los idiomas humanos cuentan con una estructura profunda común, así como que todos los idiomas humanos (pasados, presentes y futuros) comparten esas estructuras aunque las lenguas parezcan diferentes.[32] Con el tiempo y el uso, las grafías, las pronunciaciones o las formas de hablar van sufriendo pequeños y naturales cambios. Así, el castellano que se hablaba hace 500 años puede sonarnos extraño a pesar de ser el mismo idioma que hablamos ahora y, con total seguridad, dentro de 500 años los castellanoparlantes del futuro se extrañarán de nuestra actual manera de hablar.

Por los estudios realizados con animales, especialmente con grandes simios, hemos visto que la conciencia y el desarrollo único de ciertas funciones cognitivas son exclusivos de los humanos. Eso no quiere decir, ni mucho menos, que los animales no tengan inteligencia, emociones, facultades comunicativas, capacidad de aprendizaje, etc. Lo que indica es que hay algo distinto en el ser humano; quizá ese «algo» sea la estructura cerebral, que permite que aparezcan las formas entópicas; quizá sea innato, como el sentido ético y de la justicia que los niños revelan en edades muy tempranas. Quizá todo eso sea fruto de ese «misterio» que es la conciencia humana, que nos hace compartir algo más profundo que los genes.

Si comparásemos la autoconciencia con una semilla, entendida en el sentido de potencia, hay un momento temprano en la vida en que esa semilla comienza a germinar, y así permite que comiencen a darse procesos como el desarrollo del pensamiento y el lenguaje, o la sociabilización. A través de las distintas experiencias vitales, esa semilla crecerá de una forma o de otra. Si la misma sociabilización es la que nos ayuda a desarrollarnos como individuos, elementos como el interés propio, la solidaridad, los afectos, los rencores, el miedo, el deseo o la

---

32. Tomado de la Wikipedia.

curiosidad empezarán a tomar parte importante en la forma en como crece y prospera ese germen hasta convertirse en algo concreto y conformado. Y, sin embargo, a pesar de los condicionamientos internos (genética) y los externos (medioambiente-relaciones-vivencias), el ser humano posee la capacidad única de cambiarse a sí mismo. Podemos tomar decisiones en contra de los condicionantes. Un animal al que se le haya generado en laboratorio una adicción será adicto, pero un ser humano con más o menos voluntad, con mayor o menor esfuerzo, puede intervenir para forzar cambios en sí mismo a pesar de las solicitudes de dependencia del cuerpo y la psique.

Recientes estudios de la Universidad de Zurich[33] han probado que la personalidad no es rígida, y no sólo se transforma a lo largo del tiempo con las experiencias y los nuevos papeles que le toca asumir, también es posible para las personas intervenir en su propia personalidad y cambiar aspectos de sí mismas que no les gusten o que deseen mejorar. Nadie dice que sea un proceso fácil, pero sí que es posible.

El desarrollo del lenguaje es fruto de la complejidad de la conciencia, y aunque podemos aprender y conocer mucho sobre cómo funciona y cuándo surge el lenguaje, incluso sobre elementos relacionados con la conciencia, la razón de que sólo nosotros la tengamos, con todo lo que ello implica, es algo que escapa desde hace milenios a nuestra capacidad de conocimiento. El porqué de ser los únicos en el planeta con estas capacidades no es una pregunta tan importante como a qué necesidad o causa evolutiva puede justificar el tenerla. Con la vista puesta en las teorías de Darwin, los cambios evolutivos[34] que se conservan y perpetúan obedecen a una necesidad de adaptación, y buscan solventar una circunstancia que pone en riesgo la supervivencia de la especie o que, simplemente, ayudan a mejorar las posibilidades de sobrevivir. ¿Qué circunstancia pudo darse en el caso de los humanos? ¿En qué beneficia evolutivamente al individuo tener una mejor habilidad lingüística? ¿Por qué, si ese desarrollo fue exitoso

---

33. De un artículo de Liesa Bauer titulado «Cambiar nuestra personalidad», publicado en *Mente y cerebro* y citado en la bibliografía.
34. La evolución infiere que las mutaciones se producirían al azar, pero se perpetuarían por la herencia genética las que resultaran más beneficiosas para la supervivencia.

y cumplió su propósito, no se reprodujo en otras especies de simios? Hay que entender también, según algunas teorías evolutivas, que de haber sido un intento fallido de adaptación, la conciencia se habría extinguido antes de dibujar el primer garabato en la pared de una cueva. ¿Qué pasó para que fuese necesario desarrollar una autoconciencia humana que con su egocentrismo, dicho sea de paso, amenaza gravemente la naturaleza que la creó? Dar vueltas sobre estas preguntas puede derivar en un gran dolor de cabeza, pero es necesario entender que esas preguntas están sobre la mesa todavía, y no estamos más cerca de dar una respuesta certera ahora que hace 5 000 años.

Actualmente los paleoantropólogos diferencian dos procesos esenciales en el desarrollo evolutivo del hombre: el de hominización y el de humanización.[35] Según un artículo de los investigadores Eudald Carbonell y Policarp Hortolá, publicado en la Revista Atlántica-Mediterránea, la hominización sería el proceso biológico, en el que:

«Los cambios morfológicos y etológicos en el orden de los primates generan una estructura de potencial evolutivo enorme. En el proceso interviene, aparte del material genético que lleva la información, el continuo cambio de condiciones ecológicas al que estos primates tienen que adaptarse para poder sobrevivir».

En resumen, la hominización es lo que hizo biológicamente, y tras un proceso muy largo, que tuviésemos el aspecto físico que tenemos hoy en día como *Homo sapiens sapiens*. En cuanto a la humanización:

«Es clave en el tema de la evolución humana y, quizá, en el del conjunto de la evolución de la vida. La humanización, como adquisición estructural sistémica, representa una toma de conciencia cósmica, una singularidad compuesta y multiforme de adquisiciones que nos han permitido, a lo largo del tiempo, romper con la inercia del pasado y sobrepasar la selección natural para adentrarse en lo que hoy por hoy es desconocido».

---

35. Basado en un artículo de Eudald Carbonell y Policarp Hortolà titulado «Hominización y humanización, dos conceptos clave para entender nuestra especie».

Esa toma de conciencia cósmica y de autoconciencia, como la describen estos investigadores, dio como consecuencia una mayor diferenciación de los antepasados homínidos, creando un contexto único: la cultura humana.[36]

En ese contexto es donde se engloban cosas como el desarrollo del lenguaje, la imaginación, el comportamiento social complejo, la capacidad de aprender y comprender conceptos abstractos, el sentido estético, el dominio del fuego, el uso y desarrollo de herramientas y armas, así como la creación de refugios, casas y, en relación con nuestro fuerte componente social, poblados y ciudades. Pero hay otro elemento, definitorio del proceso de humanización, que es la relación con lo sagrado, con lo trascendente, que se vincula fuertemente con la imaginación como capacidad para crear símbolos, y con el lenguaje como vehículo de transmisión y fijación de esos símbolos trascendentes.

El desarrollo de las investigaciones hasta la fecha sostiene que, aunque hominización y humanización no son dos procesos independientes, es la hominización la que favoreció el despertar de la humanización. De alguna manera, según algunas teorías actuales, la necesidad de adaptación y supervivencia, la progresiva bipedestación, la erección del cuerpo, los cambios morfológicos en el rostro a consecuencia de esto, el desarrollo del pulgar en oposición, la capacidad de manipular y de ver mejor, a mayor altura que el resto, fue aumentando la capacidad craneal y el crecimiento del cerebro.

En algún momento, todo eso supuso un «clic» que puso en marcha el proceso de humanización. Investigadores como Jacques Ruffié (*De la biología a la cultura*) o William von Hippel (*El salto social*) defienden el origen biológico de la cultura, con mayor o menor implicación de nuestras emociones y mente, pero con una base biológica al fin y al cabo, siendo la cultura humana el culmen de su evolución biológica.[37]

---

36. Como cultura se entienden una serie de características heredadas a través del aprendizaje social, y no por un componente genético. Desde ese punto de vista, diversos animales muestran también una cultura. En este punto nos referimos a los elementos exclusivos de la cultura humana que no están plenamente desarrollados en otras especies.

37. Según estas teorías, el esfuerzo en un sentido es lo que fuerza a la evolución a crear cambios hereditarios genéticamente, sin embargo, no está realmente tan

Sin embargo, aun cuando haya sido la adaptación biológica lo que nos ha conducido hasta aquí, el hecho es que lo que nos diferencia del resto de animales, lo que nos define como humanos, es justamente el resultado de nuestro proceso evolutivo. ¿Qué quiere decir esto?

Lo que diferencia a cada especie dentro de los ecosistemas y, en general, dentro de la propia naturaleza, es lo que da justificación a su pervivencia y, podríamos decir, a su existencia. Algo que los investigadores empiezan a comprender ahora a través del estudio de los sistemas complejos, como pueden ser las redes ecológicas o la *autopoiesis* definida por Humberto Maturana.

Por ejemplo, el tigre, con sus rayas, sus colmillos y sus instintos, forma parte de un conjunto complejo de elementos interactuantes que integra de forma directa a los animales que componen su dieta, pero indirectamente a todos los seres y formas vivientes que intervienen en su hábitat, desde la vegetación a las bacterias y virus, pasando por el mismo clima, las características del suelo, la orografía y a cualquier cosa que intervenga en ellas y las altere, como el ser humano. Es necesario que el tigre se comporte como un tigre, que haga lo que es propio de los tigres y cumpla su papel como depredador. La evolución le ha dotado de los medios necesarios para que cumpla su necesidad de supervivencia sin que eso perjudique la supervivencia del resto de elementos del ecosistema. Es posible que a las cabras no les haga mucha gracia encontrarse con un tigre hambriento, pero es bueno para todos que así sea, y si todos cumplen su rol, el equilibrio se mantiene y las especies conservan sus posibilidades de supervivencia en conjunto. Sus características, dadas por su necesidad evolutiva, definen su rol (o quizá es el rol el que define sus características, no se sabe), al igual que pasa con los insectos, las plantas o las amebas. ¿Pero qué pasa con el hombre? ¿Somos el producto de infinidad de mutaciones al azar? ¿Qué es lo que nos define? ¿Cuál es nuestro rol? Si fuésemos el producto de una necesidad evolutiva en la que se ha mantenido el desarrollo de la conciencia humana, ¿cuál es su papel en todo esto? Quizá sea necesario no prestar tanta atención al desarrollo biológico

---

claro ni tan probado el proceso por el que nuestros ancestros evolucionaron hasta la forma que tenemos hoy.

del homínido y centrarnos más en el humano que es, a fin de cuentas, lo que nos puede orientar verdaderamente sobre nuestro papel real dentro de toda esta increíble aventura que es la vida, otro misterio para el que no tenemos respuestas.

CAPÍTULO 3

IMAGINA QUE...

«¡Oh, sí! El hombre es un dios cuando sueña y un mendigo cuando reflexiona, y cuando el entusiasmo desaparece, ahí se queda, como un hijo pródigo a quien el padre echó de casa, contemplando los miserables céntimos con que la compasión alivió su camino».[1]

A lo largo de las páginas anteriores, se ha hecho mención en diversas ocasiones a los conceptos, al sentido y a los significados. También, aunque más bien de pasada, a los símbolos. Intentaremos ahora abordar un tema que, sabemos, puede resultar controvertido pero que es necesario: el imaginario, los símbolos y la trascendencia.

Estemos o no de acuerdo con la simbología y lo sagrado, compartamos o no las creencias religiosas de nuestra cultura (o de otra), no afecta en nada a un hecho absolutamente constatable: el ser humano y la religiosidad (o mejor dicho, el sentido de trascendencia y sacralidad) están vinculados desde el principio de nuestra evolución en el proceso de humanización. De hecho, uno de los medios que permiten a los antropólogos hacer aproximaciones cronológicas al momento de la evolución en que se produjo la humanización del homínido es a través de los restos que nos han dejado de su sentido de la trascendencia.

Cuando los investigadores encuentran restos óseos de homínidos en sus excavaciones, es imposible saber lo que pensaba aquel ser, cómo se expresaba, si era capaz de amar o cuáles eran sus creencias. Pero cuando esos huesos se encuentran en una posición concreta, deposita-

---

1. De la bella y exaltada obra de Friedrich Hölderlin *Hiperión o el eremita en Grecia*.

dos exprofeso en algún tipo de enterramiento, junto con algún resto de ajuar funerario como vasijas, joyas o armas, la cosa cambia bastante.

Ninguna otra especie pone el interés que nosotros en el trato a sus difuntos. Nuestra autoconciencia y los lazos de comunicación, aprendizaje, vida y sentimientos que compartimos con los demás nos hacen reconocer en la muerte un momento crucial del que no existe vuelta atrás. El hecho inapelable de la muerte, junto con la descomposición y destrucción del cuerpo y el no retorno de los que morían, contemplado y vivido todo ello dentro de la cotidianidad del hombre primitivo, lejos de generar una actitud de aceptación de la muerte como fin último, gestó en el ser humano, desde sus primeros momentos como tal, un sentido de trascendencia de la vida más allá de la muerte. Quizá el hombre primitivo diferenciaba cuerpo de conciencia, y era capaz de asumir que, aunque el cuerpo desapareciera, había algo más, una esencia que no podía desaparecer y que permanecía en continuidad con la vida en otro plano de existencia, en lo que en las distintas culturas han dado en llamar inframundo, hades, infierno o mundo de los espíritus.

Algunos estudiosos consideran que la costumbre de inhumar el cuerpo de los difuntos está vinculada con el sedentarismo. Es decir que, al tener un asentamiento fijo, era necesario hacer algo con los cuerpos para evitar los efectos indeseables de la descomposición. El psicólogo y primatólogo Frans de Waal, por ejemplo, cree que algunos simios también enterrarían a sus muertos si tuviesen la costumbre de permanecer mucho tiempo en el mismo lugar. Existen también pruebas de que algunos animales manifiestan dolor ante la muerte de algún ser cercano. Nada de eso, sin embargo, justifica toda la parafernalia que acompaña desde tan antiguo a los enterramientos humanos. No enterramos para evitar que se aproximen los depredadores, sino como parte de un rito cargado de significado simbólico y de culto al difunto.

William von Hippel explica lo siguiente:

«Al mismo tiempo que empezábamos a colonizar el globo, tuvo lugar una explosión de cultura, arte y otras demostraciones de pensamiento simbólico. Aunque nuestra especie tiene más de 200 000 años de antigüedad, la riqueza cultural comúnmente asociada con el *Homo sapiens* apareció hace menos de 100 000 años. Esto no quiere decir que no existiera pensamiento simbólico durante más de 100 000 años; más bien evidencia la minúscula posibilidad de que los productos de nuestra cultura permanezcan intactos durante períodos tan largos de tiempo. Hoy colgamos pinturas en museos climatizados, pero nuestros ancestros pintaban en las paredes de acantilados. Dada su falta de preocupación por la posteridad, es sorprendente haber encontrado arte o artefactos de un período tan antiguo».

Efectivamente, por el momento los restos más antiguos que evidencian rituales de enterramiento pertenecen a neandertales de hace 100 000 años. Ahora bien, existe un yacimiento que podría dar la vuelta a las fechas que se manejan hasta ahora.

El yacimiento burgalés de Atapuerca ha desenterrado restos de diversos individuos de cerca de 900 000 años pertenecientes a una nueva especie no conocida hasta ese momento: el *Homo antecessor*,[2] junto con restos fósiles de otras especies: una aún sin determinar de 1 300 000 años aproximadamente, y las otras de preneandertales de hace 500 000 años, neandertales de hace 50 000 años y *Homo sapiens*, el más reciente de todos. Uno de los hallazgos más extraordinarios de la Sima de los Huesos de Atapuerca es, sin duda, un bifaz[3] hallado en 1998 junto a una treintena de esqueletos humanos. Lo que hace único este descubrimiento es que el lugar no constituía un asentamiento, es decir, allí no vivían humanos, y según se ha podido vislumbrar, la única forma de que esos cuerpos llegasen allí era siendo transportados por otros individuos. En cuanto al mentado bifaz de cuarcita roja hallado junto a los cuerpos, se sabe que no era un material común en la zona.

«Como pensamos que puede ser un objeto con significado simbólico, decidimos apodarlo con el nombre de la espada más simbólica de la historia: Excalibur. Aunque el significado preciso del bifaz siempre será un enigma, el contexto en el que apareció le confiere singularidad frente a otros bifaces. Y para terminar, algo que muy pocas personas conocen: los millares de visitantes del Museo de la Evolución Hu-

2. Tomado de la web de la Fundación Atapuerca.
3. Herramienta paleolítica de piedra que aparece tallada por ambas caras.

mana de Burgos que en estos años han tenido ocasión de admirar a Excalibur no pueden hacerse una idea exacta del auténtico color de la pieza. Esto es, en parte, porque la iluminación artificial amortigua su color original, pero, sobre todo, porque no conocen el secreto de Excalibur: cuando se moja su superficie, ésta adquiere el color rojo de una víscera. El color de un corazón. El corazón de la sierra de Atapuerca».[4]

Si lo que afirman los investigadores de Atapuerca es cierto, podríamos estar ante una de las evidencias más antiguas de ritual funerario con sentido simbólico. El mismo sentido simbólico que hoy, casi medio millón de años después, hace que los arqueólogos de la Sima identifiquen una antigua piedra tallada con un corazón humano; no porque se parezcan físicamente o porque quieran ver en su tonalidad una analogía, sino porque la complejidad y riqueza del pensamiento simbólico permite conectar entre sí los atributos simbólicos del corazón e identificar unos a través de los otros, así es como un color semejante nos puede llevar hasta la idea del centro y de la vida, como lo es Atapuerca para los investigadores, que lo ven como «el primer santuario de la humanidad».

Como explicaba Wygostki, la unidad desde la que hay que analizar el lenguaje es el significado. En este caso, no podemos saber qué tipo de lenguaje oral usaban los primeros homínidos, ni estar seguros de que hablaran, pero sí de que tenían bien integrado el uso del lenguaje simbólico. Su trato a los difuntos ya revela una intención que, además de práctica (evitar la aproximación de carroñeros y el olor de los cuerpos en descomposición), era trascendente. Si nos centrásemos sólo en el aspecto de utilidad, no tiene sentido abandonar herramientas y armas que pueden ser necesarias para el grupo junto a un cadáver que, sabían (porque era imposible no saberlo), no las iba a usar. Sin embargo, el sentimiento de respeto por el difunto ha llevado a los vivos

---

4. Tomado de la web de la Fundación Atapuerca, de un artículo titulado «El secreto de Excalibur». Hay que mencionar otro dato que aporta el profesor Escobero y que apoyaría la finalidad simbólica de *Excalibur*: su tamaño, que hace que sea inmanejable.

a demostraciones de afecto, reverencia y sacralidad más duraderas que los lugares destinados a la vivienda.

La imaginación, según la RAE, es la «facultad del alma que representa las imágenes de las cosas reales o ideales», entendiendo alma como el «principio que da forma y organiza el dinamismo vegetativo, sensitivo e intelectual de la vida», así como la «sustancia o parte principal de cualquier cosa», la «viveza, espíritu, energía» y también «aquello que da espíritu, aliento y fuerza a algo». La imaginación es una de las facultades propiamente humanas, por medio de la cual se han creado los cultos, los mitos, la poesía, el arte y las creencias, entre otras muchas cosas. Por medio de la imaginación somos capaces de construir en nuestra mente imágenes de cosas que no podemos captar por los sentidos físicos, pero que nos permite recrearlas como si realmente las tuviésemos delante. Imaginar un limón basta para empezar a salivar, e imaginar a la persona amada basta para traer a nuestro momento presente los sentimientos que experimentamos cuando estamos en su presencia, tal como decía tan emotivamente Viktor Frankl al pensar en su esposa durante su estancia en el campo de concentración nazi.

> «Mi mente se aferraba aún a la imagen de mi mujer. De pronto me asaltó una inquietud: no sabía siquiera si seguía viva. Pero estaba convencido de algo: el amor trasciende la persona física del ser amado y halla su sentido más profundo en el ser espiritual, el yo íntimo. Que esté o no presente esa persona, que siga viva o no, en cierto modo carece de importancia».[5]

Imaginar no sólo nos permite evocar el pasado, también nos permite dirigirnos hacia el futuro, construyendo en nuestra mente el camino que tendremos que recorrer para conseguir algo que queremos.

Las palabras «imaginar» e «imaginación» provienen de la raíz indoeuropea **weid-**, que significa *ver*, y que llegó hasta distintas culturas con significados como *hallar, yo sé* o *saber*. En griego derivó hasta *forma* o *imagen*, de donde hemos heredado «ídolo» o «idolatría». A través de las lenguas germánicas nos llega el significado de *cuidar* o

---

5. *El hombre en busca de sentido,* de Viktor Frankl.

guardar, y por el latín volvemos a la idea de *ver*. De esta misma raíz se acabaron formando palabras con las que los pueblos que las usaron quisieron significar «conocimiento», como *druida, historia* o *vedas*.[6] A nosotros, la palabra «imaginación» nos ha llegado desde el latín como *idea, semejanza, copia* o *representación* entre otras. Así, de alguna manera los antiguos vieron en la imaginación una forma de conocimiento o saber, adquirido gracias a la posibilidad de ver en nuestra mente una recreación de las cosas.

Aunque pueda parecer un contrasentido, la imaginación está estrechamente vinculada al conocimiento de la realidad, al contrario que la fantasía, que se basa en los juicios (o más bien prejuicios) que tenemos sobre las cosas. Mientras que la fantasía nos lleva a creer que, por el simple hecho de vernos a nosotros mismos de una determinada manera, ya vamos a alcanzar nuestro deseo (como predica el pensamiento positivo y todas sus perversas derivaciones), la imaginación sabe que entre el hecho de vernos a nosotros mismos de una determinada manera y la realización final de esa visión, median infinidad de variables y obstáculos que es necesario conocer y esforzarse por superar. Una persona no se convierte en médico por el mero hecho de desearlo y verse a sí mismo en el futuro vestido con bata blanca o con un fonendoscopio en el cuello. Una persona se convierte en médico cuando, además de desearlo y verse a sí mismo como médico en el futuro, comprende los sacrificios que deberá hacer para ello, el esfuerzo que eso conllevará, el tiempo que tendrá que dedicarle y el valor que deberá tener para sobreponerse a las dificultades de cada materia, y seguir intentándolo cuando éstas no vayan como él esperaba. Si conoce todo eso, reconoce sus capacidades y está dispuesto a ello, es mucho más probable que lo consiga que si sólo se dedica a recrearse en su deseo. Más que nada porque sin la práctica, la teoría es sólo eso, teoría. El primero fantasea con la idea romántica de curar, el segundo usa su capacidad imaginativa (capacidad de ver en su mente) para conocer lo que se le puede presentar por delante y elaborar con antelación soluciones físicas, emocionales y mentales.

Imaginar algo es el primer paso para crearlo. Pero la imaginación, como hemos dicho, requiere de la capacidad de ajustarse a la naturale-

---

6. Los *Vedas* son libros sagrados de sabiduría de la antigua India.

za de las cosas. Por mucha imaginación que le pongamos, no podemos convertir una cuerda en una serpiente, pero gracias a la imaginación, podemos conocer elementos naturales de la psique humana y elaborar trucos que hagan que el espectador crea que la cuerda se ha transformado en una serpiente por arte de magia, como tan hábilmente hacen los actuales ilusionistas.

Si alguien no hubiera sido capaz de imaginar un dispositivo que nos permitiera hablar a pesar de la distancia, y si ese alguien no hubiera aprendido cómo transmitir el sonido a través de los materiales, si no hubiera perdido el sueño probando y pensando cómo resolver los interminables problemas que surgían hasta hallar la solución, hoy no tendríamos teléfonos. En la actualidad se usan ordenadores para realizar simulaciones complejas, considerando infinidad de variables para encontrar más rápido ese camino que conecte el dicho con el hecho sin que los esfuerzos imaginativos nos quiebren demasiado la cabeza, lo cual puede ser una solución a corto plazo y un problema a futuro.

La imaginación no sólo ayuda a trazar puentes que nos lleven desde nuestro presente al futuro que queremos, también es imprescindible en la elaboración de conceptos simbólicos. Dicho de otro modo, nuestro futuro como seres humanos depende del desarrollo que hagamos de nuestra capacidad imaginativa.

Simbolizar para entender

Describir y definir lo que es una mesa (como en el caso del vaso) es relativamente sencillo:

> «Mueble compuesto de un tablero horizontal liso y sostenido a la altura conveniente, generalmente por una o varias patas, para diferentes usos, como escribir, comer, etc.».[7]

Gracias a nuestra imaginación, somos capaces de «ver» todas las posibilidades que tienen las mesas: una pata, dos, diez..., madera, metal,

---

7. Del diccionario online de la RAE.

piedra…, alta o baja, redonda, cuadrada o rectangular, para comer, para escribir, para hacer ofrendas, para cocinar, para trabajar…, las posibilidades son múltiples, e imaginar nos permite introducirnos dentro de otras facultades cognitivas, que son la reflexión y la discriminación. Entonces identificamos que, a pesar de las miles o millones de variantes que puede tener una mesa, lo esencial es el tablero horizontal liso sostenido a una altura conveniente; ¿conveniente para qué?, para el uso que se le quiera dar. El número de patas, el material y la forma no alteran el «ser» mesa, porque lo que nos hace identificar y reconocer una mesa cuando la vemos no es que tenemos todas las variables posibles en nuestro «sistema operativo», sino que reconocemos lo que «es» una mesa, conocemos lo esencial para que algo sea considerado como una mesa.

Platón elaboró su teoría de las ideas o arquetipos justamente sobre eso. Sostenía que las ideas existían independientemente de que existieran las cosas, y que lo fundamental era conocer los arquetipos, porque sobre ellos es sobre lo que se puede desarrollar todo lo demás. Eso quiere decir que si hubiera un apocalipsis selectivo y desaparecieran todas las mesas del mundo y todas las personas que saben lo que es una mesa, igualmente la idea de la mesa podría volver a ser captada por la mente de algún otro ser humano y fabricarse de nuevo, aunque no existiera ya modelo alguno en el que basarse. Hubo inevitablemente un momento en la historia de la humanidad en que no existían mesas, ni sillas, ni vasos, ni jarras, ni cubiertos, ni (aunque nos cueste creerlo) teléfonos, y la única razón por la que existen es porque alguien los imaginó, y gracias a eso los pudo construir.

Uno de los muchos aspectos interesantes de esta teoría de las ideas es que los arquetipos no serían aprendidos, sino innatos. Ésa sería la razón por la que encontramos mesas, sillas, vasos, jarras, herramientas, pinturas, dioses, mitos, símbolos y otras muchas cosas por el estilo muy similares en distintas culturas del planeta, algunas de las cuales no han tenido contacto entre ellas, como se ve que ocurre con las formas entópicas.

Como decíamos, la imaginación no sólo nos permite evocar con más o menos fidelidad el pasado a través de la memoria, conectar de forma práctica el presente con el futuro y conocer las cosas, también es esencial en la definición de conceptos abstractos y en la creación de símbolos. Las escasas personas en el mundo que padecen afantasia[8] tienen serias dificultades para recordar el pasado, realizar descripciones, imaginar el futuro y soñar, entre otras cosas. Los estudios realizados[9] sobre esta patología empiezan a sugerir la enorme importancia que tiene el componente visual y emotivo (ya sea real o imaginado) en prácticamente cualquier función cognitiva.

Explicar qué es una mesa no es complicado. Es algo que vemos, tocamos y usamos a diario (como el vaso). Ahora bien, ¿qué pasa cuando queremos definir algo que no hemos visto nunca?, es más, ¿algo que no ha visto nunca nadie?, ¿algo que no se puede percibir a través de los sentidos físicos?, ¿qué hacemos para definir cosas como el amor, la generosidad, el valor, el espíritu, la justicia, el bien, Dios, la muerte…?

No podemos pasar por alto que, desde el momento en que el lenguaje tiene un significado y ese significado puede extenderse para añadirle profundidad, la palabra se convierte también en un símbolo. La palabra, con un cuerpo tangible de sonidos y letras, puede transmitir mucho más de lo que, a simple vista, pueda parecer. Por eso, desde muy antiguo, se les ha dado una importancia esencial, mágica incluso, a las palabras.

Para definir algo, primero es necesario conocerlo, y para conocerlo, tenemos que «verlo» de alguna forma. Para eso usamos la imaginación, pero la imaginación, para funcionar, necesita usar imágenes y, dado que hablamos de cosas sin existencia concreta, cosas que no se pueden tocar, oler, oír, ver ni saborear, hay que adjudicarles una imagen que nos ayude a conocerlas. No puede ser cualquier imagen, sino una que, basada en la capacidad extensiva del lenguaje y el pensamiento, pueda evocar y recrear eficazmente la idea de la cosa. Para eso son los símbolos, para poder otorgar y conocer el significado de

---

8. La afantasia es una enfermedad que afecta a un 2,5 % de las personas, y les impide la creación de imágenes mentales.
9. De un trabajo de A.J. Dawes, de la Universidad New South Gales, titulado «A cognitive profile of multi-sensory imagery, memory and dreaming in aphantasia», así como del artículo de Sherry Landow basado en dicho trabajo y titulado «Being "mind-blind" may make remembering, dreaming a imagining harder, study finds», publicado en la web de UNSW Australia.

las cosas. Para Mircea Eliade, «los símbolos no desaparecen nunca de la actualidad psíquica; ellos pueden cambiar de aspecto, pero su función sigue siendo la misma».[10] Según explica el antropólogo Fernand Schwarz:[11]

«Los símbolos revelan una estructura del mundo que no es evidente en el plano inmediato de la experiencia. Sin embargo, no suprimen la realidad objetiva, sino que le añaden una dimensión, la verticalidad. Establecen relaciones extrarracionales entre los diferentes niveles de la existencia y entre los mundos cósmico, divino y humano. Los símbolos hacen solidarias las realidades aparentemente más heterogéneas al incluirlas en una misma realidad más profunda, que es su máxima razón de ser».

Sigue explicando Schwarz:

«Pero existen cosas para las que no tenemos un acceso directo, no sólo porque están ocultas, sino porque no tenemos manera alguna de tomar contacto con ellas directamente. La muerte es el fenómeno más difícil de representar. No podemos tener un conocimiento directo de ella, porque, cuando lo tenemos, hemos fallecido. Ni siquiera un difunto puede representar la muerte, porque es un cadáver y no la muerte. Es muy raro que una civilización la represente o la simbolice con restos mortales. Tal vez con una máscara, un esqueleto, una momia, pero jamás un cadáver, porque todo el mundo sabe que éste no es la muerte. Cuando más desarrolla el hombre un conocimiento indirecto de la muerte, sea por medio de la abstracción (utilización de conceptos), sea por la imaginación (empleo de símbolos), más se humaniza».

Quizá por eso, como vimos antes en Atapuerca, una de las primeras manifestaciones observables de la humanización es el uso de elementos simbólicos en los rituales funerarios, así como el mismo ritual representa una simbolización en sí mismo de la muerte.

---

10. Del libro de Mircea Eliade *Imágenes y símbolos*.
11. Del libro de Fernand Schwarz *El ocultamiento de lo sagrado*.

Otra de las ventajas del uso de símbolos es que estos pueden tener diversas interpretaciones, desde las más evidentes a otras más profundas y abstractas. Así, en el antiguo Egipto se usaba el jeroglífico de la azada como representación del verbo *amar*, traducido fonéticamente como **mer**:

«¿Por qué escribir de esta manera un verbo tan importante? Porque la azada, que el faraón fue el primero en empuñar para abrir la zanja del primer templo, permite inaugurar un lugar, es decir, una obra duradera. La azada, empuñada por el campesino, abre la tierra y la hace fecunda. Los antiguos egipcios no creían que el aspecto afectivo y sentimental del amor fuese su faceta más importante; ponían más bien el acento en su valor fundador, duradero y profundo. Una palabra sinónima, **mer**, significa *el canal;* el amor, ¿no es una circulación de energía, el canal por el que también pasa una fuerza vivificadora, tan esencial como el agua? Otro sinónimo: **mer**, *la pirámide,* símbolo del amor que une al faraón con los dioses».[12]

Como símbolo, el arado ha representado la fecundación desde muy antiguo, al igual que se ha usado para la fundación de las ciudades, como ocurrió en Roma y en otros muchos lugares:

«En la leyenda aria de Rama, este héroe contrae matrimonio con Sita (el surco del campo). Siendo la tierra un elemento femenino, su labor simboliza la unión mencionada. A este sentido simbólico corresponde también la costumbre china de que el emperador are al dar inicio a su reinado».[13]

En cuanto a la palabra «amar», en el caso del español viene del latín *amo,* y comparte raíz –del indoeuropeo **amma**– con *amor, amigo* y *madre.* Tradicionalmente, el amor se ha representado mediante símbolos de conjunción o unidad, como «meta final del amor verdadero: la destrucción del dualismo, de la separación», como acertadamente

---

12. Del libro del egiptólogo y escritor Christian Jacq *El enigma de la piedra.*
13. Del libro *Diccionario de símbolos,* de Juan Eduardo Cirlot.

explica Juan Eduardo Cirlot. Por su parte, René Guénon relaciona explícitamente los rituales de fundación de ciudades con un arado como un símbolo de «fecundación de la tierra virgen por el espíritu divino, y toda fecundación es una unión de contrarios en la unidad».[14]

El universo simbólico incluye, de hecho, el lenguaje. Sin lenguaje no podrían elaborarse y transmitirse los mitos y ritos esenciales de las sociedades, sin los cuales es imposible vertebrar la identidad de los pueblos. Así, junto a la necesidad de otorgar una imagen que nos permita «ver» las cosas que no se pueden ver, es preciso también ponerles un nombre con el que referirnos a ellas, un nombre con el que permitir que nuestra imaginación las evoque y las invoque.

En la misma línea de las formas entópicas, Edgar Morin habló del imaginario colectivo para referirse a todos los mitos y símbolos que, usando los arquetipos universales, refuerzan el sentido comunitario de un grupo humano. Esos elementos actúan como una mente grupal. Los individuos comparten memoria e imaginario, se identifican con esos elementos comunes y fortalecen así al conjunto. Es evidente que según el uso (o manipulación) que se haga de este imaginario colectivo, es posible conducir a un grupo hasta las más altas cotas de desarrollo humano o hacia los abismos oscuros de la deshumanización. Igualmente, la falta de elementos simbólicos aglutinantes en las sociedades debilita los lazos que mantienen unidos y estructurados a sus integrantes.

Como ya vimos, las sociedades primitivas han usado siempre los ritos de paso de la adolescencia para introducir a los niños en las costumbres de la tribu: sólo el adulto podía conocer y participar de los mitos grupales, por eso el niño debía demostrar que era capaz de comportarse de acuerdo a los valores inculcados por los antepasados y los dioses, y transmitidos a través de generaciones. Esa memoria colectiva en la que se introducía al niño, transmitida a través de los mitos y los ritos, es la que le abrirá las puertas de la edad adulta. Las sociedades modernas han prescindido de estos rituales y eso, al modo de ver de los antropólogos, es una de las causas por las

---

14. Basado en un artículo de José María Gracia, publicado en el curiosísimo blog *El ciudadano de dos mundos*, titulado «El rito fundacional de la ciudad».

que la juventud está cada vez más desvinculada de su entorno. Según explicaba Joseph Campbell:

> «No tienes más que leer el periódico y verás que se habla de actos violentos y censurables realizados por jóvenes que ignoran cómo comportarse en una sociedad civilizada. En realidad, la sociedad no les ha brindado los ritos que les permitan convertirse en verdaderos miembros de la comunidad. Todos los niños tienen necesidad de un segundo nacimiento. Éste les permite comportarse de forma racional en el mundo actual, dejando detrás de ellos su infancia (…). ¿Dónde pueden ahora obtener los jóvenes sus mitos? Los crean ellos mismos. De allí todos los grafitis que vemos en los muros de las ciudades. Estos jóvenes forman sus propias tribus con sus ritos iniciáticos, su moralidad, etc. El problema es que son peligrosos, porque sus leyes no son las nuestras, no han sido socialmente iniciados».[15]

Los símbolos, como la vida, no son un sistema cerrado ni rígido. No sólo ofrecen una diversidad de significados y profundidades, sino que también establecen numerosos vínculos con otros símbolos, a través de los cuales conducen a las personas hasta los más insólitos y recónditos lugares del conocimiento.

Sentido y contexto

El sentido no es sólo el significado de una palabra o una frase, también es la capacidad de entender, reconocer y juzgar lo que nos rodea, la forma en la que enfocamos o interpretamos algo y, además, la «razón de ser, finalidad o justificación de algo».[16] Podemos decir que la palabra «sentido» tiene numerosos sentidos.

Como hemos repetido ya en varias ocasiones a lo largo de este trabajo, Wygostki ya planteó el sentido como unidad esencial del lenguaje, y apuntaba a que era justamente la adolescencia el momento en

---

15. Cita recogida de *El ocultamiento de lo sagrado*, de Fernand Schwarz.
16. Del diccionario online de la RAE.

el que éramos capaces de desarrollar y entender tanto los conceptos como el sentido de los mismos: el momento en que las sociedades primitivas utilizaban los rituales de paso para «matar» al niño y «dar nacimiento» al adulto. Es interesante destacar que muchos de estos rituales de paso iban acompañados de la revelación del «verdadero nombre» o la imposición de un nuevo nombre de carácter sagrado. Un nombre que les tenía que servir para definir su destino dentro de la tribu, al tiempo que le marcaba como un individuo completamente nuevo y totalmente integrado en la concepción social y cultural de su grupo. En Egipto podía definirse al niño con la palabra **id**, que significa *el sordo*, para señalar que cuando el ser humano no está educado, es «sordo a las palabras de sabiduría». Educar era para ellos equivalente a abrir sus oídos, hacer que conozca la verdad de las cosas.

Según explica Cirlot, «dado el sistema simbólico del lenguaje egipcio, se comprende que el nombre nunca podía proceder del azar, sino del estudio de las cualidades de la cosa nombrada, se tratara de nombre común o propio». Platón, en el *Crátilo*, dice que «el nombre es un instrumento propio para enseñar y distinguir los seres, como la lanzadera es propia para distinguir los hilos del tejido», así como que:

> «Es preciso que el legislador[17] sepa formar, con sonidos y sílabas, el nombre que conviene naturalmente a cada cosa; que forme y cree todos los nombres, fijando sus miradas en el nombre en sí; si quiere ser un buen instituidor de nombres (…). Todos los herreros no emplean el mismo hierro, aunque hagan el mismo instrumento para el mismo fin. Sin embargo, con tal que reproduzca la misma idea, poco importa el hierro (…). Con tal que, conformándose a la idea del nombre, dé a cada cosa el que le conviene, poco importan las sílabas de que se sirva».[18]

Sin necesidad de remontarnos tanto en el tiempo, la creencia de que es el sentido lo que aporta significado y valor a las cosas sigue pre-

---

17. Platón señala en el *Crátilo* que el «verdadero obrero de nombres», y responsable de componerlos de la forma adecuada, es el legislador.
18. *Crátilo*, de Platón.

sente hoy día en muchos aspectos, y continúa valiéndose de los mitos y los símbolos para consolidar las identidades y fortalecer los grupos.

Daniel Coyle, autor de algunos de los *best sellers* de referencia en el mundo de la cultura empresarial, define tres características fundamentales de los equipos más exitosos del mundo,[19] entre los cuales no sólo hay empresas, también una escuela en una zona marginal, un equipo de baloncesto, un grupo de cirujanos de un modesto hospital y una banda de ladrones de joyas. Ésas tres características son:

- El sentimiento de pertenencia.
- La cooperación de todo el grupo.
- Compartir un propósito.

Uno de los entornos que más y más directamente padece las consecuencias de la falta de compromiso e identidad de sus empleados es el de las empresas. Un buen sueldo y un buen puesto no bastan para generar equipos de trabajo eficientes y entregados. En muchos casos, la gente que tiene oportunidad de elegir prefiere un trabajo peor pagado y hasta con peores horarios, pero que le aporte algo más: un grupo humano del que formar parte como una familia, el apoyo mutuo frente a los problemas y, especialmente, algo que dé sentido a sus vidas y a las horas que dedican a sus trabajos. Cuando las elecciones vitales no se basan en estos elementos, lo que se produce, justamente, es una reacción agresiva (hacia uno mismo o hacia el exterior) movida por la frustración, la inseguridad y la falta de un sentido vital que le dé soporte ante las dificultades. Frankl cuenta que:

«Pese a la bajeza física y mental imperantes en el campo de concentración, podía cultivarse una profunda vida espiritual. Las personas de mayor sensibilidad, acostumbradas a una activa vida intelectual, posiblemente sufrieran muchísimo (a menudo su constitución era frágil); sin embargo, el daño infligido a su ser íntimo fue menor, pues eran capaces de abstraerse del terrible entorno y adentrarse, a través de su espíritu, en un mundo interior más rico y dotado de paz espiritual.

---

19. Del libro *El código de la cultura,* de Daniel Coyle.

Sólo así se explica la aparente paradoja de que los menos fornidos soportaran mejor la vida en el campo que los de constitución más robusta».

Entre los consejos que da Coyle a las empresas para que se conviertan en exitosas, basándose en la experiencia de las que lo han conseguido previamente, están los siguientes:

- Pon nombre a tus prioridades.
- Emplea lemas.
- Determina qué es lo que de verdad importa.
- Emplea símbolos.
- Alinea el lenguaje con la acción.

«La pertenencia parece darse de dentro afuera, pero en realidad se da de fuera adentro. Nuestro cerebro social se activa cuando recibe un flujo constante de indicadores casi inapreciables («Estamos cerca», «Estamos seguros», «Tenemos un futuro en común») [...] La cohesión se produce no cuando los miembros del grupo son más inteligentes, sino cuando reaccionan ante las señales claras y constantes de conexión segura».[20]

Ni siquiera la profundidad de la filosofía budista o los textos sagrados hindúes podrían estar en desacuerdo con Coyle, en especial cuando aconseja alinear el lenguaje con la acción. ¿No decía Confucio que si el lenguaje no tiene objeto la acción se vuelve imposible? Por eso mismo, el antiguo texto hindú del Bhagavad Gita señala que «por importante que la recta acción pueda ser, ha de precederla el recto pensamiento, porque sin el pensamiento la acción no es consciente», y de igual manera Buda, cuando describe en el Noble Óctuple Sendero los ocho elementos necesarios para la liberación, cuatro de ellos son: rectos pensamientos, rectas palabras, rectas intenciones y recta conducta.

Esas señales de conexión constituyen el sentido, necesariamente presente tanto en el lenguaje empleado como en las acciones que se

---

20. Ibíd.

realizan, ya sea juntos o por separado. Una de las formas más efectivas para transmitir y recordar el sentido es la que emplea el universo simbólico, que incluye los mitos y los ritos. Ningún grupo de éxito de los que podamos conocer hoy día prescinde de ellos si quiere realmente constituir una identidad sólida entre sus empleados y su público. Las marcas se esfuerzan constantemente por ser identificadas con un conjunto de valores, capaces de inspirar estilos de vida dentro de la sociedad; como explica Schwarz, los garajes son el nuevo mito fundacional de las empresas tecnológicas, sus eslóganes y marcas conforman sus señas de identidad:

> «En nuestras sociedades postmodernas, las marcas parecen haber sustituido a las máscaras como elementos que brindan sentido y confianza. Toda máscara, como toda marca, tiene algo invisible. (…) Las marcas-máscaras nos protegen ritualmente y, gracias a su poder, entramos en contacto con nuestros semejantes en un doble movimiento de unificación y de tribalización. Nos permiten unirnos a la colectividad mostrándonos y, al mismo tiempo, por las marcas que llevamos, expresar una identidad tribal particular».[21]

Incluso los relatos que más triunfan son los que encajan dentro del arquetipo del *Viaje del héroe*, descrito por Joseph Campbell en 1949. Así, obras (tanto literarias como cinematográficas) ahora icónicas como *La historia interminable*, *Star Wars*, *Harry Potter*, *El señor de los anillos*, *Matrix* y casi todas las películas de Disney, encajan al dedillo en este arquetipo. Ya hemos visto cómo desde edades muy tempranas los niños no sólo reconocen el bien y la justicia, sino que tratan de identificarse con esos valores, eligiendo siempre las figuras que mejor los representan. Para Platón, el bien y la justicia son arquetipos esenciales y, por tanto, constituyen en sí mismos un sentido de vida que hoy sigue siendo válido para los pueblos, aunque yerren en los caminos para alcanzarlos.

De la misma manera que el símbolo permite «ver» lo invisible, darle nombre (el nombre correcto) a las cosas, también las hace visibles.

---

21. *El ocultamiento de lo sagrado*, de Fernand Schwarz.

«Para avanzar hacia un objetivo, primero hay que tener un objetivo –dice Coyle–, es decir, enfrentarse a las opciones que definen la propia identidad, es el primer paso». De ahí la importancia de poner nombre a las cosas para poder reconocerlas, para verlas. «Poner nombre» no precisa inventarse uno, se trata de identificar las cosas dándoles el nombre que les corresponde. Terapéuticamente, esto también es válido para enfrentar situaciones traumáticas o difíciles, lo que requiere un ejercicio de introspección que permita a la persona identificar el problema y nombrarlo.

Diversos estudios psicológicos y médicos resaltan el valor terapéutico de hablar o escribir acerca de los problemas, además de ser una forma efectiva de reconocerlos para poder, luego, resolverlos:

> «Al trasladar las experiencias a palabras, los individuos pueden organizar, estructurar y asimilar tanto sus experiencias emocionales como los eventos que pueden haber provocado las emociones. El hablar acerca de un evento amenazante puede servir dos funciones importantes: por una parte reflejar y reducir la ansiedad asociada, y por otra parte facilitar la asimilación del evento estresante».[22]

La efectividad de esa actividad variará inevitablemente en función de la capacidad que se tenga para mirar la realidad de frente y llamar a las cosas por su nombre, sin autoengaños ni subterfugios.

En el antiguo Egipto, la palabra «nombre» estaba formada por dos jeroglíficos que, en conjunto, se leían **ren** *(el nombre)*. Por un lado tenemos el signo de la boca humana, que representa el verbo, y un trazo ondulado que representa la energía, por eso creían que «conocer el nombre de una cosa o un ser equivalía a conocer su verdadera naturaleza». Ellos consideraban que si el nombre era reconocido como justo por el tribunal del más allá, éste podía sobrevivir tras la muerte. De hecho, el peor castigo durante un juicio consistía en quitar el nombre al condenado y darle otro para que lo llevara por siempre y reflejara su verdadera naturaleza criminal. Así, a uno de los conjurados que

---

22. Extraído de un trabajo de Barra Almagiá, E. titulado «Influencia del estado emocional en la salud física». Publicado en la revista *Terapia psicológica*.

intentó asesinar al faraón Ramsés III se le cambió el nombre por «El que odia la luz».[23]

En latín, *nomen* se usaba tanto para «nombre» como para «reputación», y no deja de ser significativo que, en su deseo por exterminar al pueblo judío, los nazis sustituyeran sus nombres por números tatuados, en un macabro y negro símbolo de absoluta despersonalización de los prisioneros en los campos de concentración. Según relata la Enciclopedia del Holocausto,[24] «sólo se daba un número de serie a los prisioneros seleccionados para trabajar; a los que eran enviados directamente a la cámara de gas, no se los registraba ni se los tatuaba». Frankl, que vivió este horror en primera persona, cuenta:

> «La lista era lo único importante. Un hombre contaba sólo por su número de prisionero, uno se convertía literalmente en un número: estar vivo o muerto, eso carecía de importancia, porque la vida de un «número» era del todo irrelevante. Y todavía importaba menos lo que había detrás de ese número y esa vida: el destino, la historia, el nombre del prisionero…».

Egipto fue una cultura verdaderamente maestra en el uso del símbolo, como demuestran los signos y significados otorgados a su escritura. Se suele creer que los jeroglíficos se limitaban sólo a la escritura pero, en realidad, para ellos todo lo que creaban o construían era jeroglífico, porque todo estaba dotado de sentido simbólico: desde la extraña posición en la que se representaban las figuras humanas y divinas, hasta la forma y estructura del trono del rey, la barba postiza que solían llevar como signo del poder del dios Osiris, de quien debían ser dignos representantes (las mujeres que llegaron a ser faraón usaban la barba postiza con el mismo significado) o las mismas pirámides.

La palabra, traducida en egipcio antiguo como **medu**, era representada por un bastón, y *la voz*, **jeru**, por un remo. Ambos signos repre-

---

23. *El enigma de la piedra*, de Christian Jacq.
24. Extraído de la Enciclopedia del Holocausto, un portal web dedicado a la memoria de tan terrible suceso. El artículo en concreto se titula «Tatuajes y números: el sistema para identificar prisioneros en Auschwitz».

sentan herramientas indispensables para caminar y navegar. Interpretado como *bastón*, **medu** permite recorrer con seguridad los caminos de este mundo y del otro, apartando al viajero de los peligros.

Interpretado como *palabra*, es lo que permite «pronunciar las fórmulas de conocimiento que le abrirán todas las puertas». En cuanto a **jeru**, usado frecuentemente en la expresión **maa jeru** (*justa voz*), permitía designar al «ser reconocido justo por el tribunal del otro mundo, y por tanto, apto para la resurrección».

CAPÍTULO 4

DE LA ORALIDAD A LA ESCRITURA

«Pues bien, oí decir que en Egipto, en los alrededores de Naucratis, había uno de sus antiguos dioses, aquel al cual fue consagrado el ave que llaman ibis; y el nombre de ese *daimon* es Thot. Fue el primero en descubrir el número y el cálculo, además de la geometría y la astronomía, el juego de las damas y los dados, y especialmente las letras».[1]

El fragmento con el que abrimos este capítulo pertenece al Mito de Thot, narrado por Platón en el *Fedro* para advertir de los peligros de la escritura. En esta breve historia se dice que el dios, después de desarrollar sus *teknaí*,[2] fue a presentarlas ante el rey Thamus para que se difundieran entre todo el pueblo egipcio. Sin embargo, cuando Thot presentó al rey la escritura, Thamus le dijo lo siguiente:

«¡Oh, habilísimo Thot, unos tienen la capacidad de dar a luz las *teknaí* y otros la de juzgar qué clase de perjuicios o ventajas tiene para los que tienen intención de usarlas. Y ahora tú, padre de la escritura, has dicho, por benevolencia, que es capaz de lo contrario. Ésta (la escritura) producirá olvido en las almas de los que la aprendan por no cultivar la memoria, ya que por culpa de la confianza en la escritura recordarán desde fuera, a través de cosas ajenas, y no desde dentro. Así, no es un fármaco de la memoria sino un recordatorio. A tus discípulos proporcionas una sabia opinión, no la verdad; pues llegando a ser, gracias

---

1. Del libro de Giosef Quaglia, *Mitos de Platón*.
2. Invenciones, producciones.

a ti, oyentes de muchas cosas sin (recibir) instrucción, parecerá que conozcan mucho, siendo la mayoría de ellos ignorantes y difíciles de tratar, habiéndose convertido en aparentes sabios en vez de sabios».[3]

Sócrates justifica el argumento contra la escritura, y la compara con la pintura, diciendo que ambas hacen lo mismo, contemplar las imágenes como si estuvieran vivas, pero «si se les pregunta algo, callan solemnemente»:

> «Lo mismo con los discursos (escritos), parecería que hablaran como si poseyeran una porción de sabiduría, pero si se los interroga acerca de algo de lo que han expresado, con la voluntad de ser instruido, explican tan sólo una cosa y siempre la misma. Y basta que se haya escrito una sola vez para que el escrito completo circule por todas partes, tanto entre los entendidos como entre aquellos a los que no les conviene (leerlo), y no sabe a quiénes es preciso hablar y a quiénes no. Y cuando es maltratado o reprobado injustamente, precisa siempre de la ayuda del autor, pues por sí solo no es capaz de defenderse ni ayudarse a sí mismo».[4]

Ése es, efectivamente, uno de los grandes inconvenientes de la escritura, y es que sin la capacidad adecuada para comprender lo escrito, no hay manera de descubrir la verdadera intención del autor salvo que se le pregunte, cosa que sólo puede hacerse mientras éste está vivo. El escrito, por tanto, tiene la ventaja de dejar constancia de algo para la posteridad, y el inconveniente de que, con el tiempo, es muy posible que la interpretación de las palabras, aun siendo siempre las mismas (salvo mutilaciones o malas traducciones) cambiará con los lectores. Como veremos en la segunda parte de este trabajo, el gran peligro, especialmente con los textos sagrados, es caer en la interpretación literal, madre de todos los dogmatismos y de incontables guerras.

Aunque el lenguaje comenzó a desarrollarse en el proceso de humanización, la escritura no apareció (según los datos que se tienen hasta

---

3. *Mitos de Platón,* Giosef Quaglia.
4. *Fedro,* de Platón.

la fecha) hasta hace unos 5 500 años, en Sumeria. En América, los quipus de Caral, con una antigüedad aproximada de 5 000 años, han resultado no ser simples sistemas de contabilidad como se creía hasta hace algún tiempo, sino que, a través del juego de colores y nudos, supieron crear un verdadero sistema de escritura del que se conservan todavía unos 1 000 ejemplares. Justamente la aparición de la escritura es lo que nos ha hecho establecer la cronología de la prehistoria, definida como todo el período de la historia humana desde su origen hasta la aparición de la escritura, y la de la historia, como todo lo que pasó desde que apareció la escritura hasta el momento presente. Aun así, esta división no es del todo correcta, ya que todavía en nuestros días hay pueblos que no han desarrollado escritura y, por tanto, según esta definición ¿estarían en la prehistoria?

Que no hubiera escritura (o no se haya encontrado) antes de esa fecha, no quiere decir que los seres humanos no dejaran ningún testimonio de un uso del lenguaje. Las formas entópicas de las que hemos hablado, las pinturas rupestres, las tallas de ídolos en piedra o hueso, los adornos de la cerámica, los enterramientos… son las formas de lenguaje simbólico o abstracto que nos han llegado hasta ahora, pero no en la forma de un lenguaje escrito como el que criticaba tan vehementemente el rey Thamus.

Durante la mayor parte de la historia de la humanidad, la transmisión de los conocimientos, los rituales, los mitos y la cultura se han producido de forma oral. Como mucho, se realizaron representaciones animales, humanas o geométricas en piedra o, más tardíamente, en metal, pero dado su carácter simbólico, sería necesario conocer los conjuntos de creencias de aquellos pueblos, así como las características psicológicas y sesgos de la lengua que hablaban, para poder acercarnos, más o menos, a lo que verdaderamente representaban para ellos esas figuras. Cualquier otra cosa no es más que especulación.

Toros, leones, serpientes, pájaros…

Aunque hemos establecido núcleos de población en pequeñas sociedades desde prácticamente el principio de nuestra humanización, quizá antes, no fue hasta hace algo más de 5 000 años, coincidiendo con el desarrollo de la escritura, cuando aparecieron las primeras ciudades. Se cree que el desarrollo urbano de los asentamientos humanos, así como el inicio de las construcciones monumentales de carácter sagrado, se produjo gracias al inicio de la agricultura. Sin embargo, desde hace algunos años esta idea está empezando a cambiar.

En 1965 un informe de la Universidad de Chicago, realizado tras unas prospecciones cerca de Urfa, al sudeste de Turquía, señalaba que se habían hallado restos de antiguos artefactos humanos en uno de los montículos existentes en la zona. Casi treinta años después, el arqueólogo alemán Klaus Schmidt, conocedor de aquel informe, reunió un equipo para excavar la zona, creyendo que aquella colina podía aportar más de lo que parecía. Efectivamente, no sólo hallaron numerosísimos fragmentos en la superficie de la colina, también se dieron cuenta de que aquel promontorio no era natural, sino creado por el hombre. Así fue como se descubrió Göbekli Tepe,[5] considerado hoy como el primer templo de la historia de la humanidad.

Las dataciones realizadas ubican este yacimiento en una época en la que todavía no existía la cerámica, hace casi 12 000 años. El complejo es impactante, y más si pensamos que fue erigido por hombres del mesolítico, que tallaron y levantaron enormes monolitos de piedra calcárea de hasta 20 toneladas y 5,5 metros de alto, integrados en una serie de construcciones de disposición circular dentro de un muro de piedras y mortero de arcilla. Estamos ante una construcción 6 000 años anterior a Stonehenge y 7 000 años anterior a las grandes pirámides. Aparte de los monolitos, que de por sí son impresionantes, se ha visto que éstos están tallados representando figuras antropomorfas.

Igualmente se han encontrado tallas sobre algunos de los pilares de piedra de serpientes, patos, grullas, toros, zorros, leones, jabalíes, vacas, escorpiones y hasta hormigas. Aparecen también símbolos en forma de H, cruces, medias lunas y barras de diversa orientación que, según Schmidt, pertenecen a una escritura pictográfica de carácter simbólico.

---

5. Basado en un artículo titulado «Gobekli Tepe, la cuna de los dioses», publicado en el portal online del Instituto Internacional Hermes de Antropología.

Su antigüedad y complejidad arquitectónica y simbólica hacen de Göbekli Tepe un lugar único, pero hay otro aspecto que convierte este emplazamiento en algo singular. Las teorías de los investigadores sugerían que los lugares sagrados o ceremoniales como éste surgieron después de la agricultura, y casi a consecuencia de ésta, gracias a que la necesidad de cuidar los cultivos permitió que se establecieran en comunidades sedentarias. En Göbekli Tepe esto no es así. Los restos encontrados revelan que los hombres que lo construyeron eran cazadores-recolectores, que no practicaron la agricultura ni domesticaron animales hasta mucho tiempo después.

Antes de Göbekli Tepe se creía que el orden de aparición de los elementos culturales fue:

- agricultura – sedentarismo – religión – templo

Después de los descubrimientos de Göbekli Tepe, el orden cambia así:

- religión – sedentarismo – templo – agricultura

Se sabe que quienes lo construyeron no vivían allí, posiblemente ni siquiera pertenecían a la misma tribu o poblado. Tampoco se han encontrado restos de tumbas ni enterramientos, y en las inmediaciones no existen siquiera restos de un manantial de agua potable o riachuelo, por lo que cuando los hombres iban allí a trabajar en la construcción o con motivos ceremoniales, debían llevar su propio sustento para el tiempo que tuviesen previsto estar.

Así es que tenemos una construcción megalítica anterior al desarrollo de la agricultura, levantada con una finalidad trascendente por hombres que acudían allí de forma expresa, a un lugar alejado de cualquier asentamiento, que no se usó como centro funerario o de culto a los difuntos, cuyos grabados podrían ser los primeros vestigios de una escritura simbólica, y en cuyo origen está presente un sentido de trascendencia o religioso.

Una vez más, y para evitar confusiones, conviene definir a qué nos referimos cuando hablamos de lo religioso y de lo sagrado.

Cuando hablamos anteriormente del proceso de humanización, mencionamos que uno de los elementos que nos distinguen del resto de animales, incluidos nuestros parientes más cercanos los grandes simios, era el sentido de lo sagrado y la trascendencia. Cuando Wygostki habla del sentido y de la creación de conceptos dentro del desarrollo del pensamiento y el lenguaje, está ya planteando el uso de la imaginación y la simbolización.

La palabra *sagrado* se relaciona con dos raíces indoeuropeas. Por un lado, la raíz **sak-**, traducida como *santificar*, palabra que deriva posteriormente en *santo*, *sagrado*, *rito*, *sacramento*, *consagración*, *sacerdote* o *sacrificio*, entre otras. Por otra parte, la raíz **dhe-**, traducida como *poner* o *arreglar*, también forma parte de la genealogía de palabras como *sacerdote*, *sacrificio*, *purificar* u *oficio*. La palabra «sacrificio» se origina a partir de *sacro* (sagrado) y *facere* (hacer), por lo que se traduce en *hacer cosas sagradas*. Está en la creencia mítica de numerosísimos pueblos, que fue el sacrificio de los dioses lo que hizo del hombre lo que es hoy. Las tradiciones sobre Prometeo, Lucifer, Huizilopotchli o el mismo Cristo serían algunas de las más conocidas, pero, como comenta Cirlot en su *Diccionario de Símbolos*:

> «La idea central de las cosmogonías es la del «sacrificio primordial». Invirtiendo el concepto, tenemos que no hay creación sin sacrificio. Sacrificar lo que se estima es sacrificarse. La energía espiritual que se obtiene con ello es proporcional a la importancia de lo perdido».

Así, el sacrificio (entendido en tiempos primitivos como *sacro-oficio* o hecho sagrado, y no como sufrimiento y dolor resignado) por parte de los humanos, busca imitar el sacrificio de los dioses en el proceso de la creación del universo. A través de la raíz **dhe-**, se pone lo sagrado en el lugar que le corresponde, al inicio de todo, porque es gracias a lo sagrado como se originó todo según los mitos. Si esta idea estaba en la mente de los primeros hombres, no sería raro que antes siquiera de plantearse establecer asentamientos fijos o de tratar de domesticar los granos, consideraran prioritario crear un santuario donde recrear periódicamente el sacrificio de los dioses, origen de toda creación y vida.

Lo religioso, por su parte, incluye lo sagrado, pero tiene otras connotaciones. Es necesario diferenciar entre sentido religioso y religiones. *Religión* se origina con el prefijo re- (indicador de intensidad) y la raíz indoeuropea **leig-**, que significa *atar, unir, ligar, cuerda*, y de donde vienen palabras como ligar, ligamento, alear, alianza u obligación. En conjunto, *re-ligare* (en latín) significarían *volver a unir, atar de nuevo*. ¿Volver a unir con qué? El sentido de *re-ligare*, o de religión, es volver a unir con lo divino. Ése es, justamente, el mismo sentido que tiene la palabra *yoga,* que proviene de *yugo,* y que también significa unir, como explica este pasaje del *Bhagavad Gita.*

> «Entonces, amo de su nuevo reino, comprende que nada puede conturbar su alma, pues se ha sobrepuesto al dolor humano. A esta emancipación del dolor y la aflicción es a lo que se llama Yoga, que significa unión espiritual».[6]

Así pues, lo religioso, en su afán por reunirse y conectarse con lo divino, se enfoca en realizar actividades que favorezcan ese acercamiento. Ésas son las actividades sagradas, como las oraciones, los rituales o la construcción de templos. Si entendemos este sentido de lo sagrado y lo religioso como parte esencial e intrínseca (aunque desconozcamos las razones) del ser humano, como también lo es el lenguaje, no será difícil verlos como elementos germinales de la conciencia que, a través del tiempo y el espacio, han derivado y seguirán derivando en numerosas y variadas lenguas y formas religiosas.

Primero la idea, luego el sonido

Las primeras representaciones gráficas realizadas por los humanos tenían un carácter sagrado. Como ya hablamos en capítulos anteriores y volveremos a ver más adelante, el símbolo ayuda a comprender y conectar con aquello que no podemos captar a través de los sentidos y de lo que no podemos tener un conocimiento directo. Si verdade-

---

6. De la versión que hizo Yogui Ramacharaka del *Bhagavad Gita.*

ramente ese sentido de lo sagrado del que hablábamos se desarrolló en nuestras etapas iniciales como *Homo sapiens sapiens*, sería natural que esas primitivas representaciones tuvieran carácter simbólico, con la intención de «ver» lo invisible, lo oculto.

Cuando algo tiene valor para nosotros es porque le hemos otorgado ese sentido, pero al mismo tiempo vinculamos el valor a los significados. Para nosotros, por ejemplo, el oro se ha convertido en algo valioso porque lo hemos establecido como medida para el comercio, y es (o era antes de que se convirtiera en una ficción financiera) lo que le da valor al dinero con el que nos manejamos. Sin embargo, antes del dinero, el valor del oro no estaba en ser la medida para el comercio (de hecho, para comerciar había cosas mucho más importantes y útiles, como la sal), sino en que representaba a los dioses. Su brillo, su incorruptibilidad, su maleabilidad y su color le hicieron merecedor de simbolizar al Sol, dios supremo y esencial para la vida en prácticamente todas las civilizaciones del mundo. Cirlot explica que, simbólicamente, el oro es la luz del mundo:

> «El oro es la imagen de la luz solar y por consiguiente de la inteligencia divina. El corazón es la imagen del Sol en el hombre, como el oro lo es en la tierra. (...) Todo lo que es de oro o se hace de oro pretende transmitir a su utilidad o función esa cualidad superior».

Simbólicamente, la piedra filosofal, capaz de transformar los metales más burdos en oro, representaba la capacidad de la conciencia de transformar lo más basto y oscuro de los seres humanos en luminoso y divino.

Si los estudiosos de Göbekli Tepe están en lo cierto y los grabados que allí se encuentran son una forma de lenguaje simbólico, podría ser más fácil (relativamente) de descifrar que si se tratase de los signos de una lengua escrita, ya que al compartir capacidad simbolizadora y disponer de un imaginario común, prescindiendo de los intentos por establecer traducciones lingüísticas, podríamos llegar a comprender la intencionalidad y significado de lo que aquellos hombres hicieron allí como, en cierto modo, ocurre: hay pocas dudas de que se trate de un templo. Sin embargo, cuando el lingüista tiene que enfrentarse a la escritura fonética de una lengua que nunca sabremos cómo se pronunciaba, con signos no simbólicos, la tarea es harto más compleja. Invitamos al posible lector a leer las biografías de Champollion, Grotefend o Knorosov.

A día de hoy todavía existen varias lenguas antiguas sin descifrar y sin visos de que se vaya a lograr hacerlo a corto plazo. Por contra, la intención y el significado de lugares como Stonehenge, donde no hay nada escrito, es intuitivamente más claro que cualquier acercamiento que se quiera hacer a la escritura lineal A.[7]

Coincidiendo con el desarrollo de las primeras civilizaciones, aparecen las primeras formas escritas no puramente simbólicas. Su intencionalidad era utilitaria desde el punto de vista administrativo, contable o judicial, todo muy concreto, por lo que los elementos simbólicos no sólo no eran necesarios, sino que habría sido inadecuado usarlos para algo tan profano. Así es que se creó un sistema fonético (se discute aún si los inventores del alfabeto fueron los fenicios o los ugaritas, parientes muy cercanos ambos, por cierto), que resultaría tremendamente práctico para poner por escrito contratos, inventarios, leyes, listas de reyes, acuerdos con las ciudades vecinas…, pero también poemas, relatos épicos y tradiciones míticas. La invención de Thot tardó relativamente poco en popularizarse.

Los egipcios, sin embargo, desarrollaron un sistema de escritura capaz de leerse fonética, ideográfica y simbólicamente, todo en un mismo signo. En el siglo III d. C., el filósofo Plotino dijo de los jeroglíficos:

«Los sabios de Egipto daban prueba de una ciencia consumada empleando signos simbólicos por medio de los cuales, en cierto sentido, designan intuitivamente, sin necesidad de recurrir a la palabra… Así pues, cada jeroglífico constituye una especie de ciencia o de sabiduría».[8]

---

7. La escritura lineal A era la forma escrita en la que la civilización minoica de Creta (desde el siglo XIX al XV a. C.) consignaba el idioma minoico. Hasta la fecha sólo ha podido descifrarse una muy pequeña parte, y no se ha logrado incluir dentro de ninguna de las familias de lenguas conocidas, por lo que sigue siendo un misterio para los investigadores.
8. *El enigma de la piedra*, de Christian Jacq, que recoge la cita de Plotino.

El egiptólogo Christian Jacq, asimismo célebre autor de numerosas novelas sobre el Antiguo Egipto, explica perfectamente[9] esta triple lectura de los signos egipcios examinando la figura del pato.

- Como figura, el pato, con su pico, su inconfundible cabeza, las patas y la cola, representa justamente un pato, y puede traducirse como «pato». En este aspecto es figurativa.
- Pero, en determinadas frases, asociado con otros signos, su significado puede variar y pasar a ser un símbolo. Así, cuando aparece junto al disco solar, no se traduce por «pato del sol», sino por «hijo del sol», una de las denominaciones que se le daban al faraón. En este aspecto es simbólica.
- Por último, el pato corresponde a dos sonidos, concretamente S + A = SA. En este caso es fonética.

La gran sabiduría del conocedor de estas tres posibilidades de la escritura jeroglífica estaba en saber cuándo y cómo aplicar una lectura u otra. Si para ellos *la palabra* era un bastón y *la voz* un remo, *la escritura* estaba representada por los útiles del escriba, ya que para escribir era necesario saber dibujar. Sin embargo, para leer (o más bien saber cómo leer) usaban dos signos: un odre lleno de agua y un hombre llevándose la mano a la boca. Primero, porque para leer hace falta saber guardar silencio y, segundo, porque la lectura es un alimento, pero no cualquier alimento, es el agua fresca que calma la sed y da la vida. «Quien es capaz de leer, no morirá de sed. Y contra la aridez del corazón, un solo remedio: la lectura», dice Jacq. Los sonidos de estos dos signos, pronunciados como **shed**, comparten raíz con *educar* y con *cavar*, lo cual ya indica que es necesario profundizar en lo que se lee. Hay que evitar que los árboles de la fonética no nos dejen ver el bosque del sentido.

Ya hemos visto que, aunque el lenguaje prácticamente nació con nosotros, la escritura es bastante reciente en nuestra historia. La escritura nos ha permitido conocer relatos, mitos y formas de pensar de personas y civilizaciones desaparecidas hace milenios, lo cual está muy

---

9. Ibíd.

bien. Pero no podemos dejar pasar las advertencias de Sócrates respecto a los riesgos de la escritura, y es que, pasado un tiempo, el autor ya no está para explicarnos qué quiso decir con esta o aquella palabra, y lo único que podemos hacer es interrogar con nuestra mirada a las letras sin esperar que nadie nos responda. Esto supone otro problema que contemplar. Siempre se ha dicho que la historia la escriben los vencedores, a lo cual podemos añadir con obviedad que la escriben con una intencionalidad y usando las palabras en la dirección y necesidad de esa intención. Así es que basar el comienzo de la historia únicamente en la presencia de testimonios escritos es como pretender levantar unos cimientos sobre un lecho cenagoso. Hay que caminar con mucho cuidado.

Pensar sobre uno mismo o escribir sobre uno mismo

El neurocientífico argentino Mariano Sigman cuestionaba en una charla[10] la idea de que los aspectos más profundos del pensamiento, como la imaginación, la consciencia o la capacidad de soñar, siempre hayan sido los mismos desde el principio de la humanidad como tal. El planteamiento de Sigman, sin embargo, se enfoca en que las transformaciones sociales que han conformado nuestra cultura son las que habrían cambiado la estructura del pensamiento, y no al revés, justificado en los planteamientos que el psicólogo estadounidense Julian Jaynes hizo en la década de los setenta del siglo xx. Basándose en los escritos de las culturas antiguas como «fósiles del pensamiento humano» y en el análisis psicológico de algunos de los textos más antiguos de la humanidad, Jaynes defendió que hace 3 000 años los humanos eran lo que hoy llamaríamos esquizofrénicos, puesto que las personas que se describían en aquellos libros se comportaban de manera sistemática, incluso en distintas tradiciones y en distintos lugares del mundo..., como si oyeran y obedecieran voces, percibidas como si fuesen los dioses quienes les hablaban. Un comportamiento así hoy en día sería

---

10. Extraído de la charla TED impartida por Mariano Sigman titulada «Your words may predict your future mental health».

considerado una alucinación. Según Jaynes, pasado el tiempo esos mismos seres humanos comenzaron a reconocerse a sí mismos como dueños de esas voces interiores, y ésa fue la forma en que comenzaron a desarrollar la introspección «y la capacidad de pensar los propios pensamientos». Así que, aunque el desarrollo de la autoconciencia en los primeros humanos trajo un desarrollo retroalimentado del resto de funciones cognitivas, incluidos lenguaje y pensamiento, para Jaynes la conciencia tal cual la percibimos hoy, como directores de nuestra propia existencia, tiene sólo 3 000 años.

Para Sigman, el problema de esta teoría radica, exclusivamente, en que se basaba en pocos ejemplos concretos, o así era hasta que él y su equipo desarrollaron un algoritmo para analizar los textos existentes de manera cuantitativa y objetiva. Evidentemente, la forma de analizar los textos antiguos y detectar las referencias a la introspección no consiste en escribir en el buscador de palabras «introspección», entre otras cosas porque la palabra en sí no se usaba como tal en la antigüedad. Tal como explica Sigman, «la palabra introspección no aparece ni una sola vez en los libros que queremos analizar». La solución de Sigman pasa por construir el «espacio de palabras», como un espacio que contiene todas las palabras, de manera que la distancia entre un par cualquiera indique lo estrechamente relacionadas que están esas palabras. Así, las palabras manzana y naranja están próximas entre sí, pero las palabras naranja y logaritmo están más alejadas. Sigman explica que esta regla de proximidad debe cumplirse para cualquier par de palabras dentro del espacio.

Hay varias maneras de construir ese espacio. Una de ellas es consultando el diccionario para conocer las palabras relacionadas o los sinónimos. La otra es suponer que cuando dos palabras se relacionan, suelen aparecer en las mismas frases, en los mismos párrafos y en los mismos documentos con más frecuencia que si se tratara de una simple casualidad. Siguiendo ese segundo método y conjugándolo con algoritmos de computación capaces de detectar las relaciones de las palabras en ese complejo espacio, lograron identificar patrones bastante curiosos para la predicción de enfermedades mentales.

Según Sigman, el algoritmo es capaz de identificar nuestras intuiciones respecto a las palabras vinculadas al espacio de la introspección:

yo, culpa, razón, emoción... Así, una vez construido ese espacio, sería posible ubicar temporalmente, de manera precisa, la aparición de los conceptos abstractos.

Al tomar los textos griegos antiguos digitalizados y ordenados cronológicamente, proyectaron las palabras de cada uno de esos libros al «espacio de palabras». Luego identificaron, de entre todas esas palabras, cuáles estaban más cerca de la idea de introspección, y se hizo un cálculo del promedio. El resultado mostró cómo los libros, con el tiempo, se iban acercando más y más al concepto de introspección. Así, analizando desde textos anteriores a la *Ilíada* y la *Odisea*, hay una especie de línea plana que se prolonga hasta el año 500 a. C. en que comienza a tener presencia el grupo de palabras de la introspección. A partir del 400 a. C., el crecimiento sigue aumentando hasta casi quintuplicarse respecto a la época homérica, empezando a tener una ascendencia casi vertical a partir de Platón y Aristóteles. Al hacer la prueba con otras tradiciones como la judeocristiana, el patrón venía a ser el mismo, con una baja presencia de palabras vinculadas a la introspección a lo largo del Antiguo Testamento, y un arranque a partir del Nuevo Testamento que tiene su punto álgido con san Agustín, a quien se considera por alguna razón creador de la introspección y de la moderna psicología.

A pesar de lo interesantes que resultan estos gráficos y sus resultados, la realidad es que basan su teoría sobre la aparición de la introspección sólo en los textos escritos. Haciendo una lectura más analítica, lo que claramente sí demuestran es que hasta hace unos 3 000 años no se escribía sobre lo introspectivo, lo que no quiere decir que no se hiciera o que no se hablara sobre elementos de introspección, especialmente si, visto lo visto hasta ahora, entendemos que durante muchos, muchos miles de años, la principal forma de transmisión del conocimiento fue oral, y hasta hace unos 5 000 años, con el florecer de las ciudades, no era necesario elaborar una forma de documentación administrativa a través de un alfabeto, en que también se consignaron los nombres de los reyes y los relatos de los héroes y dioses de los pueblos. ¿Que no pusieran por escrito sus reflexiones personales quiere decir que no las hacían?, ¿o bien la introspección, como actividad autorreflexiva personal, no era algo que se considerara necesario registrar o difundir de manera explícita?

Antes de que Thot «inventara» la escritura y la presentara como la gran aliada de la memoria, las tradiciones más importantes eran, repetimos, esencialmente orales. Nada de lo que hoy nos ha llegado como doctrina budista fue escrito por Buda, sino por sus discípulos unos quinientos años después de la muerte del maestro, después de una tradición de siglos en la que la enseñanza había que aprenderla de memoria. Igual pasó con las doctrinas cristianas, que no comenzaron a recogerse por escrito hasta más de cien años tras la muerte de Jesús. Plutarco, historiador y filósofo del siglo I de nuestra era, dijo: «Ni Pitágoras escribió nada en absoluto, ni tampoco Sócrates, Arcesilao o Carnéades, que fueron los más ilustres entre los filósofos». Según explica también David Hernández de la Fuente[11] sobre Pitágoras: «Sus doctrinas nunca se pusieron por escrito. El mismo Pitágoras no escribió ni una sola línea sobre ellas, y su obra –en una época marcada por el prestigio de la oralidad– quedó, al igual que la del maestro Sócrates, como ejemplo de la sabiduría efímera y verdadera». Abundando sólo un poco más en el famoso filósofo de Samos, Porfirio escribió en la *Vida de Pitágoras* lo siguiente:

> «No sabemos a ciencia cierta nada de lo que les decía a sus seguidores, pues reinaba el silencio entre los que le acompañaban. Y, sin embargo, es bien conocido entre todos que afirman que el alma es inmortal y que se trasladaba a otros géneros de animales, y, además de esto, decía que, según períodos establecidos, todas las cosas ocurridas pasaban otra vez y que simplemente no había nada nuevo, y también que había que considerar de la misma estirpe a todos los seres dotados de alma. Se piensa que Pitágoras fue el primero en introducir estas doctrinas en Grecia».

Los aspirantes a discípulos de la escuela pitagórica debían pasar numerosas pruebas antes de ser aceptados y, después de aceptados, aún más para ganarse el privilegio de participar en las enseñanzas allí trasmitidas. Primeramente se hacía un «examen físico y fisiognómico. Luego otro moral y de actitud. Después de este primer paso, el candi-

---

11. Del libro de David Hernández de la Fuente *Las vidas de Pitágoras*.

dato se sometía a un largo período de prueba de tres años, transcurrido el cual pasaba a un primer grado de iniciación en el que debía guardar un voto de silencio de cinco años, pues era especialmente importante "el control de la lengua, según se nos ha revelado por quienes han establecido las regulaciones de los misterios"».[12]

Sin entrar en valoraciones sobre las creencias pitagóricas, lo que sí es verdad es que había cierto tipo de enseñanza que no se puso por escrito porque no se quiso poner por escrito. Algunas de esas enseñanzas se consignaron en texto sólo varios siglos después de la muerte del maestro, y otras muchas, nunca sabremos cuántas ni cuáles, jamás llegaron a escribirse, por lo que no tenemos ni acceso a esos conocimientos ni modo de acercarnos a ellos salvo por la especulación. Lo que sí podemos entender es que no es posible hacer reflexiones sobre el alma sin tornar la mirada al propio interior, ni sacar conclusiones, como la de la ciclicidad de la historia (algo de lo que han hablado en nuestro tiempo el historiador Arnold J. Toynbee y el matemático Alexandre Deulofeu), sin verse y reconocerse uno mismo dentro de una corriente temporal, junto con el resto de individuos de nuestro entorno.

La epopeya de Gilgamesh,[13] recogida por escrito aproximadamente hacia el 2330-2000 a. C., se considera la primera gran obra literaria de la humanidad. La historia formaba parte de la tradición de los pueblos sumerios desde antiguo, y quién sabe si también de otros pueblos antes que ellos, sin embargo, no fue hasta entonces cuando una mano anónima redactó en signos cuneiformes, sobre tablillas de arcilla, la historia del héroe sumerio por excelencia, logrando así no sólo que llegara hasta nuestros días, sino que una enorme cantidad de gente, perteneciente incluso a otras culturas, se sintiera identificada con él. Las hazañas del divino rey de Uruk se expandieron por toda Mesopotamia; los asirios escribieron sus propias versiones durante siglos, siendo la última del 250 a. C.

Una de las partes más emotivas del texto, y punto de inflexión esencial, es el de la muerte del amigo y compañero del rey. La muerte de Enkidu deja a Gilgamesh absolutamente devastado y sumido en los más negros pensamientos:

---

12. Ibíd.
13. Extracto de *La epopeya de Gilgamesh,* edición de Jean Bottéro.

«Ahora, ¿qué es este sueño que se ha apoderado [de ti]?
¡De pronto, te has vuelto sombra y ya no [me] escuchas».
(...)
«Por su amigo Enkidu, Gilgamesh lloraba amargamente mientras vagaba por la estepa.
"¿Deberé, por tanto, morir yo (también)? ¿No (evitaré) parecerme a Enkidu?
La angustia ha anidado en mi vientre.
Por miedo a la muerte vago por la estepa"».

A causa de esta inquietud, de esa angustia, Gilgamesh emprende un viaje hacia el hogar del Sol en busca del viejo Utanapishtî, a quien los dioses concedieron la inmortalidad, por haber construido un gran barco en el que salvó a todos los animales de morir en el diluvio. Gilgamesh, en la creencia de que el anciano posee el secreto de la inmortalidad y que es el único que puede librarle de su miedo, recorre un largo y penoso camino hasta dar con él. Tras hallar a Utanapishtî, éste le increpa por tratar de eludir el final que está destinado a todos los hombres, y le dice algo que no nos resistimos a reproducir:

«¿Qué has obtenido alterándote de tal modo?
Trastornándote (sólo has conseguido) agotarte
cargando tus músculos de cansancio y aproximando tu lejano final.
Se ha de quebrar la humanidad como caña de cañaveral.
El mejor de los muchachos, la mejor de las muchachas, la mano de la Muerte se los lleva.
La muerte que nadie ha visto, cuyo rostro ninguno ha contemplado ni escuchado su voz.
¡La Muerte cruel que quiebra a los hombres!
¿Acaso construimos nuestras casas para siempre?
¿Contraemos compromisos para siempre?
¿Repartimos un patrimonio para siempre?
¿El odio se mantiene aquí abajo para siempre?
¿La crecida del río es para siempre?
¡Tantas cachipollas levantadas por la corriente,
tantos rostros que veían el sol, y de golpe ya no queda nada!

Dormido o muerto todo es lo mismo.
Nunca se ha reproducido la imagen de la Muerte,
(y sin embargo) el hombre, desde sus orígenes, es su prisionero».

A lo que Gilgamesh replica:

«Te miro, Utanapishtî, y tu configuración no difiere de la mía:
No, tú no eres diferente, tú eres semejante a mí.
Solamente ya no tienes el coraje de combatir y estás ahí, tumbado
sobre la espalda en la indolencia.
Dime cómo, admitido a la Asamblea de los dioses, obtuviste la vida
sin final».

Es evidente que el autor no habla en primera persona, no expone al lector directamente sus reflexiones sobre la inexorabilidad de la muerte y la insensatez de malgastar el tiempo buscando la inmortalidad, pero es imposible escribir ni leer este texto sin que dentro del propio vientre no anide la misma angustia de Gilgamesh, porque la experiencia de la muerte, directa o indirectamente, es compartida por todos desde que desarrollamos la autoconciencia, al igual que el temor que nos suscita su profundo desconocimiento. El texto, primero explicativo y luego interrogativo, mueve al lector a pensar en la muerte y a verse a sí mismo frente a ella. Tampoco podemos decir que, aunque no esté escrito en primera persona, el autor no ha reflexionado interiormente sobre esto. Es imposible expresarse así sin haberlo hecho. En ningún momento del texto aparecen palabras como «yo», «culpa», «razón» o «emoción», pero cada frase es capaz de generar en el lector una imagen vívida, profunda y emotiva de la muerte. En sí, todo el texto es un símbolo mediante el que se hace visible y evidente para todos algo tan invisible y desconocido como la muerte. Por otra parte, ¿podría Gilgamesh señalar a Utnapistin como un igual sin reconocerse a sí mismo? ¿Acaso un texto simbólico no puede dar muestras claras de la introspección humana sin necesidad de hacerlo explícitamente? Si las máquinas no pueden detectar la ironía ni desarrollar criterio ético, ¿podría un algoritmo identificar la introspección a través del lenguaje literario o simbólico?

Hay tres signos jeroglíficos que se leen rej: se trata de una boca, un tamiz y un símbolo con el que los egipcios representaban que estaban ante un concepto abstracto. Juntos simbolizan la idea de *conocer*, porque esto «es el resultado de la actividad del verbo (la boca) y de una selección que separa lo esencial de lo secundario (el tamiz)».[14] Al invertir las letras (jer), tenemos los mismos signos (la boca y el tamiz), pero en lugar del determinante de las ideas abstractas los egipcios dibujaban un hombre caído. Esas tres letras se traducen por *caer*, porque «el ignorante, el que se niega a conocer, está condenado a caer y hundirse».[15] ¿Podrían todos esos símbolos y conceptos desarrollarse y ser comprendidos por otros sin un proceso previo de introspección? Es evidente que no, por eso tenemos que dar la razón a Sócrates al apoyar el argumento de Thamus:

«Parecería que hablaran como si poseyeran una porción de sabiduría, pero si se los interroga acerca de algo de lo que han expresado, con la voluntad de ser instruido, explican tan sólo una cosa y siempre la misma».[16]

Insistimos en el hecho de que antes del inicio de la escritura y, desde luego, mucho antes de que alguien decidiera poner por escrito sus propias elucubraciones sobre su propio ser y existencia, todo eso formaba parte de los procesos de transmisión de conocimiento, pero en forma totalmente oral y con el compromiso de guardar el más estricto silencio al respecto. Hasta que no llegó un momento en la historia en el que los cultos iniciáticos perdieron la importancia de antaño, no comenzaron a difundirse y publicarse algunos de los textos, técnicas y revelaciones que mantenían los centros iniciáticos lejos de los profanos. De hecho, los *Vedas*, los libros de conocimiento sagrado de la India, con más de 4000 años de antigüedad, se han mantenido vivos e íntegros hasta ahora gracias a que los sacerdotes de los templos donde se custodiaban idearon complejos sistemas mnemotécnicos

---

14. *El enigma de la piedra*, de Christian Jacq.
15. Ibíd.
16. *Fedro*, de Platón.

para garantizar la correcta transmisión oral, consistentes no sólo en las palabras, sino también en entonaciones, pausas, ritmo, etc. En un fragmento pueden leerse unas significativas palabras:

> «¿Quién ha visto al nacido primero, al que sin huesos lleva al que tiene huesos? ¿Dónde estaba la vida, la sangre, el alma del mundo? ¿Quién ha ido a preguntar esto al que sabe?
>
> Yo, que soy simple e ignorante con la mente, pregunto por aquellos lugares secretos de los dioses…
>
> Falto de conocimiento, pregunto aquí a los sabios videntes que conocen para saber lo que no sé. ¿Quién es aquel Uno que, bajo el aspecto de lo no nacido, ha desplegado los seis puntos cardinales?».

El filósofo alemán Helmuth Plessner, conocido entre otras cosas por ser uno de los padres de la antropología filosófica, escribió en *Poder y naturaleza humana* sobre las diferencias esenciales entre los animales y los hombres. Plessner habla de la naturaleza céntrica de los animales «debido a su propio equipamiento biológico e instintivo»,[17] haciendo de esa centralidad algo inconsciente, irreflexivo, estable y no problemático. El centro del animal es el propio animal, y eso hace que «como el ojo que no puede verse a sí mismo, el animal no puede ser consciente de su propia posición ni reconocerse en él. Esta capacidad de salir de su centro y observarse, puramente reflexiva, es sólo característica del ser humano».[18] Por eso Plessner habla de que la posición del ser humano es excéntrica, y sin ser la reflexión una característica puramente dependiente de la biología, sí que lo es «el factor de posibilidad que el ser humano tiene de detener su vivencia de sí mismo como centro,

---

17. Jiménez Gordillo, L. (2020). Análisis sobre un fragmento de *Poder y naturaleza humana de Helmuth Plessner*. Trabajo para el Dpto. de Filosofía de la Historia de la UCM. Es de justicia aclarar que Laura Jiménez Gordillo es mi hija pequeña, estudiante a la fecha de 4º de Filosofía y primera lectora de este trabajo. Al leerlo insistió en que las ideas de Plessner podían encajar bien, y me ofreció como documentación el trabajo que realizó para la materia de Filosofía de la Historia. Ante tamaña generosidad yo sólo pude decir: «¡Pero al menos te pondrían buena nota en el trabajo!, ¿no?». A lo que me contestó algo dolida que la nota fue de 10.
18. *Véase* nota 97.

lo cual le permite tomar distancia de sí mismo y relativizar su propia posición, tomando conciencia de ella al poder verse a sí mismo desde fuera de sí».[19] A diferencia de los animales, el ser humano no tiene un centro estable cuando nos relacionamos con lo desconocido, y por eso nuestra posición es esencialmente problemática.

No habría discrepancia hasta ahora con lo afirmado por Sigman y Jaynes, al menos en lo que respecta a que hubo un desarrollo del proceso introspectivo. La cuestión es determinar si el análisis de los textos históricos basta para concluir que, hasta que el ser humano no expresa en sus escritos signos de introspección, dicha introspección no ha sido suficientemente significativa y generalizada en el ser humano. Plessner afirmará que, «al contrario de lo que pretende el historicismo, la historia no puede tener un valor objetivo. Es resultado de nuestra propia creación y, al igual que en cuanto a la posicionalidad de otredad, sólo puede ser interpretativo».[20]

No podemos dejar de mencionar que, para Plessner, no hay identificación del yo individual sin el conocimiento e interacción con los yoes genéricos o, lo que es lo mismo, sin las relaciones sociales no hay yo individual, y sin yo individual no avanzan las relaciones sociales. Como en el caso de Wygostki, hay un momento en el que, del surgir misterioso de la conciencia, todo lo demás comienza a desplegarse, en un proceso de desarrollo continuamente retroalimentado en una creciente espiral. Para Plessner, nuestra individualidad depende de la relación que establecemos con los otros, justamente porque carecemos de un centro estable por nosotros mismos, y sólo gracias a que compartimos el mundo podemos salir de nuestro propio centro y vernos a nosotros mismos, con lo que implica.

No nos es posible concebir una linealidad como la que defienden Sigman y Jaynes, en la que primero se transforma la sociedad humana conformando una cultura, y luego es cuando cambia la estructura mental. Siendo, como son, sistemas interdependientes, lo primero es contar con la autoconciencia introspectiva para que, luego, el continuo juego de interacciones entre los seres humanos consigo mismos,

19. Ibíd.
20. Ibíd.

108

de los seres humanos con otros seres humanos, y de los seres humanos con su entorno, favorezca la aparición de estructuras sociales y culturales complejas. Para Plessner, no podría haberse dado una vida social, pública y política sin esa capacidad excéntrica previa.

Pitágoras, conocido generalmente por su teorema matemático, inculcaba a sus discípulos la necesidad de implicarse en la sociedad en la que vivían, para lo que era necesario previamente ser ejemplares en su comportamiento y sus vidas. Se cuenta que cuando Pitágoras llegó con sus discípulos a la isla de Crotona, fue recibido casi como si de un dios se tratase. La ciudad le pidió que tomara partido en la política de la ciudad, cosa que hizo con una serie de discursos y exhortaciones, con un importante eje moral alrededor de la armonía, la amistad y la proporción en los asuntos del gobierno, lo que implicaba establecer un equilibrio entre clases sociales. «Acaso por su especial formación en la virtud, los pitagóricos tenían una función mediadora en el ámbito de la sociedad exterior y gozaban de buena consideración entre los ciudadanos, que se sometían voluntariamente a sus arbitrajes».[21] Igual hicieron en otras ciudades de Italia, no ocupando un cargo público, sino como administradores y árbitros de asuntos públicos y siempre absteniéndose de recibir sueldo público. Tan virtuoso sistema dentro de los estamentos de poder de aquellas ciudades sólo podía, tarde o temprano, atacar directamente los intereses de los ambiciosos y los corruptos, que, como es habitual en la historia, conspiraron contra ellos y lograron, poco tiempo después, conjurarse para acabar con los pitagóricos de forma violenta, finalizando así la implicación pública de los pocos que quedaron con vida.

---

21. *Las vidas de Pitágoras*, de David Hernández de la Fuente.

PARTE 2

CAPÍTULO 1

EL SIMBOLISMO EN LAS PALABRAS

«¡Oh, Alef, Alef, aunque sea de la letra Bet de la que me sirva para la creación del mundo, tú serás la primera de todas las letras y en ti tendré Yo unidad. Serás la base de todos los cálculos y de todos los actos producidos en el mundo, y nadie podrá encontrar la unidad de nada si no es en la letra Alef».[1]

Casi todos los alfabetos del mundo comienzan con la letra A. La *Alep*, que proviene del alfabeto fenicio, y la *Alef* (Aleph) hebrea, estaban simbolizadas por un buey. Entre los cabalistas, explica H.P. Blavatsky, era la letra que representaba la Trinidad en la Unidad, dado que estaba compuesta de dos letras *Yod* (letra de la que derivan God y Gott, dios en inglés y alemán respectivamente), una hacia arriba y otra hacia abajo unidas mediante un trazo que sería de nexo oblicuo.[2] Como símbolo, el buey era en Grecia y Roma emblema de las fundaciones, ya que era el

---

1. Las referencias sobre *El Zohar. El libro del esplendor* provienen de la misma edición, traducida y prologada por Carles Giol.
2. Todas las entradas en las que se hace mención a H.P. Blavatsky pertenecen bien a su *Glosario teosófico*, bien a cualquiera de los seis volúmenes de *Doctrina secreta*. Blavatsky ha sido durante mucho tiempo una figura denostada y rechazada, considerada por muchos como un fraude y terriblemente atacada por científicos y religiosos, así como por algunos miembros de la Sociedad Teosófica que ella ayudó a fundar. Afortunadamente, el tiempo, que todo lo pone en su lugar, está redimiendo su figura, reconociendo poco a poco (y a regañadientes en algunos casos) no sólo la falsedad de las acusaciones que se le achacaron en su tiempo, sino la seriedad y fiabilidad de sus escritos en cuanto a esoterismo y sabiduría oriental se refiere.

animal al que se uncía el arado de los ritos fundacionales de las ciudades. En India, las vacas Go representaban el espíritu divino que vivifica el mundo en la creación. Por extensión, el yugo es, justamente, el símbolo por excelencia de la unión. En su raíz indoeuropea, **yeug-**, significa *juntar*, y es, como ya vimos, de donde provienen las palabra *yugo*, *unir*, *vínculo*, *justa* y *yoga*. La misma forma de la letra **Y** representa el tres en uno, al igual que la **A** es la cabeza invertida del buey. Como principio de todas las cosas, la letra **A** se representó en lenguaje jeroglífico por un buitre, al que los egipcios relacionaban con la madre, especialmente con la gran diosa madre **Mut**, esposa de **Amón**. Amón, dios y señor de los cielos, asociado más tarde con **Ra** en la forma de **Amón-Ra**, asumió como tal el culto a los bueyes/toros sagrados **Apis**.

El estudio de la simbología puede llegar a convertirse en un verdadero dolor de cabeza, en una disciplina reveladora o en ambas a la vez (esto último es lo más probable). Los símbolos y los signos se entrelazan unos con otros por caminos interminables, y puede resultar descorazonador, para el que comienza a interesarse por su estudio, darse cuenta de que ningún símbolo constituye en sí un elemento cerrado ni acabado. Siempre es posible profundizar más en el significado, y siempre es posible establecer más y más relaciones que, a su vez, revelan nuevos significados, que a su vez establecen nuevas relaciones…, pudiendo seguir así hasta el infinito.

Desde el punto de vista simbólico, los dioses no se pueden entender como entes individuales, sino como aspectos arquetípicos del dios Uno, el incognoscible e innombrable, reverenciado como el origen de todo por las culturas antiguas, pero tan misterioso que ninguna hablaba explícitamente de él, sino que le adoraban a través de sus atributos visibles, esto es, a través de los dioses. Cada dios tenía unos atributos que lo definían, pero también era significativa su forma de nacer, sus progenitores (referidos simbólicamente a aquello que los origina), sus parejas (con frecuencia las parejas de dioses primordiales son hermanos, representando que se trata de ideas del mismo nivel, y con un origen común), sus hijos (lo que deriva de ellos), sus relaciones con los humanos…. Los nombres de los dioses tienen, a su vez, un significado y múltiples denominaciones; así por ejemplo, Uranos, dios del cielo, es descrito en los himnos órficos como:

«Padre de todo, parte siempre indestructible del mundo, mayor en ascendencia, origen de todo y fin de todo, cosmos padre, que giras circularmente alrededor de la tierra, morada de los dioses bienaventurados...».

No es intención de este trabajo profundizar en demasía en el inabarcable mundo de la simbología general, pero sí con esta muestra dar a entender al lector que no estamos ante un conocimiento racional y estructurado, sino ante algo que se relaciona directamente con el mundo imaginativo e intuitivo. Abordarlo desde el punto de vista puramente mental y lógico es un desatino que sólo nos conducirá al absurdo, ya que ése (la lógica racional) no es el «idioma» en el que están escritos los símbolos, porque no es a esa parte del ser humano a la que se dirigen. Nada que el ser humano haya considerado lo suficientemente importante como para merecer un respeto sagrado ha sido jamás representado de otra forma que no sea la de los símbolos. Tal como dice *El Zohar*:

«Tened en cuenta que tanto el mundo superior como el mundo inferior están dispuestos en la misma balanza: abajo se halla Israel y arriba los ángeles. Éstos son espíritus, y cuando bajan a la Tierra se revisten de un nuevo aspecto, ya que el mundo material no puede soportar el impacto de todo lo que es inmaterial. Cuanto más los misterios contenidos en las Sagradas Escrituras, con cuya ayuda fueron creados todos los mundos, no pueden descender con otro aspecto diferente al suyo. Precisamente el sentido literal es su aspecto externo: ¡Y pobre de quien lo confunda con su propia esencia! Tal individuo no tiene parte en el mundo venidero».

Idéntica advertencia aparece en el conocido texto sagrado de la India, el *Bhagavad Gita*, traducido como el Canto del Maestro:

«Hay quienes se impregnan con la letra de las Sagradas Escrituras; pero, incapaces de penetrar su verdadero sentido, discuten vanamente sobre los textos. (…) Quienes poseen tales inclinaciones desconocen el uso del discernimiento y de la conciencia espiritual».

Mientras que los sentidos literales de las palabras nos aportan la racionalidad que necesitamos para comprender la parte visible del mundo, los sentidos simbólicos, infinitamente extendidos, trazan caminos aparentemente sinuosos pero conectados entre sí para conocer la parte invisible del mundo. Después de todo, una mesa es una mesa, no hay mucho misterio en eso, pero cuando se la sacraliza, se convierte en un altar, en el ara donde arden los fuegos del hogar, dedicados a los antiguos dioses lares. Así, el hogar no es sólo la vivienda, sino el lugar central donde arde el fuego que alimenta y da calor a la familia, protegido por los espíritus de los antepasados, presentes y vivos a través de la memoria y el recuerdo de sus descendientes. Volver a los *lares* era volver al hogar, a la patria, quizá porque la primera patria de un hombre no es su pueblo ni su tierra, sino su familia. El gentilicio, que hoy se usa para designar la ciudad de nacimiento, proviene de **gens-** (*linaje, familia*), porque los dioses gentilicios eran, justamente, los dioses protectores del hogar.[3]

Hasta el momento, en este trabajo hemos conocido algo sobre las neuronas espejo, nos hemos acercado a los postulados de Wygostki, hemos caminado por Atapuerca, nos hemos sorprendido de las capacidades de Stella, Koko y Washoe, Boroditsky nos ha hecho mirar el sesgo de las lenguas maternas, nos hemos aproximado al mundo de los equipos triunfadores y a las conclusiones de figuras destacadas de la filología, la psicología cognitiva y la antropología. Todo ello para tratar de conocer mejor la parte visible del lenguaje; ahora toca, quizá, la parte más compleja: zambullirnos en la parte invisible del lenguaje, y eso sólo podemos hacerlo a través de sus mitos y símbolos.

Será necesario cambiar por completo la forma de pensar y discurrir que hemos tenido hasta ahora. No quiere esto decir que debamos renunciar a las pruebas materiales, a la investigación científica ni a las demostraciones; lo que quiere decir es que es preciso entender que hay un ámbito de la existencia humana que vive más allá de lo puramente físico, que no siempre se guía por las mismas normas y que, siendo parte de nosotros, no podemos ni usar el mismo método para conocerlo ni tampoco ignorarlo o negarlo. El gran traductor de textos

---

3. Enriquecido gracias a http://etimologias.dechile.net

clásicos y autor de diversos libros sobre mitología, Carlos García Gual, escribió:[4]

> «Los mitos ofrecen unas imágenes que impactan en la memoria colectiva, y que perviven en la tradición, porque sin duda responden a preguntas fundamentales del ser humano y su inquietud ante los misterios de la vida y los retos de la sociedad. Los mitos pertenecen a la memoria colectiva. (…) Es obvio que lo que se suele llamar «realidad» es sólo una interpretación de lo que hallamos ante nosotros e interpretamos como tal. Los mitos son una herencia tradicional de relatos prestigiosos sobre lo oculto bajo las apariencias «objetivas». Los mitos tratan de dar a lo que nos rodea un sentido humano. Por eso son tan importantes para la perduración de la colectividad y sus normas, y también para la orientación del individuo en el sistema de las creencias».

Aunque hemos mencionado algo sobre la imaginación y el simbolismo, lo hemos hecho con un poco de ayuda por parte de la etimología, y no de forma abrupta. Ahora nos vamos a tirar de cabeza a este caudaloso y salvaje río, por lo que el mejor consejo para el lector es que deje a su imaginación trabajar libremente en aquello que mejor sabe hacer: establecer relaciones, evocar recuerdos y conectar con la parte más profunda y elevada del ser. Bajo ningún concepto trate de entender nada de forma literal. La razón pura y la objetividad tal cual, en este mundo, sólo le harán estrellarse contra las rocas y naufragar.

Dioses de la palabra

Prácticamente no existe un pueblo que no incluya en sus relatos míticos la figura de un «fundador» o iniciador de la identidad de ese pueblo, alguien que, en tiempos remotos, les enseñó a cultivar la tierra, a conocer el paso del tiempo mediante la observación del cielo, a reconocer las plantas que curan y las que matan, a tejer, a extraer los minerales del oscuro seno de la tierra y transformarlos en las forjas,

---

4. Del *Diccionario de mitos*, de Carlos García Gual.

a cocer el barro, a entrar en contacto con los dioses, les enseñó los secretos de la magia, el arte de la medicina, les dio las leyes o, incluso, les enseñó a manejar los números y las palabras, dándoles vida a través de la arquitectura, el arte y la escritura. Y dado que ya hablamos de él como inventor de la palabra y la escritura, comenzaremos este recorrido por Thot.

THOT

Según escribió el mismo Platón, «Thot-Hermes fue el descubridor e inventor de los números, de la geometría, de la astronomía y de las letras». Evidentemente, como dios egipcio de las letras y la escritura, él es el inventor de los jeroglíficos, que eran considerados, como ya vimos, un lenguaje de sabios. Su imagen es inconfundible: es el dios con cabeza de ibis que aparece siempre en el juicio de las almas, a las que enfrenta con las acciones de su vida. Es el encargado de anotar todos los actos y omisiones de los individuos durante su vida. En el *Libro de los muertos*,[5] que se dice que fue escrito por él, el dios habla y dice:[6]

> «Yo soy Thot, el Señor del Derecho y de la Verdad; el que juzga justamente para el Dios, el juez de las palabras en su esencia; aquel cuya Palabra triunfa sobre la violencia. He alejado las nubes, he extendido la brisa del norte sobre Osiris».

Es, en Egipto, el dios más cercano a los hombres y su amigo más fiel. Se le veneraba en el Delta del Nilo bajo la forma del ibis, y luego en Hermópolis, en el Alto Egipto. Es dios de la Luna y responsable de regular el tiempo, los ciclos y, en general, el orden del mundo. Era también el Señor de la Casa de la Vida y protector de los escribas, pero, a la vez, él mismo era el escriba de Maat (encarnación divina de la Verdad y la Justicia, a quien los faraones se debían consagrar y sobre la que giraba toda la estructura social egipcia). Está, por tanto, muy

---

5. El verdadero nombre de lo que conocemos como *Libro egipcio de los muertos* es en realidad *Salida del alma a la luz del día*, todo un manual de instrucciones que aparecía grabado o dibujado en las paredes de las tumbas con la intención de guiar el alma del difunto en su viaje por el otro mundo.
6. Del libro de Fernand Schwarz *Geografía sagrada del antiguo Egipto*.

presente en la vida de los egipcios y en todas las ciudades. La diosa Seshat le acompaña y ayuda en algunas de sus funciones. Seshat es «la que escribe», Señora de la Casa de los Libros y encargada de presidir los ritos de fundación.

La razón de que el ibis, como animal, le estuviera consagrado era porque esta ave se come los huevos de los cocodrilos, por lo que para los egipcios representaba la destrucción de la raíz del mal. Para ellos, la raíz del mal era la ignorancia, y la única forma de combatirla era, pues, la sabiduría, encarnada por Thot. Este dios es el que domina el tiempo, conoce la ciencia para calcularlo, para crear calendarios, controla la magia y, cómo no, la medicina, puesto que es «el que mide», y el arte de la medicina es, precisamente, el de la justa medida.

En algunos textos atribuidos al visir de Amenophis III, aparece esta oración dedicada a Thot:

> «Salud a ti,
> Señor de las palabras divinas,
> que reside en el cielo sobre la tierra.
> Gran Dios de los orígenes,
> inventor de la palabra y de la escritura
> que da a conocer a los dioses su papel,
> a cada arte su regla,
> a los países sus límites
> y a los campos también».[7]

Como escriba de Maat, no sólo verifica que faraones y hombres cumplan con ella, también los dioses deben ajustarse a Maat en sus actos. Como dios de la sabiduría, es guardián y transmisor de todos los conocimientos, en especial los vinculados a la vida y al alma de los hombres. De él dijo Proclo: «Preside a toda especie de condición, conduciéndonos a una inteligible esencia desde esta mansión mortal, gobernando las diversas multitudes de almas».

Merece la pena dedicar un breve espacio a explicar qué significaba Maat para el antiguo egipcio, puesto que ésta era, sin lugar a dudas,

---

7. Ibíd.

la base de la civilización y el eje fundamental hacia el que todo se orientaba, desde la sencilla vida del campesino a la forma en la que debía conducirse el faraón durante todas y cada una de las horas del día, todos y cada uno de los días del año, durante todos los años de su vida hasta llegar, de la mano de Thot, al juicio de Osiris. Para los egipcios, algo tan importante como la Verdad y la Justicia se representaba perfectamente con una pluma de avestruz.

En el juicio de Osiris se pesaba el corazón del difunto, colocándolo en uno de los dos platillos de una balanza, mientras que en el otro se ponía la pluma de Maat. Para que el tribunal de Osiris reconociera ese corazón como perteneciente a un *Maa jeru* (justa voz) y se le concediera la inmortalidad, el corazón debía ser tan ligero como la pluma. Maat es, por ello:

> «La norma eterna que rige el universo; existía antes de la aparición de la humanidad y seguirá existiendo tras su desaparición. Maat es la precisión, la verdad, el orden del mundo, el timón que orienta la nave, el codo que mide todas las cosas».[8]

Como verbo, **Maa** es *conducir, dirigir, estirar la cuerda*, pero también *realizar ofrendas*. No es infrecuente ver, en algunas tumbas o monumentos, representaciones del faraón haciendo una ofrenda de Maat, es decir, ofreciendo a los dioses su cumplimiento de Maat. Aunque parezca que ser faraón podía estar cargado de privilegios, en el antiguo Egipto era más bien una pesada carga llena de responsabilidades, empezando por la responsabilidad de la felicidad de su pueblo. Si no se aprovechaba adecuadamente la crecida del Nilo, si las cosechas no fructificaban, si se producían perjuicios e injusticias, la culpa era del faraón por no haberse dedicado en cuerpo y alma a la práctica de la justicia, la armonía y la exactitud. Si él no lo hacía así, ¿qué ejemplo seguiría su pueblo?

No era habitual que se le dedicaran templos o santuarios, pero sí muy frecuente que se le consagrara una de las capillas de los templos dedicados a otros dioses porque, como ya hemos visto, ni siquiera

---

8. *El enigma de la piedra*, de Christian Jacq.

los dioses están exentos del cumplimiento de Maat. Aclarado esto, volvemos con nuestro dios de cabeza de ibis.

Como Señor de la Casa de la Vida, Thot es también una corporación y una hermandad: la de aquellos que pertenecían a la Casa de la Vida, por lo que a los integrantes de dicha cofradía se les llamaba, igualmente, Thot. Allí se impartían las más avanzadas enseñanzas, al modo de una actual universidad; además era una biblioteca, un archivo y un centro de copistas. En aquel lugar se formaban los médicos, los astrónomos, los matemáticos, los escribas (por supuesto, eso incluía el aprendizaje de lenguas extranjeras) y los sacerdotes; todo lo que, para un egipcio, estaba vinculado a la vida, ya fuese física o espiritual. Por eso, y por ser un lugar consagrado al conocimiento, estaba dedicado a Thot.

El nombre de esta institución estaba compuesto por dos jeroglíficos: **per** (*casa*) y **anj** (*la vida*). La casa era representada con la forma de un recinto rectangular con una entrada en uno de sus lados, como señal de lugar seguro y protegido. La vida es, quizá, uno de los símbolos egipcios más famosos y populares: la cruz ansada o llave de la vida. Aunque una de las ventajas del símbolo es que puede tener múltiples interpretaciones, la cruz de la vida no sería sólo una cruz, sino que podía interpretarse también como un *espejo* que refleja la luz y como *una correa de sandalia* vista desde arriba, porque los egipcios entendían la vida como un poder que permitía a los hombres conservar la luz del origen (*luz, vida, energía* son cosas vinculadas no sólo en la mitología, sino también en la física), pero también (a consecuencia de lo anterior) era el poder para *dar camino a los pies* mientras dura nuestra estancia en este mundo. No deja de ser curioso que el físico Fritjof Capra,[9] siguiendo una corriente planteada por el también físico Geoffrey Chew, y dentro de los intentos de la física por explicar la vida, elaboraran una hipótesis (casi una filosofía) llamada en inglés *Bootstrap*, que se puede traducir como «consistente por sí mismo», «impulso», «empuje», pero también como «cincha de botas».

Una antigua forma vinculada a la representación de Thot era el **jeper** (o *kepher*), el escarabajo, que representaba el nacimiento, pero no un nacimiento cualquiera, sino el que nos desarrolla y transforma

---

9. Esta anécdota la cuenta Christian Jacq en *El enigma de la piedra*.

como seres humanos. El nacimiento que representa *jeper* es el tipo de nacimiento que proporciona Thot, similar a los ritos de paso de las tribus primitivas, sólo que ahora no se trata de matar al niño para dar paso al adulto, sino de matar la ignorancia (por medio del conocimiento) para dar nacimiento consciente al sabio, a aquel que se ha transformado a sí mismo. Por eso, aunque Thot sea considerado dios de la Luna, no es de extrañar que los egipcios no tuvieran ningún problema en asociar el escarabajo al Sol, como símbolo del renacer diario del astro rey, que debe imitar el sabio para eso, para ser sabio. Después de todo, ya hemos dicho que la simbología no es rígida ni cerrada, sino abierta y flexible para facilitar todo tipo de conexiones intuitivas en aquellos que se adentran en tan velado universo.

En realidad, por muchas páginas que podamos ocupar hablando de Thot, siempre será más lo que desconocemos que lo que podamos llegar a conocer. El dios también era llamado «el autoengendrado», «la palabra», «la voz»… y se dice que los antiguos sabios griegos iban a Egipto en algún momento de sus vidas, como cuenta Platón en el Timeo, a iniciarse en los secretos de Thot, a quien asociaron con Hermes, y de donde provienen todos los conocimientos posteriores del hermetismo y las fraternidades herméticas. Si Grecia y Roma son las madres de la cultura occidental, Egipto es, sin duda, su abuela.

HERMES-MERCURIO

La mayor parte de lo que hemos dicho para Thot sería perfectamente válido, en cuanto a simbolismo, para Hermes-Mercurio, ya que representan al mismo arquetipo. En ambos casos tenemos que se aplicaba el nombre (Thot o Hermes) no sólo como nombre del dios, sino como una cofradía o fraternidad de personas que, consagradas al dios, adoptaban como propio su nombre, lo cual también era una señal de uno de los aspectos distintivos del simbolismo de Hermes (y Thot): la aspiración de unidad entre los seres humanos y de éstos con la divinidad, representada simbólicamente por el Sol. Sobre esto, H.P. Blavatsky recoge un fragmento de Vossius que dice:

«Todos los teólogos aseguran que Mercurio y el Sol son uno… Era el más elocuente y el más sabio de todos los dioses, lo cual no es de admirar, pues Mercurio se halla tan cerca de la Sabiduría y de la Palabra de Dios [el Sol] que era confundido con ambas».

Blavatsky continua explicando que:

«Pausanias lo muestra [a Mercurio] como teniendo un altar en común con Júpiter. Tenía alas para expresar que acompañaba al Sol en su curso, y era llamado el Nuncio y el Lobo del Sol (…). Era el guía y evocador de las Almas, el gran Mago y el Hierofante (…). Es el Dorado Mercurio a quien los hierofantes prohibían nombrar. Está simbolizado en la mitología griega por uno de los "perros" (vigilancia) que cuidan del rebaño celeste, (la Sabiduría Oculta), o Hermes Anubis, o también Agathodæmon.[10] Es el Argos que vela sobre la Tierra, y que ésta toma equivocadamente por el Sol mismo. El emperador Juliano oraba todas las noches al Sol Oculto por intercesión de Mercurio…».

La cuestión es que una realidad astronómica como es la proximidad de Mercurio al Sol[11] ha permitido asociarlos simbólicamente con la proximidad a la divinidad por ser el Sol, según la mitología, la representación de Dios. Los sumerios ya hablaban del planeta Mercurio allá por el 3 000 a. C., y los babilonios le llamaron Nebu, al que adjudicaron, como también hicieron griegos y romanos después, el papel de mensajero de los dioses. Hasta tal punto estaban vinculados en la mente de las gentes que, cuando era visible por la mañana, le llamaban *Apolo* (el Sol), mientras que le llamaban *Hermes* (Mercurio) cuando lo veían al anochecer.

En la mitología griega, que es en la que se desarrolla ampliamente la actividad de Hermes, existe una curiosa relación con Apolo, dios

---

10. Según explica Blavatsky en *Glosario teosófico*, es el «espíritu bueno, benéfico», simbolizado por serpientes voladoras de fuego. Los ofitas, según cuenta, lo asociaban al Logos y a la Sabiduría divina, representada en los misterios por una serpiente sobre un palo.

11. Mercurio es el planeta del sistema solar más cercano al Sol. No está muy claro si los antiguos conocían o no esta proximidad física, pero en diversos mitos ambos aparecen no sólo como cercanos, sino a veces confundidos exprofeso el uno con el otro.

con el que llega a intercambiar papeles en algunas ocasiones. Un ejemplo de ello es la famosa lira de siete cuerdas de Apolo, que en realidad construyó Hermes con el caparazón de una tortuga. Es también el inventor de la siringa, que entregó a Apolo a cambio del cayado de oro.

«A Hermes se le atribuye también la invención de la música, del alfabeto, de la astronomía, de la gimnasia, de los pesos y medidas. En consecuencia, a él se le venera como dios de la palestra y del estadio; como dios de los viajeros, (...) como dios de la elocuencia, de los comerciantes y de los ladrones».[12]

La raíz indoeuropea **deiw-**, traducida como *brillar* o también *día*, es el origen del sánscrito *devah* (dios) y de las latinas *deus* (dios) y *devus* (divino).[13] De la misma raíz provienen también palabras como *sandio* (consagrar), *jove* (dios del brillante cielo) o *Diana,* que aunque era la diosa de la Luna era la hermana melliza de Apolo, el dios del Sol. Del «jove» antes mencionado deriva también «jueves» como el día de Júpiter, que aunque es un planeta, simbólicamente hacía la función de padre de los dioses y regente del cielo (el trabajo de Hermes en el Olimpo era, fundamentalmente, el de mensajero de Zeus-Júpiter). La misma raíz, en griego, dará lugar a Zeus (con idéntica función que Júpiter) y que, en la variante **deid-**, hace nacer la palabra griega δελος (delos), que significa *visible* y *patente*, como el brillo deslumbrante del Sol. Delos era la isla donde, según la mitología griega, Leto dio a luz a Apolo y Artemisa (Diana en Roma), y que fue consagrada como santuario del dios solar durante cientos de años.

Existe un elemento simbólico que es tremendamente revelador de las funciones o características de esta divinidad, «inventora», como Thot, del lenguaje y la escritura (especialmente de la elocuencia): el caduceo.

Hermes-Mercurio, como Thot, implica la idea de unión, que puede extenderse a la concordia, la armonía, la reconciliación..., pero

---

12. De cualquiera de los dos tomos del *Diccionario de mitología clásica*, de Falcón Martínez, C., Fernández Galiano, E. y López Melero, R.
13. Más adelante profundizaremos en la etimología y el concepto de Dios y lo divino.

siempre entendida como la superación de los opuestos. Hermes no es la idea de Unidad, en todo caso lo sería Apolo (*A-polos*, sin polos, sin partes, unido, íntegro, solo, Sol…), pero, como elemento de unión, Hermes es el camino hacia ella. Representa la reconciliación de los contrarios, así como todo lo que implique superar las diferencias aparentes en favor de los elementos comunes que vinculan a los seres humanos entre ellos y con la divinidad. La filosofía hermética se basa en las ideas de unificación, eclecticismo y sincretismo, simbolizadas por el caduceo.

Se cuenta que, en cierta ocasión, había dos serpientes peleando. Al verlas, Hermes plantó la vara de oro que le había dado Apolo, coronada por dos alas, en medio de ambas, y así éstas dejaron de pelear para enroscarse juntas y armónicamente alrededor del bastón. En una clave sencilla, era el emblema del equilibrio moral y la buena conducta, sin embargo estamos ante un símbolo mucho más antiguo, ya que la doble serpiente enroscada ya aparece en las arcaicas *nagakals*[14] de la India con idéntica significación.

El interés simbólico de las dos serpientes radica en que, en sí, la serpiente tiene un significado doble y aparentemente contrapuesto. La serpiente es, por excelencia, el animal emblema de Hermes, pero también de Apolo. Representa la energía, la fuerza pura y sola, es la resurrección y la sabiduría, la rueda del tiempo y la seducción de la materia. Se asocia con las aguas y con el árbol, pero también aparece en numerosos mitos y representaciones junto con un águila (emblema de Júpiter y del cielo), en cuyo caso puede tomar un papel menos benévolo. En prácticamente todas las mitologías, la serpiente aparece con ese doble carácter, benéfico y maléfico. En la Biblia es la tentadora, pero enroscada sobre el cayado de Moisés podía curar cualquier mal. En Egipto la cobra del Oreus era el emblema real, simbolizando la atención permanente y la protección de la divinidad. Pero luego, la serpiente *Apap* representaba el caos y el mal, enemiga del Sol, contra la que había que combatir mientras durara la existencia. Si quisiéramos encontrar un paralelismo físico, *Apap* representa exactamente lo mismo que el segundo principio de la termodinámica, una permanen-

---

14. Estelas de piedra que aparecen en la entrada de algunos templos de la India.

te tendencia al caos que hay que combatir continuamente mediante las fuerzas del orden. La palabra griega *entropía,* de la raíz indoeuropea **trep-**, significa *volver* y *girar,* reflejando la idea de *cambiar de sitio* o *dar la vuelta* a algo. *Apap* es lo que hace que las cosas cambien continuamente, así que, aunque se simbolice como un elemento negativo, dado que el mundo no puede moverse sin la interacción de fuerzas contrarias, el cambio es necesario para que la existencia evolucione, siempre que encuentre frente a él una fuerza opuesta que la enfrente y encauce en un sentido de crecimiento y no de destrucción.

La ambivalencia de la serpiente no está en su significado central, sino en su orientación. La serpiente es tanto una energía como un símbolo del conocimiento: que sea buena o mala sólo dependerá del uso que se haga de dichos conocimiento y energía.

La armonización de las dos serpientes establece un equilibrio, un dominio del aspecto negativo y una potenciación del positivo. Por eso mismo, en casi todas las culturas la serpiente ha sido símbolo de sabiduría y sanación. No por casualidad Seraphis, dios de la medicina durante la época ptolemaica, se hacía acompañar de una serpiente enroscada sobre su bastón, como Moisés; no por casualidad Asclepios es hijo de Apolo, ni es casualidad que haya quedado el caduceo como símbolo de los médicos, y la serpiente en el cáliz (como la serpiente-dragón de san Juan) para los farmacéuticos. Dominar la serpiente es armonizar los contrarios.

La salud fue, desde tiempos remotos, entendida como armonía y justa medida (de la raíz indoeuropea **med-**, de donde vienen *medida, remedio, moderar, meditar, modular* y *médico*) y eso es lo que representa Hermes, la armonía que sana el cuerpo y el espíritu. Si para los egipcios el mal y la enfermedad provenían de la ignorancia, el conocimiento es lo que trae el bien y la salud (*salud* viene de la raíz indoeuropea sol-, que significa *entero, sólido, íntegro*. De aquí nace el *salvus* latino, que se traduce por *entero*, pero también por *sano* y *salvo*). No debería extrañarnos ya que uno de los dos jeroglíficos con los que se definía al médico en el antiguo Egipto fuese una flecha, significando el acto de *dar en el blanco,* de *acertar con la precisión del diagnóstico*, ni que Apolo sea conocido, entre otras muchas cosas, por su legendaria y certera habilidad como arquero.

Aparte de las serpientes enlazadas, otro de los elementos que componen el caduceo son las alas de su parte superior. Existe, como comentábamos, una relación mítica y simbólica entre la serpiente y el águila (algo que muy bien conocen los actuales descendientes de los mexicas). El águila es símbolo del espíritu y, aunque antes recordábamos que era el animal emblema de Zeus-Júpiter, está identificada con el Sol (ya advertimos que la simbología es compleja). Se asocia también al poder, el rayo, el fuego, el aire y la luz, siendo además un mensajero de la divinidad. El símbolo conjunto de la serpiente con el águila o con cualquier otro elemento alado (recordemos a Quetzalcoatl, la serpiente emplumada azteca) representa el dominio de lo celeste sobre lo terrestre, algo que se hace más evidente cuando la representación habitual es de un águila devorando o sujetando con sus garras la serpiente.

En otra clave es la capacidad de lo celeste de elevar lo material, un símbolo que se repite bajo distintas formas, una y otra vez, desde la visión de Huizilopotchli en la tradición azteca al mito paleobabilónico del rey Etana de Kish, pasando por la Ananta, Mitra, Zurván-Cronos y los Nâgas indos.

No abundaremos mucho más en esto, salvo para añadir que la vinculación de la serpiente con la salud, la unidad, la verdad, lo celeste-solar y el conocimiento cuando está al servicio de la divinidad alada y solar es prácticamente universal. Así como su aspecto ctónico, terrestre, oscuro, engañoso, ignorante y peligroso, está vinculado a la falta de unión con lo divino, celeste y luminoso. De la misma manera ambivalente, la palabra y la escritura pueden ser vehículos tanto de sabiduría como de ignorancia. Usarlas adecuadamente puede conducirnos a la luz o arrojarnos a la más terrible oscuridad.

NEBO

En la antigua y confusa Caldea,[15] Nebo (o Nabu) era el equivalente al Buddha indo; no Sidharta Gotama,[16] sino Buddha, lo que para los

---

15. No está del todo claro para algunos investigadores si Caldea era un pueblo, un territorio, una cofradía u otra cosa.

16. Sidharta Gotama fue llamado el Buda (el iluminado), pero existe un concepto

indos era la mente o alma universal. Representaba la facultad intuitiva que es capaz de juzgar, discriminar y resolver, que se sitúa por encima de la razón y sin la cual no es posible el conocimiento. Nebo es hijo de Soma (la Luna) y del planeta Mercurio. Es el dios de la sabiduría, pero también un vidente y un profeta y, por supuesto, divinidad guía de la escritura,[17] por lo que era el patrón de los escribas. Su nombre proviene del hitita **nebis**, *cielo* o *nubes*, y de la raíz indoeuropea **nebh-**, que se traduce por *nube*, y de donde también proviene *niebla*, como esa confusión y falta de visibilidad que envuelve al ignorante y que sólo el Sol luminoso puede disipar. Una vez más, sabiduría e ignorancia confluyen en un único símbolo relacionado con la palabra.

Nos referíamos antes a Caldea como «confusa» porque estos «caldeos» de los que proviene Nebo eran más bien, como los Thot y los Hermes, miembros de un grupo que profesaban un culto sagrado al fuego. Según Blavatsky[18] eran «una casta de doctos cabalistas. Eran los sabios, los magos de Babilonia, astrólogos y adivinos», los sabios mazdeístas que griegos y romanos llamaron «caldeos».

Los magos caldeos eran famosos por sus conocimientos de astronomía y astrología. De ellos explica Blavatsky que el nombre proviene de **Mag** o **Maha**, y que de ahí vienen también los términos *magia* y *mágico*. Dice que:

> «Esta palabra es la raíz de la cual deriva el término «mágico». El *Maha-âtmâ* (Grande Alma o Espíritu) de la India tenía sus sacerdotes en los tiempos anteriores a los Vedas. Los *magos* eran sacerdotes del dios del fuego. Los tres Magos, denominados también Reyes, de quienes se dice que hicieron presentes de oro, incienso y mirra al infante Jesús, eran adoradores del fuego, como los demás, y astrólogos, puesto que vieron la estrella del recién nacido.(...) Los discípulos de Zoroastro eran llamados *maghestom*, según dice Kleuker».[19]

---

en la tradición hindú, Buddha, que a veces causa confusión por la similitud de ambas palabras. De hecho a veces se escribe una en lugar de la otra, lo que contribuye a causar más equívocos.

17. Con ayuda de la Wikipedia.
18. *Doctrina secreta,* de H.P. Blavatsky.
19. *Glosario teosófico*, de H.P. Blavatsky.

Más concretamente, la raíz indoeuropea que origina su nombre es **magh-** (*tener poder*), de la que surge el sánscrito **maghá** (*fuerza, poder*), el griego μαχανα (invención ingeniosa y, claro, *máquina*) y el persa antiguo **maguš** (*miembro de una casta sacerdotal, persona con poder*).

En el *Liber de infantia Salvatoris*, un escrito apócrifo[20] sobre la natividad de Jesús compuesto y difundido por Occidente aproximadamente en el siglo IX, aparece una curiosa conversación entre José y los magos extranjeros que llegaron ante él para adorar al niño. Cuando José les pregunta acerca de cómo habían sabido del niño y dónde encontrarle, los magos le responden:

«Lo supimos por el signo de una estrella, (ésta se nos apareció más resplandeciente que el Sol), de cuyo fulgor nadie pudo hablar nunca. Y esta estrella significa que la estirpe de Dios reinará en la claridad del día. Ésta no giraba en el centro del cielo, como suelen (hacerlo) las estrellas fijas y también los planetas, que aunque observan un plazo fijo de tiempo... mas sólo ésta no es errante. Pues nos parecía que todo el polo (esto es, el cielo) no podía contenerla en toda su grandeza; y ni el mismo Sol pudo nunca oscurecerla, como (lo hace) con otras estrellas, por el fulgor de su luz. (Más aún) éste pareció debilitarse a vista del resplandor de su venida, pues esta estrella es la palabra de Dios, ya que hay tantas palabras de Dios cuantas son las estrellas. Y esta palabra de Dios, (como el mismo) Dios, es inefable. Lo mismo que es inenarrable esta estrella, que fue nuestra compañera de viaje en la marcha (que emprendimos) para venir hasta el Cristo».

Volviendo a Nebo, este dios es hijo de Marduk, una forma babilonia de Júpiter.

En la ciudad de Borsippa, había en aquellos tiempos un templo llamado Ezida, que se traduce por la *Casa de la Verdad*, donde primero se adoró a Marduk y, posteriormente, a Nebo, a quien llamaban también «escriba y ministro de Marduk».[21] A Nebo se le representaba como a Thot, con los útiles de escritura, así como un gorro con cuernos o cabalgando sobre un dragón alado.

---

20. De la edición que hizo Santos Otero, A. de *Los evangelios apócrifos*.
21. Gracias de nuevo a la ayuda de la Wikipedia.

Al contrario que en nuestra cultura, llevar cuernos en la antigüedad era un signo de sabiduría divina y poder (el poder que da el conocimiento, sin duda). Cirlot explica que en Egipto ya aparecen los cuernos como símbolo de «lo que está por encima de la cabeza», y que por extensión simboliza la capacidad de «abrirse camino (…) elevación, prestigio, gloria, etc.». En Egipto no es raro ver dioses con cuernos, como tampoco lo será verlos en la vecina Mesopotamia. Divinidades como Amón, Osiris o *Knum* (el gran carnero que topa contra las tinieblas con su cornamenta y abre paso a la luz) son sagrados cornudos. Thot también podía llevar un tocado de cuernos sobre la cabeza. Se trataba del *atef* [22] que solía aparecer junto con el disco lunar. Por supuesto, hay un jeroglífico con la forma de un par de cuernos que se lee **up** y que, según cuenta Jacq,[23] significa *abrir, inaugurar*, pero que se usa para referirse a cosas que implican apertura:

> «Up es abrir la matriz de una mujer durante el parto.
> Up es abrir el rostro, la boca, las orejas, durante los ritos de resurrección realizados a la momia.
> Up es abrir el año, inaugurar una ceremonia.
> Up es abrir una ruta.
> Esta idea de "abertura" implica también la de "discernir, juzgar, separar, distinguir", puesto que los dos cuernos traducen dos aspectos que la inteligencia es capaz de discernir sin disociarlos».

Así es que parece que, a pesar de la aparente complejidad y confusión de elementos, los antiguos estaban de acuerdo en asociar a sus dioses de la escritura y las palabras con la sabiduría, así como con símbolos de luz, poder y magia.

Como la serpiente, la magia tiene dos vertientes según el uso que se le dé al conocimiento:

---

22. Corona de Horus, consistente en un alto casquete blanco con cuernos de carnero padre y el oreus en la parte anterior. Sus dos plumas representan las dos verdades: la vida y la muerte (*Glosario teosófico*).
23. *El enigma de la piedra,* de Christian Jacq.

- Magia negra, también conocida como hechicería, goecia y nigromancia.
- Magia blanca, natural o divina.

También aquí tendremos que detenernos un poco para explicar la diferencia entre ambas, y que se pueda entender por qué en la antigüedad eran tan aficionados a la magia y se asociaba ésta a los dioses de la sabiduría. A primera vista, magia y conocimiento no parece que tengan nada que ver.

La diferencia esencial entre la magia blanca y la magia negra radica en una única cosa: la intención. Mientras que la magia negra es toda aquella que se usa con fines egoístas o interesados, como objeto de interés personal del tipo que sea, la magia blanca es aquella que se usa «libre de egoísmo, de anhelo de poder, de ambición, de lucro y que tiende únicamente a hacer el bien al mundo en general y al prójimo en particular».[24] Ya vemos que la línea entre ambas es muy fina, y no haría falta más que usar un poder de forma interesada para estar haciendo, sin darnos cuenta, magia negra. Ahora bien, nada de esto explica qué entendían los antiguos por magia, ya que eso es, más que otra cosa, lo que nos interesa aclarar y comprender.

El neoplatónico Proclo,[25] seguidor de las enseñanzas de Plotino en la escuela ecléctica de Alejandría, explica sobre la magia:

«Cuando los antiguos sacerdotes consideraron que existía cierta alianza y simpatía mutua entre las cosas naturales y entre las cosas manifiestas y los poderes ocultos, y descubrieron que todas las cosas subsisten en todo, fundaron de esta mutua simpatía y similitud una ciencia sagrada… y aplicaron para fines ocultos tanto la naturaleza celestial como la terrestre, gracias a las cuales y por efecto de cierta similitud, dedujeron la existencia de virtudes divinas en esta mansión inferior».

Por su parte, Blavatsky dice:[26]

24. *Glosario teosófico,* de H.P. Blavatsky.
25. Ibíd.
26. *Doctrina secreta,* de H.P. Blavatsky.

«La magia es la ciencia de comunicarse con Potencias supremas y supramundanas y dirigirlas, así como de ejercer el imperio sobre las de las esferas inferiores; es un conocimiento práctico de los misterios ocultos de la naturaleza, conocidos únicamente de unos pocos, por razón de ser tan difíciles de aprender sin incurrir en pecados contra la naturaleza».

Así como que:

«La voluntad, el amor y la imaginación son poderes mágicos que todos poseen, y que aquel que sabe la manera de desarrollarlos y servirse de ellos de un modo consciente y eficaz es un mago. (…) Paracelso emplea la palabra Magia para designar el más elevado poder del espíritu humano para gobernar todas las influencias exteriores con el objeto de hacer el bien. (…) La hechicería no es Magia; se halla con ésta en la misma relación que las tinieblas con la luz. La hechicería trata de las fuerzas del alma animal; la Magia trata del poder supremo del Espíritu».

Platón[27] añade que:

«La Magia consiste en el culto de dioses[28] y se adquiere mediante este culto».[29]

Y, finalmente, unos fragmentos de Baruch Spinoza[30] que revelan, sin mencionar la magia, cómo no puede existir ningún prodigio ajeno o fuera de lo que las leyes de la naturaleza han determinado.

«Y puesto que nada es necesariamente verdadero, a no ser por el decreto divino, se sigue con toda evidencia que las leyes universales de la naturaleza son decretos de Dios que se siguen de la necesidad y de la perfección de la naturaleza divina. Por consiguiente, si su-

---

27. *Glosario teosófico,* de H.P. Blavatsky.
28. Dioses, arquetipos, potencias de la naturaleza…
29. Culto, veneración, acercamiento, estudio, conocimiento…
30. *Tratado teológico-político,* de Baruch Spinoza.

cediera algo en la naturaleza que contradijera sus leyes universales, repugnaría necesariamente también al decreto y al entendimiento y a la naturaleza divina; y, si alguien afirmara que Dios hace algo contra las leyes de la naturaleza, se vería forzado a afirmar, a la vez, que Dios actúa contra su naturaleza, lo cual es la cosa más absurda. (…) …el término *milagro* sólo se puede entender en relación a las opiniones humanas y que no significa sino una obra cuya causa natural no podemos explicar a ejemplo de otra cosa que nos es familiar, o que no puede explicarla, al menos, quien escribe o relata el milagro. (…) … el vulgo considera que entiende suficientemente una cosa cuando no se sorprende de ella. De ahí que los antiguos, y casi todo el mundo hasta el día de hoy, no tuvieron otra norma para el milagro, aparte de ésta».

De todo esto, y de otros muchos escritos por el estilo, se deduce que:

- La magia no puede, en ningún momento, ser algo sobrenatural, sino que está basada en un conocimiento profundo de la naturaleza.
- La magia implica el conocimiento, por tanto, de los símbolos de la naturaleza y la forma en la que éstos se expresan.
- Debe elevar al ser humano hasta la divinidad si se usa para el bien, pero también puede precipitarle hasta la total bestialidad si se usa para el mal.

Quizá con un ejemplo podríamos verlo más claro. Un conocimiento profundo de la naturaleza puede ser, por qué no, el estudio del átomo. A través de él buscamos acercarnos al origen de la vida y del universo, porque desde el inicio de los tiempos nos preguntamos de dónde venimos y qué sentido tiene toda esta explosión de existencia que llamamos *Big Bang*. Los mitos hablan siempre de aquello que está en el origen de todo, del *caldo primordial* que contenía todas las posibilidades sin ser ninguna, pero *siéndolo* todo en potencia. A eso nos conduce también nuestra mente, imaginando cómo todo lo que vemos tuvo que surgir de algo, pues de la nada, nada sale. Y ese «algo», ese principio, es lo que tratamos de conocer; buscamos algo que nos dé respuestas y que, de alguna manera, nos dé poder sobre nosotros mismos y nuestro entorno, porque al tiempo que descubrimos más y más sobre el átomo, aprendemos a manejarlo y a modificarlo a nuestro antojo. Así, los hay que a través de este conocimiento y ese poder creyeron poder transformar el mundo en un lugar mejor; pero también están los que usaron el mismo conocimiento y poder para destruir cientos de miles de vidas en Hiroshima y Nagasaki. Quizá por cosas como ésta, las cofradías de sabios decretaron siempre el secreto más estricto sobre los conocimientos que poseían. La elocuencia puede ser un gran poder, pero saber callar lo es más. Por eso los dioses de la escritura y la palabra eran, también, los dioses de la magia y el misterio, cuyos secretos sólo estaban al alcance de los iniciados.

Basten estos tres dioses para ver hasta qué punto la incursión en la simbología puede conducir a derivaciones y vínculos curiosos. Sin embargo, hemos visto en los primeros capítulos cómo las funciones cognitivas superiores, exclusivas del ser humano hasta el momento, como la autoconciencia, la imaginación, la memoria, el pensamiento, el lenguaje, etc., que parecen ser innatas, precisan para desarrollarse plenamente del contexto familiar y social. Éstas dan lugar a su vez a la creación de culturas y sistemas de convivencia (como las normas, los servicios públicos, el pago de impuestos, los sistemas de defensa y las leyes, por citar algunos), con ritos, mitos y símbolos que nos conectan entre nosotros y nos otorgan identidad. Innata parece ser también la conciencia del bien y del mal, el sentido de la justicia, la percepción de la belleza y el deseo de conocer la verdad, deseo que impulsó al ser humano a preguntarse por el origen de sí mismo y del universo muchos miles de años antes de que Pitágoras «inventara» la palabra *filosofía*. Con todo esto, seguimos buscando elementos que nos ayuden en la confuciana tarea de «rectificar los nombres», destapando todo lo que pueden encerrar en sí.

Dado que no disponemos de una forma concreta, facilitada por nuestros sentidos, para definir y conceptualizar estas funciones superiores, que vinculamos igualmente a algo superior, las hemos identificado con patrones arquetípicos y simbólicos de carácter divino (recordemos que *divino* y *dios* provienen de una raíz que significa *brillante*, lo *que brilla*, lo *que da luz*, ya que no es otra cosa que la luz lo que permite *ver* y *conocer*). Si, como decía Wigostky, no es posible entender independientemente las funciones cognitivas, sino que hay que hacerlo vinculándolas entre ellas, los símbolos, que están directamente relacionados con dichas funciones, tampoco pueden funcionar ni entenderse como cajas estancas sin relación.

Podríamos continuar extrayendo de una y otra cultura a todas las divinidades que tienen alguna relación con la palabra y la escritura, pero esto se convertiría en un tratado de proporciones colosales y ni aun así podría nunca estar completo. Decía Bruce Lee:

> «Un maestro jamás ofrece la verdad; es un guía, una persona que señala la verdad que cada alumno debe encontrar por sí mismo. Un buen maestro es simplemente un catalizador».[31]

En la primera parte de este trabajo vimos cómo los bebés, para aprender, necesitan primero ver y luego imitar, reproducir lo visto para experimentarlo; cómo las neuronas espejo inician en edades muy tempranas el instinto de imitar para, al mismo tiempo, forzar la experimentación propia; cómo el informe PISA advertía de la pérdida de léxico y de capacidad de análisis en los jóvenes a causa de la digitalización de los sistemas de enseñanza; cómo, de alguna manera, no sólo basta con mirar una pantalla, necesitamos tener delante a una persona que nos mire a los ojos, que nos esté hablando a nosotros, y con la que sepamos que podemos interactuar y contestarnos (de eso justamente se quejaban Sócrates y Thamus respecto de los libros, que no te pueden contestar), porque de lo contrario sólo existe una dirección de traslado de información, en lugar de una vía doble que es la que logra entablar contacto. Quizá por esta razón las escuelas iniciáticas se asentaban sobre la relación maestro-discípulo.

La mente *divina* (la mente que conoce y ve), representada desde antiguo por lo ígneo, vincula simbólicamente el fuego, la luz y el calor al conocimiento y a la vida. Por eso es muy frecuente encontrar elementos simbólicos vinculados al fuego, a la serpiente o a ambos (por mencionar algunos) en los dioses de la palabra, pero también en los creadores y en los benefactores de la humanidad. Por eso Jesús es el «cordero de

---

31. De *Pensamientos extraordinarios. Sabiduría para la vida cotidiana*, de Bruce Lee.

Dios» (*agnus dei*), de la misma forma que el dios hindú del fuego Agni se representaba montado sobre un gran carnero (de grandes cuernos, cómo no), y el *Knum* egipcio, también con cabeza de carnero, fue el dios alfarero que creó el huevo primordial del que nació el Sol y modeló también del barro a las primeras personas. Igualmente Prometeo, el famoso ladrón del fuego sagrado (¿a nadie ha llamado la atención que Hermes-Mercurio sea dios de los ladrones?) también modeló del barro a los hombres, al igual que Lucifer (literalmente *el portador de la luz)* se transformó en serpiente para otorgar de forma furtiva, contra la voluntad de Dios, el conocimiento a Adán y Eva, a quienes habría que ver como arquetipos simbólicos de toda la humanidad.

Desde hace mucho, mucho tiempo, la realidad que estudia la ciencia y la que estudia la simbología han parecido caminar por senderos divergentes. Sin embargo, antropólogos como Mircea Eliade, Joseph Campbell o Fernand Schwarz señalan repetidamente que existen verdades psicológicas y hechos históricos que han pervivido hasta nuestros días gracias a que se consignaron en lenguaje simbólico. El único problema reside en desechar *a priori* una de las vías (desde cualquiera de los dos lados) sólo porque se han perdido las claves de interpretación. Haría falta un espíritu como el de Champollion para descifrar los lenguajes silentes y compararlos sin complejos, violencias ni dogmatismos con lo que la ciencia va revelando. Es legítimo pensar que si de verdad hubiera hechos reales consignados ahí, ya sean psicológicos o históricos, necesariamente tendrán que presentar líneas coincidentes (no inventadas, forzadas ni sesgadas) con lo que la ciencia descubra. Como explicara Blavatsky:

«Las pruebas que se han presentado en corroboración de las antiguas enseñanzas se hayan esparcidas en todas las escrituras de las civilizaciones de la antigüedad. Los *Purânas,* el *Zend Avesta* y los antiguos clásicos están llenos de ellas; pero nadie se ha tomado la molestia de recopilar estos hechos y confrontarlos entre sí. La causa de ello es que todos estos hechos fueron registrados simbólicamente; y que los más expertos, las inteligencias más penetrantes entre nuestros arianistas y egiptólogos han sido oscurecidas por conceptos preconcebidos y, aún con más frecuencia, por los puntos de vista parciales del significado secreto. Sin embargo, hasta una parábola es un símbolo hablado; según piensan algunos, no es más que una ficción o fábula, mientras que nosotros decimos que es una representación alegórica de realidades de la vida, de sucesos y de hechos. Y así como de una parábola se deduce siempre una moral, siendo esta moral una verdad y un hecho real de la vida humana, del mismo modo se deducía un hecho histórico verdadero (por aquellos que estaban versados en las ciencias hieráticas) de ciertos emblemas y símbolos registrados en los antiguos archivos de los templos».[32]

Así es que, siguiendo las palabras de Bruce Lee, dejaremos que toda esta información sea un catalizador para que el que así lo desee profundice por su cuenta con un limpio deseo de conocer y llegue por sí mismo a sus propias conclusiones.

---

32. *Doctrina secreta,* de H.P. Blavatsky .

CAPÍTULO 2

PALABRAS DE MAGIA Y PODER

«No sabía Eben Bonabben a qué apelar para curar a su discípulo del sentimentalismo que se había apoderado de él; agotados casi todos los estudios que pudieran ser agradables, era peligroso recurrir a los abstractos y profundos. ¿Qué hacer para distraerle del tedio? Afortunadamente, se instruyó el sabio, cuando estuvo en Egipto, en el lenguaje de las aves, que le enseñó un rabí judaico, el cual, a su vez, lo recibió por herencia directa del linaje de Salomón el Sabio, a quien lo comunicó apaciblemente la reina de Shebba».[1]

Desde muy antiguo, tanto el lenguaje como su expresión material, la palabra, se han considerado como elementos de poder, como todo lo que deviene de la divinidad. Si algo hay especialmente vinculado a la magia eso es la palabra. Ningún sortilegio, amuleto, hechizo o conjuro podía funcionar verdaderamente sin que se pronunciaran las palabras mágicas, verdadero activador de las fuerzas ocultas. Ese poder de la palabra no sólo se creía asociado a una entonación, pronunciación y lengua concretas, también debían poseer una intención específica. Esto, que puede sonar a cuento de hadas, no está tan lejos de los efectos del uso (y manipulación) del lenguaje por parte del moderno *marketing*, los medios o la política. El mal o buen uso de la palabra está, por tanto, en el centro mismo de la práctica mágica que, como veíamos antes, no sería, ni más ni menos, que conocer cómo funciona

---

1. Extracto de la leyenda del príncipe Ahmed al Kamel, *El peregrino de amor*, recogida por Washington Irving en las *Leyendas de la Alhambra*.

la naturaleza de las cosas, entre ellas la mente humana, para conseguir un objetivo. Quizá por eso se usa la expresión «lengua de serpiente» tanto para advertir sobre aquellos que vierten veneno en sus palabras como para señalar a quienes hablan con sabiduría.

El lenguaje, dado que parte de la conciencia, está embebido de ambivalencia, y puede ser, según la intención con la que se use, un vehículo para la verdad o un expansor de la mentira. Tal es su poder. En la India, durante muchos siglos se puso un empeño casi obsesivo por transmitir las enseñanzas sin corrupción. Los templos donde se custodiaba el sagrado *Rig Veda* idearon técnicas y sistemas mnemotécnicos para que la transmisión oral se mantuviese fiel a través del tiempo, siempre de maestro a discípulo, siempre de boca a oído. Explica el profesor José León Herrera:[2]

> «Es evidente que esta preocupación nace de la idea de que las palabras poseen un poder real y efectivo y de que el ser de las cosas se expresa plenamente en la adecuada formulación del pensamiento a través del lenguaje. "Formulación", en este sentido, es decir, conformar, dar forma al pensar en tanto que ser, es, precisamente, lo que quiere decir el término "Brahman" en el *Veda*, en donde representa a la fuerza actuante de la verdad, que es, al mismo tiempo, la realidad. (…) Así pues, dentro de esta concepción, la palabra así formulada es fuerza, es poder. Por lo tanto, es preciso poner el mejor cuidado y prestar la mayor atención para que su pronunciación sea siempre exactamente correcta y para que su comprensión sea perfecta siempre».

Así es que, como decíamos, no basta con la pronunciación de las palabras, hay que penetrar en su significado. El proceso de comprensión es el mismo por el que se pueden elaborar los conceptos y, por tanto, por lo que podemos conectar internamente esos conceptos con nosotros mismos, aunque no los hayamos elaborado personalmente. Comprender es integrar, hacer propio, identificar e identificarse. Comprender es un paso imprescindible para llegar a ser. Sin embargo, la compresión no es algo que se pueda hacer sólo con el intelecto. La

---

2. *Lengua y tradición en la India,* de José León Herrera.

comprensión superficial tal vez, pero la profunda requiere ayuda para ver, requiere capacidad de simbolización. Dado que el símbolo no le habla a nuestra parte lógica, sino a nuestra intrínseca y primigenia mente humanizada, todos los textos, historias o relatos que buscan alcanzar con sus flechas el blanco de nuestra conciencia profunda usan siempre el lenguaje simbólico. Éste tiene, además, una ventaja extra sobre otros lenguajes, y es que al ser «hermano» de la memoria, hace que el proceso de recordar (y por tanto de transmitirse sin apenas pérdida) sea mucho más sencillo.

La memoria y los símbolos trabajan fundamentalmente con imágenes, algo de lo que muchos filósofos y textos antiguos hablan, pero que quedó especialmente detallado a través de los textos que desarrolló el filósofo nolano Giordano Bruno, inspirado entre otras cosas en la obra del mallorquín Raimundo Lulio.

> «*De umbris idearum* (1582) es la primera de las obras de carácter mnemónico en la que Bruno expone lo que metafóricamente llama *escritura interna*, pues del mismo modo que se escribe con un cálamo sobre un pergamino, la memoria y la facultad imaginativa pueden articular una escritura interior, con su morfología, su sintaxis y su semántica propias. Y ese lenguaje puede plasmar en el alma todos aquellos contenidos que la memoria natural no alcanza, ampliando los límites del entendimiento mediante el uso de imágenes y símbolos».[3]

A través de un diálogo protagonizado por Hermes, Bruno desarrolla un complejo tratado mágico-hermético basado en un mecanismo de imágenes, situadas sobre hasta cinco ruedas concéntricas que giran y establecen diversas relaciones con las imágenes de las otras ruedas. La intención (y no faltan intenciones declaradas en su *De umbris idearum*) es ofrecer elementos prácticos para la transformación humana. Una transformación que buscaría, como Platón, aproximar el alma a *la luz de lo divino* a través de la contemplación de los arquetipos. Platón creía que el ser humano es, en esencia, un arquetipo (una idea) y, como tal, comparte su naturaleza con el resto de los arquetipos. Es

---

3. Del libro de Giordano Bruno *Las sombras de las ideas*.

por eso, decía, por lo que el hombre tiene una serie de conocimientos de manera innata, ya que forman parte de su naturaleza, como el conocimiento del bien, la justicia y las demás virtudes platónicas, así como somos capaces de reconocer las esencias de las formas, por muy diferentes que sean entre sí. Por eso podemos reconocer a un caballo cuando lo vemos, sea cual sea el color o el tamaño que éste tenga, incluso si es de carne y hueso, una pintura rupestre o una talla primitiva. Según Platón, por nuestra esencia podemos conocer todas las esencias, pero al venir a este mundo, olvidamos nuestro origen, y conforme crecemos vamos perdiendo nuestro recuerdo de las cosas *reales*. Conocer no era, entonces, aprender, sino recordar. De ahí el valor intrínseco de la memoria como héroe al rescate del alma perdida. Recordar es esencial para volver a ser.

Ya hemos mencionado con anterioridad los *Vedas*, los textos sagrados de la India por excelencia, con más de 4 000 años de antigüedad, que fueron transmitidos durante milenios única y exclusivamente de forma oral. Por supuesto, la gran mayoría del texto emplea el lenguaje simbólico, pero en toda maraña simbólica siempre hay un hilo que asoma y del que podemos empezar a tirar para desenredar la madeja. Que el lenguaje sea simbólico no quiere decir que esté expresando algo totalmente diferente de lo que se está diciendo, sino que hay velos más o menos sutiles que cubren las palabras, como metáforas sobre metáforas que indican un sentido relativamente evidente, pero que conforme se desvelan denotan una profundidad que no era tan fácil de ver a simple vista.

Así, aparecen fragmentos como éstos:

37. «Yo no entiendo a qué es comparable lo que yo soy. Camino en secreto, equipado con el pensamiento. En cuanto llega a mí el primer nacido del orden cósmico, obtengo una parte de la palabra».

45. «En cuatro partes está dividida la palabra. Los sabios Brahmanes que meditan las conocen. Tres cuartas partes, que permanecen ocultas, no las ponen en movimiento. Lo que los hombres hablan es la cuarta parte restante».

(…)

1. «¡Oh, Brhaspati, Señor de las Fórmulas Sagradas! El origen primero de las palabras surgió cuando los sabios videntes divinos se pusieron en movimiento dando nombres a las cosas. Lo mejor y lo más puro que estaba latente en ellos lo hicieron manifiesto con su amor».

2. «Cuando los dioses crearon la palabra con la mente, purificándola y escogiéndola como se escoge el trigo para cernirlo con la criba, entonces conocieron los amigos lo que es la amistad. Su belleza espléndidamente auspiciosa quedó impresa en la palabra».[4]

De nuevo pensamiento y palabra, juntos y en el origen del conocimiento. Aunque la forma de expresarlo es diferente, el fondo no varía mucho de lo ya visto en la primera parte de este trabajo. Poner nombres a las cosas es denominarlas, definirlas, ubicarlas, conceptualizarlas, conocerlas. *Vedas* proviene de una raíz indoeuropea que ya conocemos: **weid-**, que significa *ver*, pero también *hallar, saber, forma, idea, conocimiento...* Esa relación establecida desde antiguo entre el conocimiento y la acción de ver nos lleva de nuevo a la necesidad de ver las cosas para conocerlas. Podemos ver una mesa, y eso nos permite pensar sobre ella para conocerla y definirla, pero el amor, la muerte, la justicia, la generosidad, son cosas que no se ven directamente, aunque está claro que existen, y para poder verlas es imperativo representarlas. Nos estamos repitiendo, pero es necesario entender que no podemos pensar sobre cosas que no vemos a menos que le demos algún tipo de forma concreta, ya sea mediante una representación pictórico-simbólica y mediante unas palabras con las que podamos nombrarla.

La cuestión aquí es que cuando se trata de representar algo, no se usa cualquier símbolo al azar. Un pez puede ser un evocador del medio acuático y viceversa, porque existe una relación evidente. Pero también puede serlo la Luna por una razón no tan evidente, aunque igualmente válida, como su relación con las mareas y los flujos del agua. También la psique se vincula a la Luna y al agua, aunque en este caso es debido

---

4. *Lengua y tradición en la India*, de José León Herrera.

a la observación del propio funcionamiento de nuestras emociones, y de nuestros pensamientos cuando están influidos por la emotividad, como una marea que sube y baja, que nos da la vida y al mismo tiempo nos ahoga, que nos permite vislumbrar todo un mundo submarino (subconsciente) maravilloso del que podemos extraer experiencias y recuerdos, pero en el que no podemos habitar permanentemente. Simbólicamente el agua, la vida, la Luna, la psique, el mar, el subconsciente…. pueden relacionarse. De la misma manera que no podemos usar cualquier figura como símbolo, tampoco es posible usar cualquier palabra para nombrar algo. Máxime cuando entendemos que ese «algo» es importante que pueda transmitirse adecuadamente. Los nombres deben ser los correctos o, al menos, ser lo más correctos posible.

Al inicio del *Génesis*, en el relato de la creación, vemos que ésta se produce por medio de la palabra:

> «En el principio creó Dios el cielo y la tierra. La tierra era una soledad caótica y las tinieblas cubrían el abismo, mientras el espíritu de Dios aleteaba por encima de las aguas. Y dijo Dios: "Haya luz", y hubo luz».

Palabra y poder son relaciones que aparecen con frecuencia en los mitos de medio mundo, al igual que palabra y creación. Pero crear es un proceso, como hemos dicho, que requiere poder tanto para crear como para nombrar. Cuando el Dios del *Génesis* dice «Haya luz», ya la está nombrando y definiendo, con lo cual establece qué es la luz, y por eso puede diferenciarla de las tinieblas. El germen del pensamiento y la palabra se muestra en estos relatos casi como una misma cosa, como la rueda y el movimiento. Las palabras que usa la divinidad para crear y los nombres de las cosas no son, claro está, los mismos nombres que usamos el común de los mortales para referirnos a ellas, porque si verdaderamente palabra y creación están relacionadas, andaríamos creando a tontas y a locas cada vez que abriésemos la boca. Existen, según estas tradiciones, los nombres secretos[5] y verdaderos de las cosas;

---

5. El nombre en este caso no es sólo la sucesión de sílabas, es su intención, el sonido que se produce al vibrar en la boca y a través del aire, es la conciencia que se pone en él y todo lo que éste puede contener.

esos nombres verdaderos son los que tienen la potencia para crear, y por eso mismo están ocultos, protegidos de las miradas a través de los símbolos y la técnica; a simple vista, pero cubiertos de capas y capas de significado.

¿Podría alguien lo suficientemente paciente y estudioso desvelar todas esas capas y llegar a conocer el nombre, como el Judá León que dibujó Borges en *El golem*? Curiosamente, tanto en sánscrito antiguo como en hebreo, los textos antiguos no incluyen separación entre las palabras, por lo que según se establezcan esas separaciones, el sentido de interpretación puede variar;[6] por eso no bastaba con disponer del texto, había que saber cómo leerlo. Dado lo peligroso que puede llegar a ser un conocimiento tan poderoso en malas manos, las codificaciones simbólicas más profundas exigen que la persona que desee alcanzarlas sufra una igualmente profunda transformación interior. En eso consistían los procesos de iniciación en los misterios antiguos, en generar una suerte de reacción alquímica humana capaz de transmutar a la persona, que dejara de ser lo que era con sus miedos, vicios, ansias, defectos y deseos personales, para convertirse en un *renacido*, un nuevo ser puro, libre de egoísmos, fuerte, valeroso, prudente y sabio. Sólo así podía caer el último velo y mantener a salvo el conocimiento, pues estaba en manos de alguien totalmente incorruptible.

Los nombres correctos

Existen algunos textos donde se da cierta «orientación» simbólica sobre el origen de los nombres, compuestos según el valor que se le otorgaba al sonido y, posteriormente, reflejado en la grafía. Según explica Blavatsky, la lengua del misterio que usaba la humanidad prehistórica «no era una lengua fonética, sino puramente pictórica y simbólica». Eso no quiere decir que no tuvieran una lengua fonética, sino que el sistema que usaban para transmitir o expresar lo sagrado o lo vinculado al misterio no era todavía oral. Así, Blavatsky expone algunos ejemplos de esto:

---

6. *Doctrina secreta*, de H.P. Blavatsky.

«En el plano superior, el número no es número alguno sino un *cero* (un círculo). En el plano de abajo, se convierte en *uno*, que es un número impar. Cada letra de los alfabetos antiguos tenía su significado filosófico y su razón de ser. El número *uno* (I) significaba para los iniciados de Alejandría un cuerpo erguido, un hombre vivo de pie, siendo el único animal que tiene tal privilegio. Y añadiendo al "I" una cabeza fue transformado en una "P", símbolo de *paternidad*, de potencia creadora; mientras que la "R" significa un hombre en movimiento, uno que camina. (...) Si consideramos ahora el alfabeto hebreo, veremos que al paso que el *uno* o Aleph tiene un toro o buey por símbolo, el *diez*, el número perfecto o *uno* de la *Kabalah*, es una Yod, y significa, como primera letra de Jehovah, el órgano procreador, y lo demás».[7]

Y sigue en otro fragmento:

«La traza de los caracteres se acomodó también al lenguaje hablado, pues cada letra es una figura a la vez fonética e ideográfica, como por ejemplo la «F», que es un sonido cortante, como el del aire precipitándose por el espacio: furia, fuga, fogonazo, son todas palabras que expresan y pintan lo que significan».

Según escribió el erudito masón francés Jean-Marie Ragon de Bettignies en relación a las letras y números que se usan en la transcripción del lenguaje, sus formas gráficas obedecían a algo más que el simple sonido:

«Su carácter era entonces más noble. La forma de cada signo tenía un sentido completo y una doble interpretación adecuada a una doctrina dual, además del significado de la palabra. Así, cuando los sabios querían escribir algo que sólo comprendieran los doctos, inventaban una novela, una fábula, una conseja o cualquier otra ficción con personajes humanos y lugares geográficos cuyos caracteres literales descubrían lo que el autor significaba en su narración. Tales fueron todas las invenciones religiosas».[8]

---

7. Ibíd.
8. Ibíd.

Uno de los sistemas usados para codificar el conocimiento era el *Senzar*,[9] un antiguo y secretísimo lenguaje usado por los iniciados en todo el mundo, como una especie de lengua del misterio común. Contaba con un alfabeto propio que podía expresarse por medio de diferentes sistemas de escritura cifrada, más parecidos a los ideogramas que a las sílabas.

Existían otros métodos en los que se incluían colores (con diferentes matices) y números, asociados con letras del alfabeto tibetano y con signos astrológicos. En estos casos, siempre hay que indicar cuál es la forma de leer el texto, así que según el signo colocado al inicio el lector podía saber si tenía que usar el sistema indo (cada palabra es una adaptación sánscrita) o si lo debía hacer según el sistema chino de lectura ideográfica de los signos.

Tampoco es intención de este trabajo adentrarse en la tela de araña de la criptografía mistérica. Blavatsky, en la introducción a *La voz del silencio*, relata en primera persona cómo era el funcionamiento de estos sistemas de codificación, dado que para que ahora el mundo tenga acceso a la profundidad de dichos textos, extraídos del *Libro de los preceptos de Oro*, ella tuvo que traducir una a una las palabras contenidas en dichos libros y luego memorizarlas.

Claro que cuando se menciona la palabra «libro», imaginamos un único y homogéneo volumen; sin embargo, como ella misma explica:

«Los *Preceptos* originales están grabados en delgadas placas cuadrangulares, muchas de las copias lo están en discos. Tales discos o placas se guardan generalmente en los altares de los templos anexos a los centros en que se hallan establecidas las escuelas contemplativas o Mahâyânas. Están escritos de distintas maneras, algunas veces en tibetano, pero principalmente en caracteres ideográficos. (…) El *Libro de los Preceptos de Oro*, algunos de los cuales son prebúdicos, mientras que otros pertenecen a una época posterior, contienen unos noventa pequeños tratados distintos. De estos aprendí, hace años, treinta y nueve de memoria. (…) En esta traducción me he esmerado todo lo posible por conservar la poética belleza del lenguaje y las imágenes que caracterizan el original.

---

9. *Glosario teosófico,* de H.P. Blavatsky.

Hasta qué punto ha coronado el éxito mis esfuerzos, el lector es quien debe juzgarlo».[10]

Salimos parcialmente de la lengua de los misterios y volvemos la mirada a la creación de nombres y palabras más cercanas a nuestro entendimiento. Cuando Sócrates analiza en el *Crátilo* el origen de los nombres, incide en que la «verdad» de los nombres no está en la forma (letras y sílabas), sino en el significado. De otra manera, la esencia de los nombres se perdería al cambiar de idioma, o tal vez sólo habría un idioma en el que los nombres correspondiesen ciertamente con la esencia de los mismos.

> «Pero como es posible variar las sílabas, puede suceder que el ignorante tome, como diferentes, nombres semejantes. Así como medicamentos distintos por el color o por el olor nos parecen diferentes, aunque sean semejantes; mientras que el médico, que sólo considera la virtud de estos medicamentos, los juzga semejantes, sin dejarse engañar por las circunstancias accesorias. Lo mismo sucede al que posee la ciencia de los nombres, considera su virtud y no se turba porque se añada o se quite o se trasponga alguna letra, y aunque se exprese la virtud del nombre por letras completamente diferentes».[11]

A lo largo del *Crátilo*, Platón va desgranando, como en un juego de malabares, la esencia de los nombres de los héroes, los hombres, las cosas, los dioses, las virtudes y las ideas. Cuando le toca abordar los nombres relativos a virtudes como la sabiduría, la ciencia, la comprensión o la justicia, señala algo muy sugerente, y es que en todos los casos se trata de palabras que indican «que todos los seres se mueven, pasan y mudan o cambian incesantemente». Así, lista una serie de palabras en las que aparece esa idea del cambio y el movimiento.

Froonesis es la inteligencia de aquello que se mueve y corre, pero también la ventaja que se saca del movimiento. *Gnoomee* es el examen o análisis de la generación o de las cosas que se generan. Por su parte,

---

10. *La voz del silencio,* de H.P. Blavatsky.
11. *Crátilo,* de Platón.

Noeesis sería la inteligencia como deseo de lo nuevo, porque por novedad de las cosas es preciso entender los cambios que se producen en ellas sin cesar. De ahí vendría *neoesis*, significando que el alma desea ese perpetuo cambio. En cuanto a *episteme*, se trataría de la ciencia, y representa un alma que, de acuerdo con la razón, sigue las cosas en su movimiento, sin perderlas jamás de vista, porque ni se adelanta ni se atrasa. *Sofía*, como la sabiduría, revela que su sentido es la acción de alcanzar el movimiento en el flujo general de los seres.

Pero también *anreia*, contracorriente, refleja sólo con una letra menos la esencia de *andreia*, el valor que toma su nombre del combate, el entorno donde las cosas pasan y circulan como una corriente que necesariamente debe circular en oposición a otra corriente, la que se enfrenta a la Justicia. Así, la justicia es un esfuerzo, una acción laboriosa de oposición a la corriente de inercia que conduce a la injusticia si no se hace nada para detenerla. Una forma curiosa de traernos a la mente de nuevo la ley de la entropía, así como el Segundo Principio de Newton.

Y así con numerosos nombres. Pero esa relación con lo que se mueve requiere una explicación por parte de Platón:

«Los que creen que todo está en movimiento suponen que la mayor parte del universo no hace más que pasar, pero que hay un principio que va de una parte a otra del mismo, produciendo todo lo que pasa, y en virtud del cual las cosas mudan como mudan, y que este principio es de una velocidad y sutileza extremas. ¿Cómo, en efecto, podría atravesar en su movimiento este universo móvil si no fuese bastante sutil para no verse detenido por nada, y bastante rápido para que todo estuviese en relación a él como en reposo?».[12]

Para Platón éste es el principio que gobierna y penetra todas las cosas, y sobre esas ideas se ha elaborado la naturaleza de lo justo. Aunque aquí Platón, por boca de Sócrates, apunta hacia otra propiedad de *lo justo* de la que se ha «informado en secreto» para conocerla mejor, y que no es otra que la de ser *la causa* (lo que da el «ser» a una cosa),

---

12. Ibíd.

lo que «en su soberanía ordena todas las cosas y, sin mezclarse con ninguna, las penetra en todos los sentidos», como el Sol y, de la misma manera, el fuego y el calor que emanan de él.

Si para las virtudes Platón establecía un vínculo con el movimiento, para sus opuestos refería que son palabras que no necesariamente tienen que tener un origen diferente a la virtud a la que se oponen, sino que podrán ser la misma palabra con leves variaciones para indicar detención u oposición al movimiento como *adikia*, injusticia, que es el obstáculo a aquello que penetra. No difiere lo dicho por Platón de lo que el mismo dios Khrishna le dice a Arjuna en el *Bhagavad Gita*:

> «Se engaña quien cree que por abstenerse de la acción evita sus resultados. De esta suerte no puede alcanzar la felicidad, pues la inacción no existe. El universo está en constante actividad y nada en él puede sustraerse a la ley general. No es posible permanecer inactivo, pues las leyes naturales nos obligan constantemente a la actividad mental u orgánica o de ambas. No hay manera de sustraerse a la ley universal. (…) Considérame a Mí, ¡oh, príncipe! Nada existe en el Cosmos que yo desee o que me sea necesario hacer. Todo cuanto me es asequible ha sido obtenido por Mí. Sin embargo, ¡oh, príncipe pandava!, permanezco en constante acción. Porque si yo no estuviese en incesante acción, ¡oh, Arjuna!, ¿no seguirían los hombres mi ejemplo? Si yo dejara de actuar, ¿no se desintegrarían los mundos?».

Así es como Platón expresa que la naturaleza de las virtudes son un movimiento a favor de la ley universal, pero en oposición a la natural tendencia de las cosas a desintegrarse, degradarse, descomponerse y desordenarse. La virtud no sólo es fruto de una conquista esforzada, debe mantenerse en el tiempo, y por eso mismo la fortaleza, el orden, la constancia, la disciplina y el ritmo (por mencionar algunas) son virtudes básicas y esenciales para conquistar el resto de virtudes, aquellas que culminarían el proceso de transmutación de los seres humanos de plomo en oro (en el decir alquímico). Ayuda entender que *disciplina* proviene etimológicamente de *discípulo*, y a su vez de raíces que se traducen por *aprender* y *aceptar*. ¿Podría una bailarina dominar su arte sin disciplina, esto es, sin aceptar lo que implica aprender semejante arte en profundidad? En la constancia que ha tenido que aplicar en su vida radica la fortaleza con la que su carácter ha podido modelar y ordenar las capacidades de su cuerpo. Por eso mismo, el sacrificio, entendido como sacro-oficio, forma parte de cualquier disciplina a la que pretendamos someternos; sacrificio de tiempo, de estudio, de práctica, de repetición, de esfuerzo e, incluso, de dolor; y ninguna bailarina que ame y domine realmente su arte considerará en vano el sacrificio que hace de la belleza de sus pies a cambio de la belleza de todo su cuerpo en movimiento.

Conforme los hombres han buscado diferenciarse de los otros, ser distintos, dominar a los demás e imponer unas culturas sobre otras y unas formas de pensar sobre otras, hemos dejado de entendernos, y los distintos idiomas se han convertido en fronteras ideológicas, en armas y en formas de represión. Ésa es también la maldición de la torre de Babel. Sin embargo, el lenguaje del misterio, el lenguaje simbólico, apela a nuestra humanidad común, por encima de colores, sexo o fronteras actuales y futuras. El lenguaje simbólico prescinde naturalmente de la separatividad y disección que caracterizan a la mente racional, e introduce a través del pensamiento un cabo por el que escalar hacia esa otra región de la mente en la que todos podemos entendernos, en la que sin profesar la misma religión, sin convencernos unos a otros de la idoneidad de una política sobre otra o de la superioridad de un pueblo sobre otro…, todos compartimos la experiencia humana, la preocupación por las personas que amamos, el dolor, el temor ante el misterio de la muerte y la vida, la inquietud por el destino, la enfermedad, la vejez y la pregunta eterna y necesaria de si hay una razón para todo esto. Quizá en esto tan esencial que representan los símbolos, esté la clave para rectificar los nombres, lograr que los asuntos humanos se reintegren y que el gobierno sea posible.

Una lengua para hablar con los dioses

Más allá de los escritos bíblicos, la tradición ha convertido al rey Salomón en el señor de la sabiduría, conocedor de la magia, invocador de demonios y capaz de hablar la lengua de los pájaros; un lenguaje místico, mágico y misterioso a través del que, se decía, los iniciados y las aves podían comunicarse.

Las alas son un símbolo de aquel que es capaz de elevarse hacia el cielo y bajar a la tierra. Juegan el papel de mensajeras, proveedoras, creadoras, patronas o intermediarias del conocimiento, por eso figuras míticas como los ángeles aparecen provistas de alas o relacionadas con aves. También Hermes-Mercurio lleva alas en sus sandalias y su pétaso, Thot se asocia al ibis, Eros, Niké, Isis, Maat, Inanna, Quetzalcoatl, los Dióscuros, los Annunakis, Ahura Mazda, Iris…, todos ellos están provistos de alas o están asociados a un ave. Entre los Anasazi, tanto los pájaros como las plumas son los mensajeros que llevan a los dioses kachinas las súplicas de los hombres. Así que hablar la lengua de los pájaros es hablar el lenguaje del misterio, comprender los signos y símbolos de la naturaleza, y tener el poder para comunicarse con lo divino.

Como lengua, o sistema de comunicación codificado, reservado para un determinado y reducido grupo de personas, no accesible para los profanos, la lengua de los pájaros, al igual que la cábala o la alquimia, funcionan como *argots*, en el sentido hermético de la palabra. Según explica Fulcanelli,[13] en contra de lo que se cree habitualmente, el llamado «arte gótico» (*art goth* en francés) no provendría del arte godo, sino que tendría que buscarse su significado en lo cabalístico más que en lo literal.

> «Para nosotros, *arte gótico* no es más que una deformación ortográfica de la palabra *argótico*, cuya homofonía es perfecta de acuerdo con la *ley fonética* que rige, en todas las lenguas y sin tener en cuenta la ortografía, la cábala tradicional. La catedral es una obra de *art goth* o de *argot*. (…) Es, pues, una *cábala hablada*. Los *argotiers*, o sea los que utilizan este lenguaje, son descendientes herméticos de los *argo-nautas*, los cuales mandaban la nave *Argos* y hablaban la lengua *argótica* mientras bogaban hacia las riberas afortunadas del Cólquida en busca del famoso *Vellocino de Oro*».[14]

---

13. Del libro de Fulcanelli *El misterio de las catedrales*.
14. Ibíd.

Evidentemente, el viaje de los argonautas es, también, un mito. Una alegoría muy antigua, proveniente de una lejana tradición oral mucho antes de ponerse por escrito, que reúne a los grandes héroes de la mitología griega (en una lista más o menos larga según las versiones) como Jasón (educado por el centauro Quirón y emparentado según algunas versiones con Ulises), Castor (hermano de Pólux, hijos de Zeus), Asclepio (hijo de Apolo), Heracles (hijo de Zeus), Orfeo (hijo de Apolo), Atalanta (heroína virgen consagrada a Artemisa), Teseo (hijo de Poseidón) y otros muchos.

La historia del viaje de estos héroes en la nave Argos, cuya proa tenía el don de la profecía otorgado por la diosa Atenea, es un «mito colectivo en el que la aventura individual tiene menos importancia que la empresa común».[15] El Vellocino de Oro era el vellón o piel del carnero Crisómalo (*Krysomallos*). La historia de Crisómalo no puede ser más evocadora ya que, además de ser un carnero alado con su lana de oro, tenía la capacidad de hablar. Por mediación de Hermes (Dioniso en otras versiones) salva de morir a manos de su madrastra a los hijos del rey de Coronea y Néfele (la nube). Cuando es sacrificado, su vellón se coloca en un bosque consagrado a Ares, donde está protegido por un temible dragón y enormes toros salvajes con pezuñas de bronce y aliento de fuego. En el cielo sería luego asociado a la constelación de Aries, la que abría el año con el comienzo de la primavera. Jasón debía conseguir el vellocino para reclamar su derecho al trono de Yolcos, lo que acabó convirtiéndose con el tiempo en un emblema del origen divino de la autoridad real, y en el principal elemento simbólico de la orden de caballería del Toisón de Oro, cuyos grandes maestres desde su fundación en 1429 han sido los reyes de la Casa de Habsburgo.

Pero volviendo a Fulcanelli y al *argot*, el autor explica:

«(…) el *argot* es una de las formas derivadas de la *Lengua de los pájaros*, madre y decana de todas las demás, la lengua de los filósofos y de los *diplomáticos*. Es aquella cuyo conocimiento revela Jesús a sus apósto-

15. *Diccionario de mitología clásica*, de Falcón Martínez, C., Fernández Galiano, E. y López Melero, R.

les, al enviarles su espíritu, el *Espíritu Santo*. Es ella la que enseña el misterio de las cosas y descorre el velo de las verdades más ocultas».[16]

Así es cómo el *argot* mistérico hace uso de la carga simbólica de palabras e imágenes para revelar *verdades* humanas a los que son capaces de descifrar su significado. La misteriosa lengua de los pájaros no sería, ni más ni menos, que esa codificación simbólica, en la que participan, se conjugan y mezclan palabras, colores, sonidos, entonaciones, minerales, geografías, momentos astronómicos, figuras, imágenes, dibujos, edificaciones, paisajes, hadas, direcciones del espacio, historias, mapas, animales, héroes, periplos, demonios, números y dioses, en sentido real, figurado o en ambos.

A modo de ejemplo, intentaremos ahora hacer un muy humilde acercamiento a tres de los exponentes más conocidos (y desconocidos) de los lenguajes o *argots* mistéricos: la cábala, el *I Ching* y la alquimia.

Las cábalas de los cabalistas

El golem es uno de los poemas más curiosos de Jorge Luis Borges, y no porque los demás carezcan de interés, ni mucho menos, sino por la magnífica habilidad con la que aborda la más que conocida historia mítica hebrea del *golem*: ese ser gigantesco y tosco moldeado en barro, y dotado de vida (que no de inteligencia) por un rabino cabalista de Praga. Los tres primeros versos del poema son una descripción magistral del sentido místico de la cábala y de por qué muchos, a lo largo y ancho de la historia, se afanaron inútilmente en descifrar sus misterios para desvelar los secretos de la creación y ser capaces, a su vez, de crear de la misma manera que crea la divinidad.

> «Si (como afirma el griego en el *Crátilo*)
> el nombre es arquetipo de la cosa,
> en las letras de "rosa" está la rosa
> y todo el Nilo en la palabra "Nilo".

---

16. *El misterio de las* catedrales, de Fulcanelli.

Y, hecho de consonantes y vocales,
habrá un terrible Nombre, que la esencia
cifre de Dios y que la Omnipotencia
guarde en letras y sílabas cabales.

Adán y las estrellas lo supieron
en el Jardín. La herrumbre del pecado
(dicen los cabalistas) lo ha borrado
y las generaciones lo perdieron».

Un afán inútil, como inútil fue (lo veremos más adelante) el de los desdichados sedientos de riquezas que se aventuraban en la consecución de la piedra filosofal. No es ésta, la del rabino de Praga, una historia antigua, sino eterna.

El ser humano siempre ha anhelado emular a la naturaleza (o la divinidad) e, insensatamente, superarla. Los mitos siempre han advertido del peligro que encierra tal aspiración, no porque sea un desafío a los dioses, sino porque es una señal de inconsciente ignorancia, tal como un niño que juega con fuego en su deseo de ser como sus mayores, pero sin el conocimiento para dominarlo sin dañarse o dañar a otros. Si Borges aún viviera, probablemente habría escrito un poema en el que el rabino y los desarrolladores de IA conversarían sobre sus obras.

Descubrir los nombres secretos y verdaderos de las cosas para poder evocarlas. Si en las verdaderas letras de «rosa» está la rosa, quien lograra conocer el auténtico nombre de la flor y pronunciarlo de la manera adecuada tendría el poder de convocarla, de llamarla a la vida desde su esfera arquetípica y hacer aparecer, no por trucos de mago, sino por el poder mágico de la creación, una rosa… o un pájaro, o un árbol, o una persona, o todo un mundo. ¿Dónde estaría el límite si se tiene el poder para hacerlo? Cuando se toman tan fuertes medidas de seguridad mistéricas para que algo permanezca oculto, conviene preguntarse por qué y si es conveniente vencer dichas medidas.

Sin embargo, para el ser humano una puerta cerrada no supone una invitación a reflexionar, sino una incitación a derribarla a toda costa.

Sobre la cábala, *kábala, qabbalah* o *kabalah*,[17] explica Blavatsky que se trata de la «sabiduría oculta de los rabinos judíos en la Edad Media», de tradición fundamentalmente oral y no escrita. Dicha sabiduría provendría de épocas mucho más antiguas, quizá prebabilónicas, y estaría relacionada con el origen del universo y el conocimiento de Dios y lo divino, de manera que se llamarían «cabalísticas» todas las obras hebreas de carácter esotérico. Blavatsky vincula este conocimiento con el de los caldeos, por lo que estaríamos, como comentamos al hablar de los «reyes magos» y de la «magia» de los antiguos sacerdotes persas zoroastrianos, ante una tradición relacionada con los *Vedas*, el orfismo, los pitagóricos, Thot, los *Upanishads* y el antiguo Egipto.

El hecho de que los relatos míticos nunca tengan una ubicación física y temporal concreta («Érase una vez, en un lugar muy lejano...» o, incluso, «En un lugar de La Mancha, de cuyo nombre no quiero acordarme, no ha mucho tiempo que vivía un hidalgo...») y que los orígenes de la sabiduría antigua se establezcan simbólicamente en un dios transmisor marca un patrón común y muy significativo entre ellos, un patrón en el que tiempo y espacio no son elementos relevantes, porque lo que transmiten está por encima y más allá del tiempo y el espacio.

Ese rasgo no sólo es común y universal, ejerce como agente unificador, así se llame cábala, alquimia, orfismo, quiche o druidismo. Provenga de Egipto, Sumeria, India, China, Perú o México, siempre es, y será, el mismo conocimiento vestido con diversos y confusos ropajes. Una hábil maniobra de distracción para los que se dejan llevar por las apariencias y no indagan en la profundidad. Quizá por todo esto nos puede resultar chocante encontrar nombres como los de Paracelso, Nicolás de Cusa, Raimundo Lulio (o Ramón Llull), Pico de la Mirándola, Atanasio Kircher, Isaac Newton, Leibnitz, Spinoza y muchos otros entre los famosos instruidos en la cábala que, por simple *casualidad*, se repetirán en su mayoría al listar a los famosos instruidos en la alquimia, la magia o cualquier otro «arte» esotérico.

---

17. La traducción de la palabra cábala es «recibir», dado que su aprendizaje estaba reservado a la transmisión oral de labios de un maestro. Su significado, sin embargo, es mucho más profundo.

Gershom Scholem, el mismo Scholem que Borges menciona en su poema *El golem*, es posiblemente el estudioso contemporáneo más minucioso de la mística judía. Su obra y su nombre son referentes para los que quieren aproximarse con espíritu investigador a la cábala. Él mismo ya menciona en el primer capítulo de *Los orígenes de la cábala*[18] el problema de rastrear dichos orígenes, ya que parece haber surgido «de improviso» en el siglo XIII. Lo que sí parece probable, dada la coincidencia temporal y espacial en la aparición de la cábala en la región de la Provenza, es que existiera cierta relación o influencia con el movimiento cátaro del Languedoc en el siglo XII, pasando luego a difundirse por los reinos de Aragón y Castilla en España. De hecho, la autoría de *El Zohar* se atribuye tradicionalmente a Rabbí Mošé Šem Tov de León en el siglo XIII, pero eso no hace más que contribuir al misterio de su origen. El propio Rabbí Mošé Šem Tov de León afirma en su obra que ha copiado las palabras de un manuscrito mucho más antiguo, escrito por un tal Rabbí Simón ben Yohay. La posible influencia del catarismo y otras corrientes de mística cristiana de la época sobre la cábala es discutida, y podría limitarse únicamente, al menos en lo que se refiere a las referencias claras del texto, a la idea de la transmigración de las almas, mencionada en *El Zohar*. Scholem refiere que:

«Podemos afirmar, en consecuencia, que la cábala no surgió en un medio estancado, sino en uno lleno de conflictos y tensiones. Éste tampoco era un medio atrasado respecto al desarrollo general del judaísmo. Abiertamente o de forma invisible, había asimilado un rico bagaje de tradiciones».[19]

La cábala que conocemos hoy, muy simplistamente resumida en las permutaciones de letras y números, no sería más que una rama de un tronco madre hoy desconocido, y *El Zohar* (una de las obras cabalísticas más conocidas) que podemos comprar en las librerías tampoco sería la obra original, sino una derivación, y ni siquiera (se-

---

18. Del texto de Gershom Scholem *Los orígenes de la cábala*.
19. Ibíd.

gún Scholem) contendría textos o referencias a textos escritos antes del siglo XIII, pero no por ello carecería de valor simbólico y místico, ni mucho menos.

Aunque ahora cábala y judaísmo estén relacionadas en nuestra mente, lo cierto es que ya en el siglo XIII las corrientes hebreas más tradicionalistas rechazaron de plano a los cabalistas como heréticos.[20] El desarrollo de la Cábala Práctica o Mágica tiene lugar a finales del siglo XIV, con el objetivo de dominar «las fuerzas de la naturaleza a través de los misterios ocultos en los nombres de Dios, que no sólo revelan parte de su esencia, sino que además pueden usarse a modo de arcanos».[21]

En el conocimiento místico, entendido como «voluntad de acercarse a la divinidad», hay un elemento esencial conocido como la *kawwanah* o intención. Esto quiere decir que en la práctica, ya sea mística o religiosa, el acto o la palabra en sí no tiene tanto poder como la carga de intención que la acompañe. Básicamente, no sería posible despertar potencia alguna ni convocar ninguna acción mágica por la pronunciación accidental del *Abracadabra* o la mezcla de las sustancias, las palabras o las piedras preciosas. Sin la intención adecuada, sin poner la conciencia plena de lo que queremos (así como en sus posibles consecuencias), en la combinatoria o en la oración, no se lograría subir ningún peldaño en la escala de ascenso a lo divino. Para el mismo Maimónides (aunque de visión racionalista no muy próxima a la de la cábala) la plegaria no es válida sin *kawwanah*, ya que dicha intención es lo que libera de los pensamientos ajenos lo que se está haciendo (orar), para lograr la conciencia de estar en comunicación con la divinidad. En ese mismo sentido es en el que el *Bhagavad Gita* decía:

«Por importante que la recta acción pueda ser, ha de precederla el recto pensamiento, porque sin el pensamiento la acción no es consciente».

---

20. De la introducción de Carles Giol a *El Zohar*.
21. Secreto, oculto, misterioso, de difícil conocimiento o, lo que es lo mismo, esotérico. La cita también corresponde a la introducción de Carles Giol a *El Zohar*.

La cábala busca la máxima aproximación al conocimiento de Dios, pero reconociendo previamente que es absolutamente imposible tener un conocimiento perfecto de la divinidad (o de la Verdad), algo que muchos y de muchas maneras ya han señalado, incluido el matemático Kurt Gödel con su teorema de incompletitud, que dice:

1. Cualquier teoría aritmética recursiva que sea consistente es incompleta.
2. En toda teoría aritmética recursiva consistente *T*, la fórmula *Consistente T* no es un teorema.

Lo que quiere decir que demostró que toda teoría aritmética coherente llega siempre a una fórmula última indemostrable. Las fórmulas se remiten unas a otras en cascada pero, al final, siempre se llega a una última que es imposible demostrar. Esto sólo pasa cuando las teorías son coherentes, por lo que llegar a un punto indemostrable es prácticamente la prueba de la coherencia de una teoría aritmética.

La historia del descubrimiento de Gödel es realmente interesante, y merece la pena aproximarse a ella aunque uno no tenga suficientes conocimientos matemáticos para llegar a comprender todas las implicaciones de su obra. Existe un libro titulado *Gödel, Escher, Bach*. Su autor, Douglas R. Hofstadter, tardó cerca de 20 años en elaborar la obra, de aproximadamente 900 páginas, donde establece una increíble y hermosa relación entre el matemático Gödel, el pintor y dibujante Escher y el músico Bach, y todo ello alrededor de la idea del E*terno y* G*rácil* B*ucle* que siempre, como un patrón identificativo, puede encontrarse en la obra de estos tres autores. Sobre Gödel, Hofstadter escribió lo siguiente:

«Y, así como los bucles de Bach y de Escher corresponden a intuiciones muy simples y antiguas –una escala musical, una escalera–, así también el descubrimiento, por K. Gödel, de un Bucle Extraño en los sistemas matemáticos tiene su origen en intuiciones simples y antiguas. En su forma más desnuda y descarnada, el descubrimiento de Gödel supone la traducción de una vieja paradoja filosófica a términos matemáticos. Me refiero a la llamada *paradoja de Epiménides*, o *paradoja del mentiroso.*[22] (…) La paradoja de Epiménides es un Bucle Extraño de un solo paso, como la *Galería de grabados* de Escher. ¿Y qué tiene que ver con la matemática? Aquí es donde entra el razonamiento de Gödel. A Gödel se le ocurrió la idea de utilizar el razonamiento matemático para explorar el razonamiento matemático. Esa idea de hacer de la matemática una disciplina «introspectiva» resultó ser enormemente dinámica, y la más fecunda de sus implicaciones en una que él mismo encontró: el Teorema de Incompletitud. (…) En suma, lo que demostró Gödel fue que la demostrabilidad es un concepto más endeble que la verdad, independientemente del sistema axiomático de que se trate».[23]

Básicamente, hay cosas que, aunque sean verdad, no podremos demostrar nunca que lo sean, por lo que es inevitable asumir que por mucho que lleguemos a conocer, siempre quedará algo sumido en el misterio, lo que hace necesario que el hombre aprenda a convivir con ese misterio.

La imagen más emblemática de los cabalistas es, sin duda, la del árbol sephirótico, donde se revelan en su correcta jerarquía las *Diez Sephiroth* o emanaciones de Dios, hacia donde es necesario encaminarse a través de los veintidós senderos que representan las veintidós letras del alfabeto hebreo. En el sentido tradicional y monoteísta del judaísmo, sólo hay un Dios, que es el Dios revelado y creador de todas las cosas, el que hizo en seis días el cielo, la tierra y todos los seres de la creación. Sin embargo, bajo la influencia gnóstica, según explica Scholem, se introduce en la cábala la idea del Dios Oculto, que estaría por encima del Dios creador. Los cabalistas, explica Carles Giol, «centraron sus esfuerzos en integrar el dualismo en el monoteísmo» y, curiosamente, la ortodoxia judía acogió bien la unión de esos dos conceptos. Así es como la cábala habría desarrollado los diagramas del árbol sephirótico, con la intención de explicar la forma en la que Dios se revela.

---

22. La paradoja del mentiroso tiene muchas versiones; la más antigua conocida es la de Eubulides de Mileto (s. IV a. C.), que dice: «Un hombre afirma que está mintiendo. ¿Lo que dice es verdadero o falso?».
23. Gödel, Escher, Bach, de Douglas R. Hofstadter.

Baruch Spinoza, judío holandés de orígenes sefardíes, publicó diversos textos en los que revelaba sin ambages su opinión acerca de las prácticas y dogmas religiosos de la biblia hebrea, opiniones que le valieron la expulsión definitiva (mediante lo que se conoce como *hérem,* una suerte de dura excomunión) de su comunidad a los veintitrés años. Spinoza criticaba duramente a aquellos que se preocupaban más de encontrar justificación de sus deseos y creencias en las Sagradas Escrituras que en seguirlas realmente, pero también dio una visión acerca de la divinidad mucho más alejada de las interpretaciones particulares de las religiones y más próxima a la observación de la propia naturaleza de las cosas. De hecho, para Spinoza, ni los milagros, ni las revelaciones, ni las historias bíblicas pueden acercarnos a conocer la verdad de Dios, puesto que todas esas cosas pueden ser alteradas por las interpretaciones humanas, y si algo es señal de cercanía a la divinidad, más que las elucubraciones sobre los textos, son las enseñanzas morales, aquellas que muestran verdaderamente cómo Dios está en el camino del bien y la justicia. Para Spinoza, Dios y la Naturaleza eran la misma cosa y, por tanto, sólo una vida consagrada a hacer el bien y a obrar con justicia podía estar actuando en consonancia con la Naturaleza-Dios. Los estudios que afirman que la bondad y el sentido de la justicia son innatos en el ser humano no le habrían causado la más mínima sorpresa:

«Pero tanto han podido la ambición y el crimen que se ha puesto la religión, no tanto en seguir las enseñanzas del Espíritu Santo, cuanto en defender las invenciones de los hombres; más aún, la religión no se reduce a la caridad, sino a difundir discordias entre los hombres y a propagar el odio más funesto, que disimulan con el falso nombre del celo divino y el fervor ardiente. A estos males se añade la superstición, que enseña a los hombres a despreciar la razón y la naturaleza y a admirar y venerar únicamente lo que contradice a ambas. (…) De ahí que sueñen que en las Sagradas Escrituras se ocultan profundísimos misterios y que se fatiguen en investigar semejantes absurdos, descuidando toda otra utilidad; y cuanto descubren en semejantes delirios, lo atribuyen al Espíritu Santo y se empeñan en defenderlo con todas sus fuerzas y con toda pasión. (…) Para desentendernos de esta turba, liberar nuestra mente de los prejuicios de los teólogos, y no abrazar temerariamente las invenciones de los hombres como si fueran doctrinas divinas, debemos abordar el verdadero método de interpretar la Escritura y discutirlo a fondo; puesto que, si lo desconocemos, no podremos saber con certeza qué quiere enseñar la Escritura ni el Espíritu Santo. Dicho en pocas palabras, el método de interpretar la Escritura no es diferente del método de interpretar la naturaleza, sino que concuerda plenamente con él. (…) Más aún, si queremos acreditar, sin perjuicio alguno, la divinidad de la Escritura, debe constarnos, por su testimonio exclusivo, que aquella contiene las verdaderas enseñanzas morales; puesto que sólo por ellas se puede demostrar su divinidad».[24]

Lo divino, la divinidad, Dios y los dioses. La eterna controversia no ha estado sólo en debatir sobre si existe o no existe lo divino, sino en ser capaces de definirlo. No es posible negar o afirmar que algo existe sin poder explicar primero qué es eso que decimos que existe o no. Difiere enormemente debatir acerca de Dios identificándolo con un ser de apariencia humana (parece más que los hombres han hecho a Dios a su imagen y semejanza que al revés), omnipotente y omnipresente, con capacidad para desatar venganzas colosales sobre la humanidad a la que ha creado y a la que exige ciega obediencia, como si de un caprichoso tirano se tratara. Y otra cosa muy distinta es definir la divinidad como el motor primero, el impulso primigenio que activó la potencia vital del *caldo primordial* (entendido como materia informe e indiferenciada), dando lugar a la creación y organización del universo, así como de toda la vida que hay en él. Es seguro que los más escépticos verán graves conflictos para creer en la primera visión de Dios, pero podrían estar más conformes con aceptar la segunda, a pesar de que se use el nombre «Dios», vinculado tradicionalmente a un concepto religioso más que a uno natural. Pero como ya vimos, originariamente la palabra Dios proviene de **deiw-**, que significa *brillante*, y de ahí el *cielo*, lo *diurno*, lo *diario,* lo *visible* o *patente* y, en definitiva, aquello que *ilumina* para que podamos ver cómo son las cosas. Quizá los antiguos entendieron más la divinidad, o el estudio de lo divino

---

24. Del *Tratado teológico-político* de Baruch Spinoza.

o celeste, como lo que nos permite conocer lo que existe, pero nunca directamente, sino a través de lo que podemos percibir. La alegoría del Sol se ha usado mucho para ilustrar esta idea, incluido Platón en el *Mito de la caverna*. No nos es posible mirar directamente al Sol sin quedar cegados por él, pero a través de las cosas de la creación sí podemos acercarnos a su conocimiento, que nunca podrá ser perfecto ni exacto, pero sí aproximado cuanta más luz caiga sobre él.

En eso es en lo que se basan las diez sephiroth. Son las emanaciones de Dios, los grados de la creación, los atributos visibles o perceptibles por los que Dios actúa en el mundo. Conociendo dichos atributos podríamos conocer mejor a Dios, entendido siempre como el *Origen*, lo *Uno*, el *Inicio de todo*. Dado que las sephiroth son aspectos de un único ser, concretamente el *Ser* por excelencia, es pueril tratar de entenderlos de forma separada o independiente, ya que todos en su conjunto revelan parte de la esencia de Dios. Es la misma idea que encontramos al hablar de los símbolos y los dioses. Nunca se los encuentra aislados ni con elementos exclusivos, sino que continuamente establecen relaciones con otros dioses o con los humanos, prestan sus atributos o toman prestados los de otros, porque forman parte de una unidad superior, y en realidad no tienen entidad absoluta por sí mismos, sino en relación a un aspecto arquetípico de la divinidad *Una*. Si tuviésemos la curiosidad suficiente para acercarnos en profundidad a los panteones de las culturas antiguas, nos sorprendería descubrir que, en el inicio, existió un dios único y misterioso, del que nunca más se vuelve a hablar y que permanece, en cuanto a culto, en la más profunda oscuridad. De él es de donde parte la creación del universo y de los demás dioses, siendo éstos últimos un reflejo manifestado, cercano y cognoscible del Dios incognoscible. Sobre esto, afirmaba Blavatsky:

> «La Teosofía no cree en el Dios bíblico ni en el Dios de los cristianos. Rechaza la idea de un Dios *personal*, extracósmico y antropomórfico, que no es más que una sombra gigantesca del *hombre* y no del mejor, por cierto… el Dios de la teología es un lío de contradicciones y una imposibilidad lógica… Creemos en un Principio divino universal, la raíz de TODO, del cual todo procede y en el cual se absorberá todo al fin del gran ciclo del Ser… Es absoluto, infinito; está en todas partes,

en cada átomo del cosmos, tanto visible como invisible; dentro, encima y alrededor de cada átomo indivisible y de cada molécula divisible, porque Ello es el omnipotente y aun omnisciente. Es Pensamiento absoluto y Existencia absoluta; es la Seidad, no un Ser… En su simbolismo, la Deidad es una esfera sin circunferencia, y su único atributo es ELLO MISMO».[25]

Antes de que se nos acuse de habernos desviado del tema, exponer la cábala como uno de los lenguajes del misterio, es necesario justificar esta aparente desviación. Los centros iniciáticos, la cábala, el hermetismo, el simbolismo, las casas de vida egipcias, la teosofía, la magia, la alquimia y tantos otros elementos asociados al esoterismo tienen un único y principal propósito: aproximar al ser humano a la divinidad, no como ente externo y ajeno a él al que hay que reverenciar, sino como un elemento propio del ser humano, su parte más elevada, fuerte, brillante y clara. Todos estos textos sagrados advierten profusamente contra los peligros del dogmatismo, la superstición, la literalidad y la ignorancia, y llaman continuamente a investigar, indagar y comprobar cómo, tras el lenguaje velado de los textos, no existe nada que no sea *natural*.

Un ejemplo de esto puede ser la idea del *tzimtzum*, proveniente de las enseñanzas del cabalista Isaac Luria en el siglo XVI, quien, tras estudiar El Zohar, concluyó que al principio todo estaba ocupado por Dios, pues nada puede haber fuera de él, pero para crear el universo, Dios retiró su luz del mundo y se contrajo para así dejar espacio a la creación. Según el desarrollo de esta idea, no hay un único *tzimtzum*, sino que habría periódicas contracciones de la luz divina y expansiones de la creación. Igualmente, este proceso puede darse a lo largo de la historia como períodos de luz en los que la humanidad prospera espiritualmente y períodos oscuros, al modo de los ciclos históricos que ya mencionamos; y también de forma individual, pues a lo largo de la vida de cada persona se experimentan esos mismos procesos de luz y oscuridad.

Dejando a un lado las interpretaciones particulares, para los actuales cabalistas ha sido sencillo asociar el *tzimtzum* con el Big Bang,

---

25. *Glosario teosófico*, de H.P. Blavatsky.

puesto que ambas ideas hablan de la expansión y contracción divinas (o de lo que fuese que hubiera en el principio de todo, llámeselo como se quiera) para dar origen a la creación. Sin embargo, no es la única tradición en la que se menciona algo similar. En los *Purânas*, una recopilación escrita de la sabiduría hindú atribuida a Viasa (el mismo autor mítico del *Mahabharata* y los *Upanishads*), se habla, de manera simbólica, de las inspiraciones y espiraciones del dios Brahmâ, llamadas *pralayas* (períodos de contracción e inactividad de la creación) y *manvántaras* (períodos de expansión y actividad de la creación). Como en el caso del *tzimtzum* cabalístico o la moderna teoría del Big Bang, *pralayas* y *manvántaras*, como períodos cíclicos, no sólo afectan al conjunto del universo, sino que también inciden de manera particular en los procesos históricos y humanos. Es evidente que la antigua humanidad no disponía de telescopios con los que orientar la mirada hacia los confines del universo, ni podían ver cómo éste se encuentra en pleno proceso de expansión pero, quizá, sólo quizá, fueron capaces de intuir que de la misma manera que las cosas que vemos nacen, se desarrollan y mueren, para luego volver a aparecer, expandirse y desaparecer, sin que nada nazca de la nada ni nada desaparezca totalmente nunca, el universo, como parte de todo esto (llámesele dios, naturaleza, creación, manifestación o explosión), también estaría sometido al mismo proceso natural y necesario. Las palabras, en estos tres casos, aunque aparentemente empleadas para referir cosas distintas, convergen en una única idea de similar significado. Por algo se lee en *El Zohar*:

> «Dijo Rabbí Abba: En este mundo todo está dividido en dos partes, una visible y otra invisible. La que es visible es el reflejo de la invisible. (…) Todas las obras del Santo, bendito sea, tiene su reflejo aquí abajo de la misma manera que el cielo está reflejado en la Tierra».

La cábala china de las mutaciones

Las relaciones entre números, imágenes y palabras no son, ya hemos visto, exclusivas de la cábala hebrea; existen otros sistemas, uno de ellos de mucha más antigüedad, y, según las tradiciones, escrito casi

3 000 años antes de nuestra era, como sistema no sólo de conocimiento del universo y su correspondencia en la Tierra, sino también como clave adivinatoria. Se trata del conocido *I Ching, Yih King, I King* o *Libro de las Mutaciones* de la antigua sabiduría china. Un texto que nos hace volver una vez más la mirada al inicio de este trabajo, ya que el mismo Confucio puso un gran empeño en rescatar y reinterpretar su sabiduría ancestral.

La historia de este libro es, en sí, mítica. El sinólogo alemán Richard Wilhelm, traductor y comentador de diversas obras chinas, entre ellas el *I Ching*, explica:

> «Sus comienzos se remontan a la antigüedad mítica. Hasta el día de hoy se ocupan de él los sabios más destacados de China. Casi todo lo que a lo largo de la historia china, que abarca más de 3 000 años, ha surgido en materia de grandes e importantes pensamientos aparece, en parte, suscitado por este libro, y en parte también ha ejercido retroactivamente influencia sobre la *exégesis* del libro; de modo que bien puede afirmarse con toda tranquilidad que en el *I Ching* se asienta, elaborada, la más madura sapiencia recogida durante milenios. De ahí que tampoco sea asombroso que ambas ramas de la filosofía china, el confucianismo y el taoísmo, tengan allí sus raíces comunes».[26]

Lo absolutamente genial del *Libro de las Mutaciones* es que su complejidad se basa, como la misma vida y todo el universo, en la combinación de elementos verdaderamente sencillos. Así, partiendo únicamente de dos trazos, uno entero y otro partido, que representan la dualidad de todo lo que existe, se relacionan en grupos de tres, puesto que el tres es, en realidad, el primer número impar (el uno representa a lo UNO) y simboliza la manifestación trina de la divinidad. Al establecer todas

---

26. De la edición que tradujo y comentó Richard Wilhelm del *I Ching*. Este libro es, en sí, una joya. Ya no sólo por las notas de Wilhelm (padre e hijo), sino por el prólogo de Carl G. Jung, la presentación de D.J. Volgeman y el detalle de incluir el poema que Borges escribió sobre esta versión, así como el *Gran Tratado*, también introducido y explicado por Wilhelm. Es, posiblemente, la edición de este antiguo texto chino más completa y precisa que podemos encontrar fuera de la propia China.

las combinaciones posibles de los dos elementos en grupos de tres, se obtienen ocho trigramas que representan, al mismo tiempo, un nombre, una cualidad, una imagen y un elemento de la sociedad; por ejemplo, los tres trazos enteros (Ch'ien) son *lo Creativo,* su cualidad es ser *fuerte,* la imagen es la del *Cielo* y en la familia representa al *Padre;* mientras que los tres trazos partidos (Kun) son *lo Receptivo,* lo *abnegado,* la imagen de la *Tierra* y la *Madre.* Los trigramas, a su vez, se relacionan unos con otros, puesto que todo en la naturaleza está vinculado, y de esos vínculos surgen unas u otras cosas. Todas las posibles combinaciones de los ocho trigramas dan un total de sesenta y cuatro hexagramas que, a su vez, pueden sufrir algún tipo de mutación en alguno de sus trazos (entero o partido), introduciendo diversas variables en el significado.

Ahora bien, ¿cómo y en qué sentido se indaga en los hexagramas? Se suele decir que el *I Ching* se usaba como sistema oracular, pero sería más correcto decir que más que una forma de adivinación, es un sistema de consulta, en el que, como explica Wilhelm en los comentarios al libro:

«…no debe ignorarse el hecho de que al margen de aquella mecanizada mística de los números, fluía también en todas las épocas una corriente libre, de profunda sabiduría humana, que por los cauces de este libro desembocaba en la vida práctica, confiriendo a la gran cultura china esa madurez de serena y decantada "sabiduría de la vida" que hoy día admiramos, casi con melancolía, apreciando los residuos todavía existentes de esta última cultura autóctona».[27]

Por medio de la tirada de unas monedas o unas varillas que pudieran arrojar un valor dual (sí/no – cara/cruz – blanco/negro…), se adjudicaba a cada posibilidad un valor numérico. Así, en las tiradas con monedas se asignaba a la cara el valor de tres y a la cruz el valor de dos. Al sumar el resultado de la tirada, daría como resultado un número par o uno impar. Si el número era par, el trazo que se dibujaba, siempre de abajo hacia arriba, era partido, y si era impar, entero, de manera que tras seis lanzamientos se obtenían seis trazos que había que

---

27. Ibíd.

descomponer en sus dos trigramas (uno inferior y otro superior). Las mutaciones podían aparecer o no, dependiendo de si en una tirada el número par o impar era el resultado de que todas las monedas hubieran salido cara o todas cruz. Lo mejor es verlo con un par de ejemplos con los hexagramas antagónicos 11 y 12.

El signo 11, *T'ai*, significa *La Paz*. Abajo tiene el trigrama con los tres trazos enteros (*Ch'ien*), lo *Creativo*, el *Cielo*; mientras que arriba está el trigrama de los tres trazos quebrados (*K'un*), lo *Receptivo*, la *Tierra*. La primera interpretación del hexagrama en su conjunto es:

«Lo Receptivo, cuyo movimiento se dirige hacia abajo, está arriba; lo Creativo, cuyo movimiento se dirige hacia arriba, se sitúa abajo. Por lo tanto sus influjos se encuentran uno a otro, se relacionan armoniosamente y así todos los seres florecen y prosperan. El signo se adjudica al primer mes (febrero-marzo), durante el cual las fuerzas de la naturaleza preparan una nueva primavera».[28]

El dictamen general de este hexagrama es de éxito, porque aun siguiendo cada signo su movimiento natural, la situación en la que están ubicados favorece el encuentro, y en ese encuentro del cielo y la tierra, de lo receptivo y lo creativo, cuyo reflejo en la familia son el padre y la madre, es lo que permite que exista la generación. El dictamen no se limita sólo a hablar de la naturaleza, sino que extrapola la imagen al contexto social, determinando que:

«En el mundo humano se trata de una época de concordia social. Los encumbrados condescienden con los de abajo. Y los de abajo, los inferiores, abrigan sentimientos amistosos para con los elevados, y así llega a su término toda contienda. En lo interior, en el centro, en el puesto decisivo, se halla lo luminoso; lo oscuro está afuera. Así lo luminoso actúa con vigor y lo oscuro se muestra transigente. De este modo ambas partes obtienen lo que les corresponde. Cuando, en la sociedad, los buenos ocupan una posición central y tienen el gobierno en sus manos, también los malos experimentan su influjo y se vuelven

---

28. Ibíd.

mejores. Cuando, dentro del hombre, reina el espíritu que procede del cielo, su influjo abarca también a la sensualidad y ésta obtiene el sitio que le corresponde».[29]

Por eso, el nombre de este signo es *La Paz*, debida a que de manera natural, lo bueno y celeste ha ocupado la posición que le corresponde, y lo «malo» y terrestre[30] el suyo. Curiosamente el cielo está abajo y la tierra arriba, pero al efectuar cada uno el movimiento que le es natural, uno elevándose y el otro afianzándose en lo bajo, ambos se encuentran de forma beneficiosa para el ser humano. Sin embargo, cuando se expone el hexagrama contrario, el número 12, obtenemos el signo *P'i*, el *Estancamiento*, donde los tres trazos fuertes del cielo están arriba y los tres trazos quebrados de la tierra están abajo. En este caso el signo es negativo, porque el cielo, que tiende a elevarse, no encuentra nada en su camino y se aleja de la tierra, mientras que lo terrestre se hunde en las profundidades. La conexión creadora se pierde:

«Cielo y Tierra no mantienen trato entre sí y todas las cosas se vuelven rígidas. Los superiores y los inferiores carecen de mutua relación, y confusión y desorden reinan sobre la Tierra. En lo interior está oscuro, y lo luminoso se halla afuera; en lo interior hay debilidad, afuera dureza; en lo interior se hallan los vulgares y los nobles[31] se encuentran afuera. La índole de los vulgares está en ascenso, la índole de los nobles está en mengua. Los nobles, empero, no se dejan inducir a error en lo que concierne a sus principios. Aun cuando ya no les queda ninguna posibilidad de acción, siguen siendo leales a sus principios y se retiran, ocultándose».[32]

---

29. Ibíd.
30. Entiéndase por lo «terrestre» lo material, que se refiere al materialismo en general y al egoísmo en un aspecto más particular. Al igual que por lo «celeste» debe entenderse lo espiritual, que corresponde con la bondad y la generosidad.
31. Entiéndase aquí «noble» como virtud, no como clase social. Puede haber vulgares entre la nobleza y nobles entre la plebe. La nobleza de la que habla Confucio es una condición moral.
32. *I Ching*, versión de Richard Wilhelm.

En la imagen, este hexagrama dibuja una situación en la que el noble, viendo que los tiempos no permiten la acción de los justos, no tiene más remedio que mantener su valía interior alejándose del gobierno de los débiles para «eludir dificultades». Por eso en la explicación de la imagen se muestra una situación social en la que la vida pública es de desconfianza debido al poder que ejercen los vulgares, de manera que no es posible la acción fructífera porque estaría basada en falsedades.

En tales circunstancias, el *I Ching* insta al noble a no dejarse seducir por las brillantes ofertas de los débiles para participar en la vida pública, pues, según dice, «sólo sería peligrosa para él, ya que se sentiría incapaz de unirse a las infamias de los demás», y le aconseja esconder sus méritos y ocultarse mientras dure esa situación.

Como vemos, no se trata sólo de una cuestión aleatoria o meramente alegórica, sino que cada imagen está basada en un profundo análisis no sólo de la naturaleza, sino de su reflejo en la vida social y humana.

No podemos más que invitar al posible lector a descubrir por sí mismo, en la magistral edición de Wilhelm, del certero conocimiento que, a través de las imágenes simbólicas de los hexagramas, vierte el *Libro de las Mutaciones* en todas las posibles formas de relaciones humanas. Quizá ésta fuera una de las razones por las que Confucio prestó tanta atención a los textos tradicionales chinos.

En la presentación que hace D. J. Vogelman de la traducción de Wilhelm, recuerda que desde que los primeros occidentales se embarcaron en la traducción de este texto (todos religiosos cristianos, católicos o protestantes), hubo descubrimientos sobre lo que encierran sus palabras y hexagramas que sorprendieron a los estudiosos. Es el caso de Leibniz, uno los mentados estudiosos, que ya en 1703 se mostró perplejo de que la estructura y ordenamiento de los hexagramas coincidiera con el sistema numérico binario que él mismo había ideado. Al contrario que Leibniz, no debería sorprendernos que la mayoría de las cosas, de una u otra forma, se hayan descubierto, usado o conocido con anterioridad. Los gurús del emprendimiento suelen advertir, a los que creen haber encontrado una idea de negocio absolutamente única y original, de que lo más habitual es que sea un absoluto fiasco o que ya haya quien lo ha hecho antes que él.[33] En el caso del *I Ching*, el uso binario de los trazos, la idea de mutación, la capacidad de establecer vínculos entre lo celeste y lo humano, en todos los posibles ámbitos de relación, desde lo relativo al Gobierno hasta los roles familiares, los dictámenes donde se exponen las consecuencias de emprender determinadas acciones, el movimiento circulatorio y generador que hay establecido en el orden de los hexagramas, la subjetividad inteligente con la que pueden y deben ser interpretados los hexagramas por cada consultante…, todo eso coincide necesariamente con los mismos siete principios o leyes del Universo (aplicables, cómo no, al ser humano) que relata el *Kybalión*, uno de los textos herméticos por excelencia: Todo es mental, como es arriba es abajo, todo se mueve, todo es dual, todo fluye y refluye, todo se mueve como un péndulo, toda causa tiene su efecto, la generación está en todas partes. No se trata de leyes *mágicas* ni sobrenaturales, más bien son el fruto de una observación y conocimiento muy sensato sobre cómo funciona la naturaleza.

La época en la que vivió Confucio fue ciertamente convulsa y violenta. El mundo se desmoronaba, la civilización colapsaba y la única forma de evitar que aquello acabase en una sociedad mucho más oscura era rescatar la luz de los primeros tiempos. Los egipcios solían creer que la mayor perfección estuvo siempre en los inicios y que el paso del tiempo degrada inexorablemente las formas y las ideas. Por esa razón realizaban periódicamente ceremonias de renovación en las que se esforzaban enormemente por regresar lo más fielmente posible a la «versión inicial», a la pureza de los orígenes. Para Confucio también era así, y en los tiempos oscuros que le tocó vivir, dedicó muchos esfuerzos no a crear un sistema nuevo, sino a volver a poner de actualidad el viejo, el primero, el inicial. Tanto él como sus discípulos, entre otros, trabajaron durante mucho tiempo para añadir comentarios a los dictámenes del *I Ching* (comentarios que incluye la versión de Wilhelm) en lo que se conoce como *El Gran Tratado* (*Ta Chuan*). Estos comentarios

---

33. Hay un principio en ecología que afirma que cualquier nuevo material o sustancia creada por el hombre probablemente será tóxica debido a que durante los millones de años que hace que apareció la vida en el planeta, lo más probable es que se hayan ensayado todas las sustancias aprovechables y descartado las que no lo son.

no rectifican los textos originales, sino que los interpretan de una forma más rica y accesible, por ejemplo, en el signo *La Paz* se añade que la paz es moralidad, contento, satisfacción y tranquilidad, y todo ello es lo que se obtiene cuando hay unión en lugar de separación, pero no cualquier unión, sino una en la que los que se unen ocupan los lugares que les corresponden de manera natural. Sirva como luminaria de esa posición natural de lo celeste y lo terrestre este texto, recogido en sus *Analectas*:

> «Confucio dijo: "Cuando el mundo sigue la Vía, el Hijo del Cielo determina los ritos, la música y las expediciones militares. Cuando el mundo pierde la Vía, son los señores feudales quienes determinan los ritos, la música y las expediciones militares. Una vez que son los señores feudales quienes deciden estos asuntos, su autoridad apenas dura diez generaciones; una vez que son sus ministros quienes determinan esos asuntos, su autoridad apenas dura cinco generaciones; una vez que los asuntos del país caen en manos de los administradores de los ministros, su autoridad apenas dura tres generaciones. En un mundo que sigue la Vía, la iniciativa política no pertenece a los ministros; en un mundo que sigue la Vía, los súbditos no tienen necesidad de cuestionar la política"».[34]

Carl G. Jung, autor del prólogo de la traducción de Wilhelm en la que estamos basando todos estos comentarios, señala en dicho prólogo:

> «El *Yi Ching* insiste de un extremo a otro de su texto en la necesidad del conocimiento de sí mismo. El método que servirá para lograrlo está expuesto a toda clase de abusos; de ahí que no esté destinado para gente inmadura y de mente frívola; tampoco es adecuado para intelectualizantes y racionalistas. Sólo es apropiado para gentes pensantes y reflexivas a quienes les place meditar sobre lo que hacen y lo que les ocurre —predilección que no debe confundirse con el morboso y rumiante cavilar del hipocondríaco—. (…) El punto de vista chino se desentiende de la actitud que uno adopta en cuanto al funcionamien-

---

34. *Analectas*, de Confucio.

to del oráculo. Únicamente nosotros nos sentimos perplejos, porque tropezamos una y otra vez con nuestro prejuicio, o sea con la noción de casualidad. La antigua sabiduría de Oriente pone el acento sobre el hecho de que el individuo inteligente entienda sus propios pensamientos, pero no le preocupa en lo más mínimo la forma en que lo hace. Cuanto menos piense uno en la teoría del *Yi Ching*, mejor dormirá».[35]

Lo más interesante de la sabiduría antigua es que, si verdaderamente es sabia, da igual que se aplique al siglo XXI a. C o al XXI d. C., porque siempre se obtienen elementos válidos con los que enfrentarnos venturosamente a la vida que nos toca vivir.

La alquimia que convierte el plomo en oro

Junto con la cábala, la alquimia es uno de los sistemas simbólicos más famosos y menos conocidos del mundo. Sus promotores tuvieron buen cuidado de que los profanos no pudieran acceder fácilmente a sus conocimientos ocultos y velaron expresamente dichos conocimientos alentando a los incautos a una infructuosa y enloquecedora búsqueda del oro metal, cuando la búsqueda real del alquimista discurría en la dirección totalmente contraria: «Cuando hablábamos abiertamente, no decíamos (en realidad) nada. Pero cuando escribíamos en lenguaje cifrado y en imágenes, ocultábamos la verdad».[36]

Pretender remontarnos a los orígenes de la alquimia sería perdernos, una vez más, en tiempos míticos y personajes misteriosos. Se suele coincidir en que el nombre «alquimia» proviene del árabe *Ul-Khemi* (química de la naturaleza),[37] que sería a su vez una voz tomada de la palabra griega *chemeia* (de *chumos* o zumos, como el jugo que se extrae de una planta). Uno de los tratados sobre alquimia más antiguos que se conocen data del 400 d. C. y fue escrito en griego por el historiador

35. *I Ching*, versión de Richard Wilhelm.
36. Referencia al *Rosarium philosophorum*.
37. *Glosario teosófico*, de H.P. Blavatsky.

Zósimo; sin embargo, se sabe que la alquimia era practicada también en China, la India y en el antiguo Egipto desde tiempo antes. Muchos han querido ver en la etimología alquímica una referencia a un posible origen egipcio, dado que el nombre egipcio de Egipto, no el griego por el que lo conocemos, era *Khem* o *Kemet*, que significa «la tierra negra», siendo el negro el color de la primera fase del proceso alquímico, que representa la culpa, la putrefacción, el origen y la fuerza latente.

No merece la pena gastar energías debatiendo sobre el origen etimológico de la palabra cuando lo que realmente puede aportarnos algo interesante es el sentido del término, aunque sí resulta curioso comprobar que la palabra «química», relativa al «estudio de la estructura, propiedades y transformaciones de los cuerpos a partir de su composición»,[38] proviene de la raíz indoeuropea **gheu-**, que significa *derramar* y de donde derivan inicialmente las ideas de *ofrecer un sacrificio* y *sacerdote*. También aparece la palabra «quimia» como antiguo nombre de la química y referido más específicamente al tema tratado, así como *quimo*, que es la «pasta que se forma en el estómago con los alimentos, por efecto de la digestión y que, semidigerida en él, pasa al intestino delgado».[39] Sea como fuere, las palabras de aquí derivadas (también *fundir, confundir, infusorio, transfusión* y hasta *esquimosis*) remiten siempre a la idea de algo líquido o semilíquido vertido o derramado que, en dicho proceso, se transforma o produce una transformación.

Con esta incursión en la alquimia volvemos a adentrarnos en todo lo relativo a Hermes y el hermetismo, de la mano de los primeros griegos que, llegados a las tierras de Egipto, reconocieron (o quizá asumieron) en Thot, el *tres veces grande*, a su propio Hermes, inventor de la escritura, ideador de los símbolos y conductor de las almas en el más allá. De ahí que la hermenéutica sea el arte de interpretar los textos o, en el caso de la alquimia, las imágenes, pues si en algo es profusa la alquimia es en la elaboración de cuidadosas y complejas imágenes en las que quedaron consignadas las *verdades* de esta ciencia

---

38. Diccionario online de la RAE.
39. *Diccionario etimológico indoeuropeo de la lengua española,* de Edward Roberts y Bárbara Pastor.

sin que nadie, hasta la fecha, haya podido desvelarlas en la totalidad de sus diversos aspectos. El hermético don de la elocuencia no consiste aquí en la habilidad de hacerse entender, sino en la de hurtar la verdad ante las narices de los que la mal desean, y hacerla visible sólo a los ojos de los que siguen los alados pasos del dios. Como decíamos antes, aquí el secreto no está tanto en las palabras empleadas (que también), sino en la habilidad de desvelar su verdadero significado a través de las imágenes alquímicas.

Paracelso fue mundialmente célebre como médico y como alquimista, y no tanto por su decisión vocacional de vivir errante, sirviendo con su arte médico a quien le necesitara, ya fuese un papa o un mendigo, sin esperar a cambio ni oro ni agradecimiento. Dejó escritos de enorme valor moral, médico, alquímico y espiritual. Joyas de conocimiento que no siempre han sido debidamente valoradas. La psicóloga suizoalemana Jolande Jacobi, quien trabajó con Carl G. Jung en el desarrollo de la psicología analítica, prologó una edición recopilatoria de textos esenciales de Paracelso en la que escribió:

«…hoy, sin embargo, cuando de nuevo la integridad de la persona ha vuelto al centro de la práctica médica y la inseguridad de nuestra existencia nos sale al paso de forma más inevitable que nunca, la visión de Paracelso vuelve a estar viva. Moralidad, integridad, altruismo, autoconocimiento, son cosas que para Paracelso forman parte del *ethos* básico del médico. Sólo de las palabras del corazón puede venir la curación, sólo ellas pueden hacer milagros. Ser médico significa haber recibido un cargo de Dios y ejercerlo por orden suya, o de otro modo fracasar sin remedio».[40]

A pesar de su faceta hermética, Paracelso habla y obra con bastante claridad. Se esfuerza por explicar lo que puede ser explicado, y en guardarse lo que puede ser mal usado. Experiencias en carnes propias tuvo de sobra sobre la perversidad humana. Muchos se aproximaron a él queriendo desvelar sus secretos y le abandonaron cuando creyeron

---

40. De la recopilación de los *Textos esenciales* de Paracelso. Edición de Jolande Jacobi y epílogo de Carl Gustav Jung.

haber aprovechado lo bastante el cobijo de su sombra para aparentar, luego, luz ante los poderosos y medrar a su costa. Aun así nunca dejó de ser generoso con los que se le acercaban, lo cual demostró hasta el final hasta qué punto consideraba que su don no era suyo, sino proveniente de Dios y, por tanto, no tenía la opción de elegir a quién darlo sino, simplemente, darlo. Él creía que su misión era servir como médico hasta la extinción de su último aliento, y así fue. En sus obras habla de magia, alquimia, medicina, Dios, los seres humanos, el universo y la creación, así como de la forma de conocer lo que en apariencia está oculto.

«Dios no quiere que se mantenga oculto lo que Él ha creado en beneficio del hombre y lo que ha puesto en sus manos como su propiedad... Y si Él mismo lo ha ocultado, no permite que nada carezca de signos, con que lo dota todo de signos visibles externos que funcionan como caracteres especiales. De modo no distinto al de alguien que entierra un tesoro y no lo deja sin señalar, pues señala el punto en que lo escondió para poder volver a encontrarlo».[41]

Así es como advierte de que, en realidad, nada está fuera de nuestro alcance, pero sí que es necesario hacer el esfuerzo de mirar y ver, de observar los signos que la divinidad ha dejado a la vista en la naturaleza, para así poder desentrañar todos sus misterios. Así, de la magia explicó que:

«Nos ha sido dada para saber y averiguar aquello que es imposible a la razón humana».

Y de la alquimia que:

«Nada ha sido creado como *ultima materia*, en su estado final. Todo se crea primero en su *prima materia*, su materia inicial: sobre la que viene Vulcano, que a través del arte de la Alquimia lo transforma en su material final... Porque alquimia significa: llevar a su fin algo que

---

41. *Textos esenciales*, de Paracelso.

no está acabado, obtener el plomo del metal y elaborarlo para aquello a lo que está destinado».[42]

En el decir de Paracelso, la alquimia «no es otra cosa que el arte de convertir lo impuro en puro por medio del fuego…; ella puede separar lo inútil de lo útil y llevarlo a su materia final y a su esencia final».[43] Hay un fragmento de los textos esenciales (de los muchos y excelentes que hay) que no nos resistimos a incluir, porque nos conduce de vuelta a lo anteriormente dicho cuando hablamos de la raíz **gheu-**:

«La transformación de los metales es un gran secreto de la naturaleza. Por trabajoso y difícil que sea, por muchos avances y retrocesos que se sufran, no va contra la naturaleza ni contra el orden divino, como muchas personas afirman erróneamente. Sin embargo, transformar los cinco metales menores e impuros, es decir: cobre, estaño, plomo, hierro y mercurio, en los metales superiores, puros y completos: oro y plata, no se puede lograr sin una «tintura» o sin la «piedra de los sabios». Desde antiguo, la Filosofía ha intentado separar el Bien del Mal y lo puro de lo impuro, lo que significa que todas las cosas han de morir, sólo el alma debe vivir eternamente. Como sólo el alma debe persistir, mientras el cuerpo se corrompe, pensarás también que una semilla debe pudrirse si ha de dar fruto. Pero ¿qué quiere decir pudrirse? No es sino que el cuerpo se pudre mientras su esencia, el Bien, el alma, se mantiene. Esto ha de saberse de la putrefacción. Y si se ha comprendido el sentido de esto, se posee la perla que contiene todas las virtudes. La putrefacción es el principio de todo surgimiento… Transforma figura y esencia, fuerzas y virtudes de la naturaleza. Del mismo modo que la putrefacción dentro del estómago transforma todos los alimentos y forma con ellos una pasta, ocurre también fuera del estómago… ¡La putrefacción es incluso la partera de las grandes cosas! Muchas cosas se multiplican a su través para que nazca un fruto noble; porque ella es la reversión, la muerte, la destrucción de la esencia originaria de todas las cosas naturales, renacimiento y nuevo

42. Ibíd.
43. Ibíd.

nacimiento surgen de ella en múltiple mejora… Pero éste es el mayor y máximo misterio de Dios, el más profundo secreto y milagro que Él ha revelado al hombre mortal».

Es interesante, tras leer esto, rescatar el dictamen del hexagrama 18 (*Ku*), acertadamente traducido por *El trabajo en lo echado a perder*, donde dice:

«Lo que se ha echado a perder por culpa humana puede también subsanarse mediante el trabajo humano. No se trata de un sino inexorable (…) sino de una consecuencia del abuso de la libertad humana, lo cual ha conducido al estado de putrefacción. Por lo tanto, el trabajo destinado al mejoramiento tiene buenas perspectivas, puesto que se realiza en concordancia con las posibilidades del tiempo. (…) No obstante, es condición previa del éxito una adecuada reflexión. (…) La indiferencia y la inercia que han conducido al estado de corrupción deben ser reemplazadas por la decisión y la energía, a fin de que un nuevo comienzo pueda suceder a la terminación de tal estado».[44]

Quizá con todo esto cobra más sentido que la «tierra negra» de *Khem*, tal cual denominaron los egipcios a su geografía, represente simbólicamente el lugar de los inicios, la matriz de la tierra negra donde todo comienza, donde las semillas mueren y se desintegran para dar lugar al trigo nutricio, al alimento del cuerpo y al conocimiento de la Maat que despierta el alma. Un símbolo, el de la «tierra negra» al que Paracelso también hizo referencia de manera magistral:

«La tierra es negra, marrón y sucia, nada hay en ella hermoso ni agradable; pero en ella se ocultan los colores todos: verde, azul, blanco, rojo. No hay ninguno que no tenga. Cuando llegan la primavera y el verano, afloran todos los colores que —si no lo atestiguara la tierra misma— nadie hubiera supuesto en ella. Igual que de tal tierra negra y sucia surgen los colores más nobles y finos, así algunas criaturas han

44. *I Ching*, versión de Richard Wilhelm.

salido de la «materia originaria», que en su falta de separación sólo era suciedad al principio».[45]

Este párrafo, en el que se menciona por dos veces la tierra como algo sucio, permite aventurar algunas divagaciones etimológicas, posiblemente absurdas pero no por ello menos curiosas. Por un lado, *tierra* proviene de la raíz indoeuropea **ters-**, que quiere decir *secar* y que hace referencia también a lo *ajado* y *marchito* pero, esencialmente, a que la tierra es algo *seco*. En cuanto a *sucio,* su raíz, **seud-** significa *tomar líquido, exprimir, jugo, húmedo,* así que, mucho más concretamente «sucio» (*sucidus*) sería algo *húmedo y jugoso*. Así tenemos que la tierra sucia es la necesaria combinación de lo seco y lo húmedo. La tierra que *ensucia* es la tierra húmeda, el barro, ése del que tantas mitologías hacen nacer al hombre. La tierra húmeda (sucia) es aquella en la que pueden germinar las semillas, no en la puramente seca.

---

45. *Textos esenciales*, de Paracelso.

PARTE 3

CAPÍTULO 1

LA INTENCIÓN EN LA PALABRA

«Cuando el anciano monarca falleció, su hijo, como heredero del trono, tomó las riendas del país. Un día, para conocer a los servidores del palacio, convocó a todos los cortesanos, preguntándoles, uno a uno, sobre sus cometidos:

—Yo soy vuestro consejero –dijo el primero.

—Yo soy vuestro general –se presentó el segundo.

—Yo soy vuestro guardaespaldas –respondió el tercero.

—Yo soy vuestro cocinero –manifestó el cuarto.

—Yo soy vuestro coracero –contestó el quinto.

—Yo soy vuestro cantante –respondió el sexto.

—Y, ¿cuál es tu cometido? –preguntó el monarca a un anciano que estaba algo apartado de los demás y no se había presentado.

—Yo soy vuestro cuentacuentos –respondió el viejecito.

—¿Me tomas por un niño? No necesito ningún cuentacuentos –dijo el joven rey frunciendo las cejas, como si le hubieran ofendido.

—Es exactamente lo mismo que opinaba el rey Bahram –contestó el hombre viejo, que además era un sabio–. Con la diferencia –continuó el sabio– de que el rey Bahram muy pronto volvió a reclamar al cuentacuentos para que regresara, pues se dio cuenta de que había actuado como aquel hombre ciego de la fábula.

—¿De qué fábula me hablas? –preguntó el joven rey.

El viejo sabio le hizo la reverencia y empezó a narrar su historia».[1]

---

1. Inicio de *El cuentacuentos persa,* editado por Nazanin Amirian.

Llegamos, quizá, a la parte más compleja de este trabajo; la que pretende justificar todas las divagaciones anteriores y las múltiples confusiones y enojos que haya podido producir en el lector. Era la intención al inicio ir desvelando hasta qué punto nuestro lenguaje, nuestras palabras, pueden construir o destruir nuestro universo. En el significado que les otorgamos, ya sea literal o simbólico, y en la intención que les ponemos, añadimos una carga que puede modificar sustancialmente sus atributos, propiedades y poderes. En nuestro tiempo mucho se ha estudiado (y en ello se siguen poniendo muchos empeños) para saber cómo persuadir a través del lenguaje, ya sea en los mensajes escritos o en los audiovisuales que tan en boga están, y que tan fáciles son ya de corromper por medio del *deep fake*. No entraremos en ello, pues es preferible dedicar las energías y el tiempo que todavía tenemos a cerrar (o al menos intentarlo) la línea que abrimos al referir, con las palabras de Confucio, la necesidad de rectificar los nombres para que la acción humana pueda desarrollarse.

Vivimos una versión globalizada de «lost in traslation»[2] en la que los prejuicios hacia determinadas palabras, despojadas desde hace mucho de su sentido real, nos llevan a falsas enemistades. La mutua urticaria que se tienen ciencia y religión hace que la sola mención de las palabras tradicionalmente asociadas a la una provoquen el rechazo irracional de la otra, sin ni tan siquiera indagar en la posible interpretación o realidad de lo que se menciona. Estamos seguros de que en más de una ocasión, aun hablando de lo mismo, le sacarían los ojos al contrario por «hereje».[3] Es lo que pasa cuando no se presta atención a las definiciones.

La desintegración de la sociedad es algo que Confucio vivió muy de cerca, y dedicó toda su vida a establecer las reglas de conducta del *Hombre Ju*, equivalente al *aristos* griego que describiera Platón en *La república*. Una sociedad desintegrada es una sociedad que ha perdido sus referentes identitarios, cuyos símbolos han perdido significado. Aunque el deseo de bienestar material pueda agrupar a los seres humanos

---

2. En el sentido literal de «perdidos en la traducción», y no tanto por la película de Sofia Coppola.
3. Da igual que la herejía sea religiosa o científica.

para beneficio común, lo que une a las personas en el sentido más profundo, por encima de los beneficios materiales, del dolor y de la muerte, son las ideas, y cuanto más elevadas y buenas sean esas ideas, mayor y mejor será la huella que esas personas sean capaces de dejar en la historia. Aunque no vivieron en el mismo espacio y tiempo, personas como Budha, Confucio, Platón, Paracelso, Sócrates, Pitágoras, Viasa y otros muchos tuvieron en común una misma idea, una misma aspiración hacia lo más elevado y mejor del ser humano, y por eso hoy, miles de años después de que hayan desaparecido algunos de ellos, sus palabras siguen siendo un aliento de vida para quienes les leen. Pero también son fuente de males por los que pretenden monopolizar la interpretación de sus palabras.

Las palabras son importantes, encierran un gran poder, tanto para el bien como para el mal. Son como la serpiente y comparten su simbolismo dual porque no son buenas o malas en sí, sino por cómo se oriente ese poder. Hacia qué lado se incline la balanza depende de quien se atreva a usarlo y de cómo lo interprete. Por eso, en esta parte, la intención es colocar un tutor, una vara guía para enderezar el sesgo del que hablamos en la primera parte de este trabajo y que altera la correcta interpretación de los nombres. Hemos seleccionado unos pocos conceptos como ejemplo con la esperanza de que el posible lector, si a estas alturas se ha sentido de alguna forma picado por la inquietud, coja aire y se lance al agitado mar de las palabras, donde juegan al escondite los nombres de las cosas.

DIOS

Puede que no sea ni lo más fácil ni lo más acertado comenzar hablando de Dios, pero sí es necesario hacerlo ya que, posiblemente, sea la palabra sobre la que más discusiones y ríos de tinta (y sangre) se han vertido en la historia de la humanidad. Ya hemos mencionado en varias ocasiones la etimología indoeuropea de Dios, así que pedimos perdón de antemano por volver a repetir algunas cosas, pero creemos que puede ser útil tener recopilado en un único lugar algunas de las cosas que ya se han dicho, además de las que ahora añadamos.

La principal referencia a Dios y lo divino en el antiguo indoeuropeo proviene, como ya comentamos, de la raíz **deiw-**, que significa *brillar*. De aquí derivarán en sánscrito la palabra *deva,* el griego *Zeus* y el latín *Iovis,* de donde surgirá el nombre de *Júpiter.* Existen otras raíces (algunas de las cuales mencionaremos) que aluden a algo brillante, pero no todas se relacionan con la divinidad. En este caso es la idea de brillo celeste, la luz del día que hace visibles y patentes las cosas que se pueden ver. En esta referencia lo divino no es lo que se ve, sino lo que permite ver.

Otra de las raíces que se traduce como *brillo* y *resplandor* es **bhā-**. Esta raíz, en diversas lenguas, se interpretó como *abrir* o *descubrir, signo* o *señal que identifica, grupo unido bajo una misma señal, claro* y *luz.* De esa idea derivaron palabras como el *fósforo* griego que hace referencia a *llevar la luz,* palabra que los latinos tradujeron por *Lucifer,* que justamente significa «portador de la luz». De **bhā-** como idea de señal, de identificación o marca, provendrá la palabra *bandera,* lo cual nos lleva ahora directamente a Egipto.

Los jeroglíficos egipcios nos van a traer muchas y curiosas sorpresas en esta parte del trabajo. Ellos usaban un símbolo para representar *lo sagrado.* Se trataba de una tela ondeando al viento en lo alto de un asta. Lo sagrado era una pequeña y simple bandera llamada **Neter**, que se usaba para escribir la palabra *dios.* En realidad no se estaban refiriendo a Dios, ya que en jeroglífico no hay ninguna palabra para ello como tal, sino que donde aparecía este jeroglífico se estaban indicando la *presencia de lo divino,* de *la divinidad* o de *algo sagrado,* era el punto de encarnación de una potencia celeste. Así, el jeroglífico para referirse a los jeroglíficos (palabra griega que designa un grabado sagrado) era *Neter Medu.* Si recordamos, **medu** significaba y se representaba como un *bastón,* y se podía traducir por *palabra,* por lo que el bastón junto a la bandera significaba *palabra de dios,* esto es, *jeroglífico.* Los egipcios eran muy particulares a la hora de representar sus jeroglíficos y, aunque la traducción sea «palabra de dios», el bastón nunca aparecía delante de la bandera, sino al revés, en señal de respeto hacia la divinidad, así que ésta siempre iba delante de la palabra (o cualquier otro signo) con la que se quisiera resaltar la presencia de algo divino o sagrado. Para los egipcios, lo divino es una presencia que se puede señalar de forma evidente, en este caso con una bandera. Básicamente, aunque no veas físicamente a Dios, puedes saber que está presente por las señales que lo indican.

En la raíz **bhel-** el brillo al que se refiere no es tan fuerte como el que representa a Dios, pero de ella se crearon palabras como *palidez, blanco, mar* o *llama.* Es significativo que de esta misma raíz se originen también palabras que significan *cegar* y *ciego,* dado que aunque el brillo de la luz permite ver, no es aconsejable mirarla directamente, puesto que puede cegar.

No es de extrañar que estas ideas de *brillo, día* y *luz cegadora* hayan vinculado a Dios con el Sol. Es importante, por esto mismo, evitar caer en las confusiones que tan caras han salido en las concepciones religiosas, ya que en el cielo existen otras luminarias, también brillantes y asociadas a lo divino, y cierto es también que en los panteones de numerosísimas culturas el Sol aparece como uno de los dioses (o diosas) principales, pero no como el Dios UNO, origen de todo lo visible e invisible. Sobre el Verbo divino y su luz dice *El Zohar:*

«De ninguna manera debemos concluir de la sentencia *la materia fue creada por el Verbo* que éste se había manifestado antes de la Creación. Cierto es que *ha existido durante toda la eternidad,* pero sólo se manifestó por primera vez cuando fue creada la materia. Antes, el misterioso Infinito manifestaba su omnipotencia y su inmensa bondad con la ayuda del misterioso Pensamiento, de la misma esencia que el misterioso Verbo, pero silencioso. El Verbo, manifestado en tiempos de la creación de la materia, existía antes bajo la forma del Pensamiento, ya que si la palabra es capaz de expresar todo lo material, le es del todo imposible expresar lo inmaterial. Precisamente por esto está escrito: *Y dijo Dios* (*Way-yomer Elohim*). Es decir, Dios se manifiesta bajo la forma del Verbo, produciendo un sonido audible desde fuera. Añaden las Sagradas Escrituras: *Que sea la luz* (*yehi or*). (Gen. 1:3), pues toda luz procede del misterio del Verbo».

En Egipto todo dios tenía siempre tres características a través de las cuales expresaba su naturaleza: nombre, función y forma de aparición o atributo. El nombre era lo que definía su identidad, respondiendo a la pregunta de «¿quién es?». Por esta razón el nombre era lo más secreto y misterioso del dios, y conocer el nombre de algo permitía apropiárselo y dominarlo. Ese nombre, el que respondía a *quién es*, no era, evidentemente, el mismo nombre por el que el dios era conocido y quizá por esto mismo no existía una palabra con la que designar a Dios, sino sólo su presencia a través del *neter*. En cuanto a la función, era la forma en la que el dios actuaba, respondiendo a la cuestión de «¿para qué sirve?», mientras que la forma de aparición o atributo respondía a «¿cómo se expresa y con qué forma?». Por eso, cada dios es, al mismo tiempo, uno y trino. Los dioses podían compartir nombre, función o atributos con otros dioses, puesto que ellos entendían que la naturaleza divina se expresa de forma dinámica (está presente en todo puesto que todo parte de ahí), y no puede haber sistemas cerrados independientes para expresar a Dios, los dioses o lo divino en su totalidad, sino que debían estar interconectados. De alguna manera, todos en su conjunto eran reflejos de lo mismo, de lo Uno, aunque sin ser lo Uno. Como explica Schwarz en *Geografía sagrada del antiguo Egipto*:

> «Los dioses creados o emanados del demiurgo tienen un poder limitado, porque expresan aspectos limitados del demiurgo en su manifestación. En la práctica, son menos poderosos de lo que parecen. Ya vimos que no son como los dioses griegos, que pueden tener gestos autocráticos y caprichosos, pues aunque pueden influir en el destino individual de los hombres y las cosas, no pueden cambiar el curso de los eventos cósmicos y sus leyes. Tampoco lo desean, porque aman el orden y la armonía cósmica de la Maât y están limitados por ella. En el plano humano, necesitan de los hombres para mantener el orden inteligente de la sociedad. Sólo Atum es dueño de la Maât. Nadie puede disponer de ella».

Atum es llamado el *autocreado*, *el que existe por sí mismo*, *el perfecto*, *el que termina* y *creador de los dioses*. Es el Sol, pero no el que vemos en el cielo, sino el primer Sol, la primera luz que surgió del *océano primigenio* del *Nun*, y se crea a sí mismo mediante su conciencia, *Ra*, por lo que también se le llamó *Atum-Ra*. A partir de que aparece por primera vez naciendo como Ra, en la montaña *Ben-Ben* (la primera *pirámide*), nacida del Nun para iniciar la creación, da lugar a *Maât*, la inteligencia del mundo que nace de su pensamiento, y a la primera pareja divina, y de ahí a todas las demás. Ese primer rayo de Sol, la primera luz que alumbró la creación, a partir de que se manifiesta adopta diversos nombres, formas y funciones: es *Kefer* como Sol naciente, *Ra-Haraktys* como el Sol del cénit, *Memnón* como Sol del crepúsculo y *Atén* como Sol nocturno. Otras de sus relaciones más directas serán con *Knum*, el dios carnero topador de las tinieblas, y con Thot, traductor del pensamiento de Ra, capaz de expresar ese pensamiento transformándolo en palabras (*neter medu*).

De la raíz **arg-**, que también significa *brillo* aunque asociado al relucir blanco de la plata, proviene el nombre de *Arjuna*, el noble príncipe y héroe del *Mahabaratha*, a quien el mismo dios Khrishna revela la sabiduría del *Bhagavad Gita*. De esta raíz proviene también el epíteto sánscrito *Rjipyá*, en referencia a un águila que aparece en el *Rig Veda*. Merece la pena recordar que el águila está considerada simbólicamente un ave solar, representa el cielo, el espíritu y la altura. En otras culturas, ese mismo simbolismo ha sido ocupado por el halcón (en Egipto como Horus) o el cóndor (en las culturas andinas). De esta raíz nace también el griego *argento* para referirse a la plata e *hidrargirio* o plata líquida, como se conocía al mercurio (metal), vinculado simbólicamente a Mercurio, el sempiterno dios de las *argucias* (palabra ésta que también se origina en la raíz **arg-**).

Así pues, hay un único Sol, una primera luz que, al manifestarse e iniciar el movimiento de la creación, se muestra y es visible bajo distintas formas *divinas* que, no por eso, dejan de ser aspectos o facetas de un único Dios (o Naturaleza, si lo preferimos). Éste ha sido justamente uno de los eternos problemas al etiquetar religiones como la egipcia de «politeístas», frente a las «monoteístas» donde un único Dios era el encargado de toda la creación, con una única imagen estática, rígida, distante e inmutable frente a los hombres. Sería interesante recordar que la clasificación de «religiones politeístas» como «primitivas» y «religiones monoteístas» como «superiores» proviene de una teoría no demasiado sesuda del filósofo ruso Vladimir Soloviev (1853-1900) que fue rápidamente adoptada en Inglaterra por el periodista Adrew Lang (1844-1912) a pesar de su falta de sustento, y lamentablemente ambas se difundieron por medio mundo hasta nuestros días. Otros planteamientos igual de «originales» señalaban que las religiones fueron evolucionando desde el animismo hasta el politeísmo para, finalmente, revelarse en un sistema mucho más perfecto y acabado: el monoteísmo. Un estudio no demasiado profundo de los actuales sistemas monoteístas revela rápidamente una cantidad nada despreciable de santos, genios, criaturas angélicas y vírgenes, incompatibles con la única adoración de una única divinidad. Igual que un vistazo un poco más profundo de los llamados politeísmos podría revelar que, en más casos de los esperados, la creencia en un dios único, innombrable y origen de todo lo existente está igualmente presente. Sería, entonces, más coherente dejar de hablar de politeísmo y monoteísmo, como si fueran cosas distintas, y llamarlo, directamente, panteísmo o teísmo.

La raíz **dhēs-** se usó para referirse a lo religioso, como *dios* (*theos* en griego), los *templos*, la *teurgia*, la *teología*, los días festivos dedicados al culto y el *entusiasmo* o furor divino. El entusiasmo era la palabra que se usaba para describir el estado de intensa emoción de las sibilas o las pitias al proferir sus oráculos. Proviene de *entheos* (en + theos), *llevar al dios dentro*, como una suerte de arrebato o éxtasis divino, semejante al de los raptos místicos.

Había un dios en Grecia al que se conocía, entre otras cosas, como dios del entusiasmo, era Dionisos (Baco entre los romanos). El mito le hace hijo de las relaciones de Zeus con la mortal Semele. Cuando Hera, esposa de Zeus, descubrió esta nueva infidelidad, convenció a Semele para que le pidiera a Zeus que se mostrase ante ella tal y como era, no en su apariencia «humanizada». Cuando Zeus lo hizo, comprometido por su palabra, Semele murió al instante, fulminada por el resplandor poderoso del rayo de Zeus. Sin embargo Zeus consiguió salvar al niño nonato, sacándolo del vientre de su madre y cosiéndoselo al muslo, del que nació tres meses después. Se dice que su nombre, Dionisos, significa justamente el nacido dos veces. En Grecia sería un dios solar, consagrado fundamentalmente a la fertilidad y la naturaleza, puesto que es la creación uno de los atributos de dios. A él y a Ceres (diosa de los cultivos y el cereal) estaban consagrados los misterios de Eleusis. Ella estaba representada por el cereal y Dionisos por el vino, dado que el vino, en su justa medida, ayuda a despertar un estado entusiasta y alegre; también el intenso color rojo del vino se vincula a la sangre y la vida.

Leuk- es *luz* y *esplendor,* asociándose también a lo *pálido,* lo *blanco* y, por tanto, a la *Luna* y los días consagrados a ella (los lunes). Sin embargo, de esta raíz proviene también una importante palabra asociada a la divinidad y a un importante dios solar: los ritos de purificación (*lūstrum*), asociados al dios Apolo.

Las fiestas lustrales celebradas en Grecia y Roma tenían lugar cada cinco años (de ahí viene *lustro*), y se destinaban a realizar ceremonias de purificación de la ciudad y sus ciudadanos. Para ello se realizaban sacrificios animales, actos expiatorios, aspersiones con agua de mar y ramas de olivo o laurel y mucha, mucha, mucha limpieza (lustrar es limpiar hasta sacar brillo), deshaciéndose de todo lo inservible, al modo de unas fiestas de renovación. Cuando se creía que la ciudad había cometido un delito o se había profanado algún templo, las ceremonias lustrales pretendían expiar la culpa y restaurar por medio de la purificación el bien perdido. De Apolo tendremos que seguir hablando más adelante en relación a otros atributos del dios, pero ahora nos centraremos en el aspecto lustral.

> «Apolo no es solamente el dios que hace cesar la enfermedad o que evita que se produzca, sino que es también el que la envía. Ahora bien, dentro de la mentalidad primitiva, las epidemias y ciertas enfermedades individuales son simples manifestaciones externas del estado de impureza espiritual en que se encuentra el individuo o la comunidad a consecuencia de una conducta sacrílega, pudiendo ser conjuradas por medio de ciertos ritos considerados como purificatorios y, como era de esperar, el dios de las enfermedades es también el dios purificador. (…) El poder sobre las enfermedades que era reconocido a Apolo fue la causa de que se le considerara a veces como médico».[4]

Su oráculo en Delfos se ocupaba en general de la purificación de los homicidas, de manera que el dictamen de la pitia indicaba al criminal lo que debía hacer para redimir su falta y recobrar la paz de su espíritu. De las festividades que se celebraban en Delfos, una de ellas

---

4. *Diccionario de mitología clásica,* de Falcón Martínez, C., Fernández Galiano, E. y López Melero, R.

estaba consagrada a una heroína local asociada luego con Semele, pues se sabe que Dionisos y Apolo compartían lugar de culto en Delfos, gobernando la entusiasta divinidad el santuario durante los tres meses de invierno. Tras su nacimiento en la mágica isla de Delos, Apolo viajó al país de los Hiperbóreos, desde donde llegó luego a Delfos. Allí mató a la gran serpiente pitón que asolaba el lugar e instituyó su oráculo. Desde entonces, cada año volvía al norte en el período invernal, mientras su hermanastro regía el santuario. Apolo y Dionisos constituían, juntos, un doble aspecto de la deidad solar.

Sobre la relación de la luz apolínea del Sol y la purificación también habla Platón en el Crátilo, cuando expresa que es «el dios que purifica, que lava, que libera de los males del alma y del cuerpo». Es el dios que preside la armonía, razón por la cual se le asociaría no sólo a las artes y la belleza, sino también a la medicina y a la regulación de los movimientos del cielo. A través de sus hijas, las musas, Platón señala que Apolo también está detrás de la indagación y la filosofía. Más adelante nos adentraremos en esa idea cuando hablemos sobre el conocimiento.

La relación entre lo brillante y lo limpio o puro se ve también a través de la raíz **nei-**, que se traduce por *brillar, relucir, excitarse* y *bello*. También con el color azul oscuro (de ahí viene añil o anilina), pero igualmente con el *ojo* y con lo limpio y claro, a través de las palabras *neto* y *nítido*.

Por medio de la raíz **sweid-**, también traducida por *brillo*, se expresaba la relación que existe entre lo brillante y los astros. En diversos idiomas la raíz se empleó para formar palabras asociadas a *empezar a brillar, amanecer, estrella, constelación* o *sideral*, pero también de la idea de observar las estrellas con cuidado nació la palabra *considerar*, que invita a examinar las cosas con cuidado a la luz de aquello que nos permite ver en la oscuridad.

Si, como decía Spinoza, Dios y Naturaleza son una misma cosa, y la idea de Dios es la de aquello que dio inicio a Todo y regula ese Todo por medio de una serie de leyes universales a las que todo cuando existe está sometido (incluidos los dioses, si los entendiéramos como aspectos manifiestos de Dios), sería necesario desvincular definitivamente de nuestra mente la artificial y perversa asociación de Dios (brillante, luz) con el dios humanizado de las religiones: furioso, vengativo, libidinoso, celoso, cruel, sobornable, engañoso, no sometido a las leyes,[5] etc.

La idea de un motor primero, de un «algo» pluripotencial que dio lugar a Todo, no está tan alejado de las investigaciones de la física moderna, a la caza de la partícula esencial. Aunque queda mucho por descubrir en el campo de la física de partículas, y no disponemos de los conocimientos necesarios para abordar el tema sin temor a decir algo inexacto, sí que resulta interesante observar las propiedades del bosón de Higgs, al que se ha dado en llamar «partícula de dios»: sería una partícula sin carga eléctrica ni color, por lo que no podría interaccionar con partículas como los fotones o los gluones, pero sí con todas las que tienen masa, además de ser su propia antipartícula.

Por otra parte están también los fotones, una partícula elemental (el fotón) con unas propiedades cada vez más sorprendentes e interesantes, como ser la causante del electromagnetismo y de portar todo tipo de radiaciones electromagnéticas, desde los rayos gamma y x hasta la luz ultravioleta, los infrarrojos, las microondas y las ondas de radio. Mantiene una dualidad en su comportamiento –onda-corpúsculo– y está detrás de todas las manifestaciones de la vida, pero indiscutiblemente sometida a unas leyes de las que ni ella misma, con su gran velocidad, puede escapar. El fotón es estable, es su propia antipartícula; al igual que el bosón de Higgs, carece de carga eléctrica, tiene un tiempo de vida infinito, su masa en reposo es cero, sólo puede existir cuando se mueve a su máxima velocidad, es lo que transmite la energía a través del espacio y, cómo no, la mayor parte de la información que tenemos del mundo natural nos la han transmitido los fotones.[6] De un tiempo a esta parte se han investigado, con esperanzadores resultados, los beneficios de la comunicación cuántica por las propiedades de los fotones.[7]

---

5. Si Dios es naturaleza, las leyes naturales son parte de la esencia de Dios, ¿cómo podría Dios violar sus propias leyes sin anularse?
6. Sobre un trabajo de Emilio Quea titulado «Los cuantos o fotones» publicado la revista *Investigación educativa* de la Universidad Nacional Mayor de San Marcos (Perú).
7. Basado en un artículo de Martin Giles titulado «¿Qué es la comunicación cuántica? Definición y conceptos clave», publicado en la revista online del MIT.

Como decíamos antes, aunque resulta apasionante, la física no es nuestro campo, y es fácil que podamos cometer errores si nos aventuramos sin prudencia en este ámbito. Según las tradiciones míticas, el inicio de la vida parte de un Uno misterioso que da inicio a una pareja primordial de «hermanos». Esta pareja de hermanos-esposos simboliza que ambos tienen un mismo origen, que han surgido de lo mismo, pero que no son lo mismo, sino que de lo UNO surge la dualidad polarizada, opuesta y complementaria. De manera que esa primera manifestación comienza con una dualidad, ya que sin los pares de opuestos no es posible generar ni engendrar nada, ni puede haber nada que comience a moverse sin la oposición de fuerzas contrarias. Si, como creían los antiguos, el Origen, el Uno primordial es inapresable e incognoscible, sólo podemos aproximarnos a ello desde sus manifestaciones, que no son otra cosa que lo que podemos ver y percibir gracias a la luz, aunque no podamos mirarla directamente sin quedar cegados. Sobre la forma de acercarnos a Dios, la Naturaleza, lo Uno, el Todo o como quiera que nos sintamos más cómodos llamándole, hablaremos a continuación, no sin antes rescatar de Platón una idea esencial para continuar:

> «Lo importante es reconocer que no es en los nombres, sino en las cosas mismas, donde es preciso buscar y estudiar las cosas».[8]

CONOCIMIENTO

Si Dios está asociado a la luz y a aquello que nos permite ver y, como decía Platón, buscar y estudiar las cosas, es necesario indagar ahora sobre qué es el conocimiento y cómo es posible obtenerlo. Y lo primero que nos saltará a la cabeza, dado que el conocimiento está favorecido por la luz, es que, de alguna manera, se relaciona con la capacidad de ver, pero también con la capacidad de entender lo que se ve, esto es, diferenciando lo real de lo no real, o lo válido de lo no válido, lo cierto de lo incierto, lo bueno de lo malo... Es el único aspecto en el que la discriminación tiene un sentido acertado... si se hace acertadamente. Sólo podríamos llamar «sabio» entonces al que,

---

8. *Crátilo,* de Platón.

alcanzando el conocimiento, sabe discriminar lo adecuado de lo no adecuado y comportarse conforme a ello.

Por medio de la raíz **derk-** vamos a reencontrarnos de nuevo con la dualidad de las serpientes. No en vano las serpientes y, por extensión, los dragones (serpientes aladas) han sido desde tiempos inmemoriales símbolos de la sabiduría, que puede ser empleada tanto para el bien como para el mal. La diferencia estará en la fortaleza y solidez de las virtudes morales de quien alcance los conocimientos. **Derk-** significa *ver,* pero de ahí derivó en otras lenguas en *aspecto, mirada, ver* y *ojo.* En griego esta raíz se convirtió en *drakon,* de donde ahora tenemos *serpiente* y *dragón.* Para los griegos un *drakon* era un «monstruo con ojo de demonio». Ahora bien, en el *Crátilo* aparece el siguiente diálogo:

Sócrates: ¿Sabes a quién llama Hesíodo demonios?

Hermógenes: No me acuerdo.

Sócrates: ¿Tampoco te acuerdas que dice que la primera raza de hombres era de oro?

Hermógenes: De eso sí me acuerdo.

Sócrates: El poeta se explica de esta manera: «Desde que la Parca ha extinguido esta raza de hombres, se los llama demonios, habitantes sagrados de la tierra, bienhechores, tutores y guardianes de los hombres mortales».

Hermógenes: Y bien, ¿qué significa esto?

Sócrates: ¿Qué? Que no creo que Hesíodo quiera decir que la raza de oro estuviese formada con oro, sino que era buena y excelente, y lo prueba que a nosotros nos llama raza de hierro.

Hermógenes: Es cierto.

Sócrates: ¿Crees que si entre los hombres de hoy se encontrase uno bueno, Hesíodo lo colocaría en la raza de oro?

Hermógenes: Probablemente.

Sócrates: Y los buenos, ¿son otra cosa que los sabios?

Hermógenes: Son los sabios.

Sócrates: Esto basta, en mi juicio, para dar razón del nombre de demonios. Si Hesíodo los llamó demonios, fue porque eran sabios y hábiles (*daeemones*), palabra que pertenece a nuestra antigua lengua. Lo mismo Hesíodo que todos los demás poetas tienen mucha razón para decir que, en el instante de la muerte, el hombre, verdaderamente bueno, alcanza un alto y glorioso destino, y recibiendo su nombre de su sabiduría, se convierte en demonio. Y yo afirmo a mi vez que todo el que es *daeemon*, es decir, hombre de bien, es verdaderamente demonio durante su vida y después de la muerte, y que este nombre le conviene propiamente.

Quizá por esta vinculación entre el conocimiento y la serpiente o los dragones, encontramos en los mitos a dioses de la sabiduría o sabios como Apolo, Hermes, Asclepios, Quetzalcoatl, Mitra, Kronos-Zurvan, Lucifer, Moisés, Shiva, Brahma, Nidhug, Tiamat, Seraphis, Chiminigagua, los nagas, Heracles, Kukulkan o las alegorías de san Jorge, el arcángel Miguel, Andrómeda y Perseo, Gilgamesh y tantas, tantas otras. También el dragón chino Huanglong, de color amarillo (color asociado también a Hermes-Mercurio) y que enseñó la escritura a Paoxi, el primero de los grandes seres mitológicos chinos, hijo del supremo emperador de Jade; es mitad hombre y mitad serpiente, al igual que su hermana y esposa Nüwa (se suele representar a ambos juntos con sus colas serpentinas entrelazadas, de la misma manera que el caduceo o kundalini). Paoxi fue el descubridor de los ocho trigramas del *I Ching*, del instrumento de cuerda guquin y, cómo no, dios de la sabiduría entre los antiguos chinos.

Sobre la bondad y la sabiduría, Spinoza expresó de forma clarísima cómo usar el pensamiento humano para conocer a Dios, más por la razón que por la superstición; eso le llevaría sin duda a ser mejor con sus congéneres:

«Si los hombres pudieran conducir todos sus asuntos según criterio firme, o si la fortuna les fuera siempre favorable, nunca serían víctimas de la superstición. (…) ¡Dios mío!, la piedad y la religión consisten en absurdos arcanos. Y aquellos que desprecian completamente la razón y rechazan el entendimiento, como si estuviera corrompido por naturaleza, son precisamente quienes cometen la iniquidad de creerse en posesión de la luz divina. Claro que si tuvieran el mínimo destello de esa luz, no desvariarían con tanta altivez, sino que aprenderían a rendir culto a Dios con más prudencia y se distinguirían, no por el odio que ahora tienen, sino por el amor hacia los demás; ni perseguirían tampoco con tanta animosidad a quienes no comparten sus opiniones, sino que más bien se compadecerían de ellos, si es que realmente temen por su salvación y no por su propia suerte».[9]

Doblegada por la virtud (representada simbólicamente por lo alado o lo elevado en forma de ave), la serpiente representa la ignorancia o el uso del conocimiento con fines egoístas. Por contra, la serpiente alada, o elevada en vertical gracias al árbol, el cayado, el tocado o por sí misma, es el conocimiento conquistado para el bien, la más alta de las magias y la sabiduría suprema.

De la raíz **dhei∂-**, que se traduce por *ver, mirar*, diversas lenguas significaron *él ve, idea, ver* y *conocimiento*, pero también a través del griego las ideas de *signo* o *señal*, como vimos al hablar de **neter**, como la señal de la presencia de la divinidad. Esto implica estar atento y observar. Para obtener el conocimiento es necesario saber ver las señales, no en un sentido *mágico*, sino en el sentido profundo de la Magia: conocer las leyes intrínsecas de la naturaleza para poder intervenir dentro de la corriente natural, y actuar sin pretender forzar dichas leyes. El símbolo egipcio del *Oureus*, la serpiente, cobra desplegada que aparecía en la frente de los faraones, quería representar precisamente a aquel que había logrado conquistar esa atención de forma permanente, convirtiéndose en una serpiente de sabiduría, contraria a la otra serpiente, *Apap*, representante de la maldad y la ignorancia, siendo lo primero siempre consecuencia de lo segundo. Así que, como decía algo más arriba Sócrates, ¿pueden ser los buenos otra cosa que sabios?

Más familiar nos resulta la raíz **gnō-**, *conocer*, que se interpretó como *yo sé, yo reconocí, saber, conocer*. Del latín nos llegó el *cognoscere* como idea de aprender a conocer algo a través de los sentidos, de donde derivarían palabras como *noción, noticia* o *denuedo* y *denodado*, que se refieren a atreverse, ser intrépido y mostrarse valiente. Una idea, la del valor, que se relaciona con la acción del héroe. Continuando con el anteriormente citado diálogo del *Crátilo* tenemos el siguiente texto de Platón:

---

9. *Tratado teológico-político*, de Baruch Spinoza.

Hermógenes: No puedo menos de alabar lo que dices, Sócrates. Pero ¿qué son los héroes?

Sócrates: No es punto difícil de comprender. Esta palabra se ha modificado muy poco, y demuestra que los héroes toman su origen del amor o *Eros*.

Hermógenes: ¿Qué quieres decir con eso?

Sócrates: ¿No sabes que los héroes son semidioses?

Hermógenes: ¿Y qué?

Sócrates: Es decir, que todos proceden del amor, ya de un dios con una mortal, ya de un mortal con una diosa. Si quieres que me refiera a la antigua lengua ática, entonces me entenderás mejor. He aquí cómo es preciso explicar los héroes, o si no hay que decir que eran sabios y oradores, versados en la dialéctica, y particularmente hábiles para interrogar (*erootan*), porque *eirein* significa hablar. Como decíamos, resulta que en la lengua ática son oradores o disputadores, y familia de los oradores y de los sofistas es nada menos que la raza de los héroes. Esto es fácil de concebir.

Hay un texto en *El banquete*[10] en el que Platón desarrolla ampliamente la relación de *Eros*, el amor, con los héroes y la búsqueda del conocimiento, tres elementos que se sintetizan en una sola idea, la del filósofo. Para Platón el amor (*Eros*) no es un dios, sino un gran *daemon* (demonio o demon), que es aquello que se sitúa en el punto intermedio entre lo que ES y lo que no es, entre lo divino y lo mortal, entre la sabiduría y la ignorancia, entre lo bello y lo feo, entre lo bueno y lo malo. Su poder es:

«El de interpretar y transmitir a los dioses las cosas de los hombres y a los hombres las cosas de los dioses, de los unos las súplicas y sacrificios y de los otros los mandatos y recompensas por los sacrificios; y, al estar en medio de unos y otros, rellena el espacio entre ambos, de suerte que todo quede unido consigo mismo. A través de él se realiza la adivinación toda y el arte de los sacerdotes que se refiere a los sacrificios y ritos de iniciación, a los ensalmos, a la adivinación toda y a la

---

10. *El banquete,* de Platón

magia. La divinidad no entra en contacto con el hombre, sino que a través de este demon tiene lugar toda relación y diálogo entre dioses y hombres, tanto cuando están despiertos como cuando duermen. Y quien es sabio acerca de tales menesteres es un hombre «demónico», mientras que quien lo es en cualquier otra cosa, ya sea en las artes o en los trabajos manuales, es un mero artesano. Estos démones, naturalmente, son muchos y de todas clases, y uno de ellos es también Eros».

A través de una bella alegoría, Platón explica que los padres de Eros son Poro (hijo de Metis, la astucia, representa *el recurso*) y de Penía (*la pobreza*). Con esta genealogía busca explicar las condiciones del amor: siempre pobre, duro, descalzo, flaco y sin hogar, duerme siempre en el suelo y sin mantas, compañero de la indigencia a causa de su madre, se acuesta al raso en las puertas y los caminos. Sin embargo, por la naturaleza de su padre está al acecho de los bellos y de los buenos, es valeroso, intrépido, impetuoso, ávido de conocimiento y siempre pensando en alguna argucia para conseguir lo que no tiene; así es fértil en recursos, amante del saber, formidable mago, hechicero y sofista. Así, según esta doble naturaleza, nunca posee nada, pues gasta todo lo que obtiene, ni tampoco carece de recursos para obtener lo que precisa, siempre está:

«En medio de la sabiduría y la ignorancia. Pues ocurre lo siguiente: ninguno de los dioses ama la sabiduría ni desea hacerse sabio (porque ya lo es), ni ama la sabiduría cualquier otro que sea sabio. Por su parte, los ignorantes ni aman la sabiduría ni desean hacerse sabios, pues eso mismo es lo penoso de la ignorancia, el no ser bello ni bueno ni juicioso y creerse uno que lo es suficientemente. Así, quien no cree estar necesitado de una cosa no desea aquello que no cree necesitar».

Así es como el máximo y más perfecto exponente del amor es el filósofo, y su alma la de un héroe, que requiere de todo su valor para nunca cejar en su empeño de buscar aquello que no tiene, pero que ansía fervientemente. No sería difícil, analizando las historias de héroes de todos los tiempos, descubrir como una constante la presencia de elementos representativos del amor, el alma, la conquista de la sabiduría y el valor (princesa amada, las virtudes heroicas, el dragón o el tesoro, las pruebas…).

Volviendo al *Crátilo* y a la raíz **gnō-**, recordemos que Platón explica que *gnoomee* será el examen de la generación o de lo que es generado, mientras que *noeesis*, la inteligencia, es *el deseo de novedad*, entendiendo por novedad las cosas que mudan y cambian sin cesar, justo aquellas que el alma desea conocer, y puesto que la inteligencia se relaciona con la prudencia, es la conservadora de la sabiduría. En este mismo sentido, la ciencia o *episteemee* representa para Platón un alma que, «de acuerdo con la razón, sigue las cosas en su movimiento, sin perderlas jamás de vista, porque ni se adelanta ni se atrasa». Mediante la relación de las letras de los nombres de las palabras, el Crátilo relaciona comprender con saber, porque comprender (*sunienai*) «expresa que el alma marcha de concierto con las cosas, de manera que el sentido de la palabra *sofía* (sabiduría) es "alcanzar el movimiento"».

En la raíz **gwhren-**, que significa *pensar*, aparecen también las ideas de *sospecha*, *recelo* o *reflexión*, quizá porque pensar sobre las cosas te puede llevar a dudar, y también porque no hay que fiarse totalmente de lo que vemos. De esta raíz se forma la griega fren-, *mente*, de donde hemos compuesto palabras como *esquizofrenia* y *frenopatía*, pero de donde los griegos también formaron *frasis*, de donde viene *dicción* y *frase* porque, como ya vimos en los primeros capítulos, existe una inseparable relación entre pensar y hablar para conocer y conocernos.

Reveladora es también la raíz **keuꝺ-**, que significa *prestar atención y percibir*, y de donde se derivaron significados como *inteligente, oír, percibir* y también, en ese mismo sentido de duda que ofrecía **gwhren-**, *vacilar*. De aquí los latinos formaron la palabra *caveō* en el sentido de «estar en guardia», y de donde hoy tenemos *precaución, precaver, cautela* o *caución*. Sin duda la cautela y la prudencia son necesarias con las cosas que percibimos, ya que no siempre son lo que parecen, ni los sentidos nos ofrecen cosas ciertas de las que fiarnos sin reflexionar previamente sobre ellas. Recordemos cómo en Egipto se denominaba al niño con la palabra id, que significa *el sordo*, porque cuando la persona aún no está educada, es *sorda a las palabras de sabiduría*. Educar era para ellos abrir sus oídos y hacer que conociera la verdad de las cosas. Al niño se lo solía representar con la mano derecha en la boca, señalando que está callado (o debería estarlo). Existía además, en el antiguo Egipto, un conjunto de jeroglíficos que reflejaban las virtudes del buen alumno. Por un lado estaba **ger**, que significa *silencio, ser silencioso*, y que se representaba con un hombre que se lleva la mano a los labios en señal de silencio; y por otro estaba **sedjem**, literalmente *oreja*, representado por una oreja de la gran vaca sagrada Hathor. Significativamente, los egipcios, para definir a «los vivos», dibujaban dos de estas orejas. La vida no te la da el solo hecho de nacer, sino las cosas que conoces gracias a la capacidad de saber escuchar.

De **spek-** (*observar*) se formarán palabras para referirse a *ver*, *aguardar* y *profecía*. Los latinos obtuvieron de aquí su *speciēs*, como «vista, apariencia, tipo y mercadería» y *-spex*, para referirse al que ve, y que empleaban al denominar al arúspice, ese sacerdote que daba presagios examinando las entrañas de los animales sacrificados. Los griegos también la usaron para significar *examinar* y *considerar*, y encontramos palabras en varios idiomas en relación a la vista de lo aparente como *espejo* o *especular*, a la adivinación como *auspicio* u *horóscopo*, a la cautela como *circunspecto*, a la desconfianza como *sospechar* y *suspicacia* o a la vigilancia como *espía* o *espionaje*. Quizá en un principio el arte de adivinar no fue otra cosa que el arte de «prever» lo que podía pasar en el futuro analizando los ciclos del pasado y los hechos del presente.

Pero conocer es también tener memoria. **(S)mer-** significa *recordar*, y en griego formó la palabra *mártiros*, que se traduce por *que ve, que recuerda*, porque sólo el que ha visto, el testigo, puede dar testimonio de ello. No repetiremos aquí lo antes dicho al hablar de Giordano Bruno y el arte de la memoria, o de Platón y su idea de que saber es «recordar», pero aprovecharemos para rescatar, con la raíz **men-**, que hace referencia a pensar y a otros derivados vinculados a los estados de la mente, las ideas de *memento* (acuérdate), *memoria, vencer, poder, querer, ambición, mantra* (consejo, oración, himno), *imaginar, reminiscencia, adivino, musa, atento, cuidadoso* y *vidente*.

Finalmente tenemos una raíz a la que ya hemos hecho referencia a lo largo de este trabajo: **weid-**, que significa *ver*, y que obtuvo significados como *hallar, saber, forma, imagen, cuidar, guardar, apariencia, avisar, conocimiento* y *druida*.

Con todas estas definiciones y significados, de seguro que no seremos sabios ni alcanzaremos el conocimiento, pero esperamos que sí aclaren que conocer y ver son dos ideas que comparten estrechos lazos. Ver lo que puede verse y percibirse por los sentidos, analizarlo, examinarlo, reflexionarlo y desconfiar, porque aparte de las cosas que pueden verse, hay otras que no se ven, pero que podemos conocer por las señales que dejan, como el mismo amor, del todo invisible en sí, pero de indudable existencia a la luz de cómo se comportan los seres y las cosas que padecen sus efectos. Si todo es cíclico, como reza el Kybalión, conocer y recordar el pasado es la mejor forma de predecir el futuro.

HUMANIDAD

Según una historia griega, el titán Prometeo creó a los hombres moldeándolos con arcilla en un torno de alfarero, les enseñó a quedarse con la mejor parte de los sacrificios a los dioses y robó el fuego sagrado para entregarlo a los humanos. Cuando Zeus, furioso por el atrevimiento de Prometeo, lanzó un terrible diluvio para acabar con la creación del titán, éste enseñó a su hijo Deucalión cómo construir un arca en la que salvarse junto con su esposa. Deucalión, hijo de Prometeo y la oceánide Clímene, estaba casado con Pirra, la hija de Epimeteo (hermano de Prometeo) y Pandora. Cuando el diluvio cesó, después de acabar con todos los hombres menos ellos dos, desembarcaron en el monte Parnaso, en Delfos, que no había sido cubierto por las aguas, rindieron sacrificios a Zeus y luego consultaron el oráculo de Temis (el mismo que luego sería de Apolo) para saber cómo restituir la humanidad. El oráculo señaló que lo que debían hacer era arrojar tras de sí los huesos de su madre. Así que, entendiendo que su madre era Gea, la Tierra, y sus huesos eran las piedras, de las piedras que arrojó Deucalión fueron surgiendo hombres y, de las que arrojó Pirra, mujeres. Mientras la humanidad volvía a florecer, Prometeo, sacrificado, permanecería encadenado al monte Cáucaso por mandato de Zeus a causa de su robo, mientras un águila devoraba su hígado eternamente regenerado, hasta que el gran héroe Heracles, representante de la humanidad, le rescató.

Entre los aztecas, y posiblemente entre otros pueblos más antiguos de la zona, existía la tradición de que los dioses habían creado varias humanidades, todas ellas fracasadas por distintos motivos, hasta que llegaron a la quinta, que medró bajo el quinto sol después de un gran diluvio. Pero crear a esa quinta humanidad no fue fácil. Cuando la tierra ya estaba seca, los dioses se preguntaron quiénes serían ahora las personas. Así fue como Quetzalcoatl, la serpiente emplumada, bajó hasta la Tierra Muerta a pedir a los regentes de aquel reino que le dieran los huesos de los muertos para crear de ellos a los hombres. Quetzalcoatl logró los huesos después de pasar varias pruebas, pero el señor de la Tierra Muerta avisó al dios de que los huesos tendrían que regresar allí tarde o temprano. Quetzalcoatl, que quería que los hombres vivieran para siempre, intentó engañar al señor de la Tierra Muerta, pero éste hizo caer a Quetzalcoatl en una tumba:

«Al recuperar el sentido, vio que los huesos estaban esparcidos y que las codornices los habían mordido y mordisqueado. Sollozando, preguntó a sus pensamientos interiores: "¿Cómo puede ser esto?". Sus pensamientos interiores le respondieron: "¿Que cómo puede ser? Los huesos han sido mordisqueados y al cabo de un tiempo se pudrirán. Habrá muerte. Es algo que no puedes cambiar". Se sintió muy triste, pero viendo que podía llevarse los huesos libremente, los recogió, los llevó a un lugar por encima del cielo y se los dio a un espíritu llamado Mujer Serpiente, la cual los machacó hasta convertirlos en polvo y los puso en un cuenco de jade. Entonces Quetzalcoatl derramó en el cuenco sangre de su cuerpo, y lo mismo hicieron todos los demás espíritus».[11]

En el *Enūma elish*,[12] el poema babilonio de la creación, en el que muy posiblemente se inspiraron los griegos y con seguridad los hebreos para componer sus propios mitos, el dios Marduk, después de ordenar el cosmos y erigirse como rey de los dioses, dice:

«Condensaré sangre y haré aparecer los huesos, haré surgir un ser cuyo nombre será "hombre". Crearé un ser humano, el Lullú (o lú-u -lu,

11. De la edición que hizo John Bierhorst de los *Mitos y leyendas de los aztecas*.
12. Tomado del *Enūma elish*. Edición de Rafael Jiménez Zamudio.

palabra sumeria que significa "hombre", "humanidad") para que se les imponga la prestación laboral de los dioses y puedan éstos descansar».

Los hombres creados por Marduk eran llamados «Cabezas Negras», y así es como se denominaban los habitantes de Mesopotamia (del acadio *salmāt qaqqadi*, que está traducido del sumerio *saĝ-ĝi*, que significa «cabeza negra», en alusión genérica a la humanidad).

Entre los egipcios, el dios Ptah era el demiurgo, quien representaba el fuego oscuro y el pensamiento oculto que actúa sobre el corazón y la lengua. Era también el patrón de las artes, los escultores y los orfebres. A él se le identifica con la colina primordial o la tierra emergida; sin embargo, sería *Knum*, el dios con cabeza de carnero al que nos hemos referido antes como «topador de las tinieblas», el encargado de hacer nacer a los seres vivos, incluido el hombre, moldeándolos en su torno de alfarero. Según el mito, cuando el dios se *cansó* de modelar una a una a todas las criaturas vivas, colocó una parte de su torno dentro de las hembras de cada especie para que ellas, a partir de ese momento, fueran las que crearan la vida.

Podríamos seguir fácilmente narrando historias míticas sobre la creación del hombre. En nuestra propia cultura tenemos los textos bíblicos que, igualmente, hacen nacer al primer hombre del barro con una condición mortal (polvo eres y en polvo te convertirás). Ahora bien, para aproximarnos a lo que es la humanidad, a lo que somos, no bastará con mirar la tierra, sino que tendremos que seguir las señales, los rastros dejados para identificar qué es el hombre y llegar a *lo humano*.

Las palabras *hombre, humano* y *humanidad* hay que entenderlas en este caso como sinónimas, dejando de lado la idea de género masculino asociada a «hombre» en nuestro idioma, ya que existen otras que sí harán alusión específica a cada uno de los dos géneros. Hombre, humano y humanidad provienen indistintamente de la misma raíz: **dhghem-**, que significa *tierra*. El *hombre* es aquel que pertenece a la tierra o al país y que hace su vida en su suelo. La tierra es, asimismo, un nombre derivado de **ters-**, que es *seco*, o más bien la tierra seca que quedó tras el diluvio. De la raíz **ters-** proviene significativamente el nombre de los huesos con los que el hombre camina sobre ella: *tarsos* y *metatarsos*. Así es que *humanidad* es aquella que camina y vive sobre la tierra, y que míticamente está hecha de tierra. Si tomamos esto como lo que es, una alegoría, nada hay más cierto que estamos hechos de los mismos elementos que hay en nuestro amado planeta Tierra, y que al morir, el cuerpo se descompone y reintegra a la tierra todos los elementos que le fueron «prestados».

Si hay algo tan cierto como que el cuerpo debe morir, es que desde que la humanidad tiene memoria ha hablado de la doble naturaleza del hombre: una mortal, perteneciente al cuerpo, a la tierra y a los huesos; y otra inmortal, perteneciente al alma y espíritu, a lo celeste y lo sutil. La una se ve, es concreta, sensible e impura, mientras que la otra es invisible, sensitiva y pura. De la una podemos conocer todo gracias a nuestra razón analítica, porque en ese ámbito de la vida humana todo se puede medir, pesar, cortar, analizar, diseccionar o dividir; sin embargo, de la otra, al no ser visible, ni medible, ni analizable, no nos quedó más remedio que hacer aquello de lo que hablamos en capítulos anteriores, elaborar imágenes que nos permitieran *ver* y, por tanto, *conocer* aquello que no podíamos descubrir por medio de los sentidos. Así es como los mitos están plagados de alegorías simbólicas acerca del cuerpo y el alma, y de lo que son uno y otra. Por esa doble naturaleza de la que hablamos, dichas alegorías suelen hacer referencia al ciclo del héroe, ya que es, como vimos, aquel que comparte una doble naturaleza: divina y mortal. El héroe siempre es hijo de una entidad divina y de un ser humano, y sus aventuras y periplos son, simbólicamente, aquellos que deben realizarse para trascender la parte mortal y elevarse completamente por medio de la parte divina. Sobre esto dice el *Crátilo*:

«Algunos dicen que el cuerpo es la tumba (*seema*) del alma, y que está allí como sepultada durante esta vida. Se dice también que por medio del cuerpo el alma expresa todo lo que expresa, y que a causa de esto, se le llama justamente *seema*. Pero, si no me engaño, los partidarios de Orfeo aplican esta palabra a la expiación de las faltas que el alma ha cometido. Ella está encerrada en el recinto del cuerpo, como en una prisión, en que está guardada (*soodseetai*). El cuerpo, como lo indica la palabra, es para el alma, hasta donde ésta ha pagado su deuda, el guardador, *sooma*, sin que haya necesidad de alterar una letra».

En un sentido parecido, y muy sugerente, dice *El Zohar*:

> «Bienaventurada el alma que no está obligada a volver a este mundo para rectificar las faltas cometidas por el hombre al cual animaba, porque el Santo, bendito sea, le concederá un lugar confortable en el mundo venidero».

Prestando atención a la expresión «las faltas cometidas por el hombre al cual animaba», se revela que entiende que es el alma la que anima al cuerpo, y que el hombre, como humanidad, es el vehículo del que el alma se vale para redimir sus *faltas*. Esto, a su vez, nos lleva a entender que debe existir un comportamiento correcto y otro incorrecto, uno que lleva a alcanzar la naturaleza celeste y otro que condena a volver a las cuitas de la tierra. A todo esto Paracelso, al hablar de la creación del hombre, añade lo siguiente:

> «El hombre no surgió de la nada, sino que está hecho de una materia... La Escritura dice que Dios tomó el *limus terrae*, la materia primigenia de la tierra, como una masa, y formó de ella al hombre. Además, dice también que el hombre es ceniza y polvo, arena y tierra, lo que demuestra ya suficientemente que procede de esa materia primigenia... Pero *limus terrae* es también y al tiempo el Gran Mundo, y así el hombre está hecho de cielo y tierra. El *limus terrae* es un extracto del firmamento, del Universo, y a un tiempo de todos los elementos... (...) Manos y pies no son aún un hombre, sólo la sabiduría de la Naturaleza y las capacidades por ella otorgadas le convierten en él. Por eso el hombre no debe volverse a lo que de mortal hay en su cuerpo; porque todo eso es animal. Sólo debe prestar atención en su cuerpo a lo que es invisible e inaprensible: la luz de la naturaleza, la sabiduría natural que Dios ha inculcado al astro y que pasa de éste al hombre».[13]

Cuando vimos, en capítulos anteriores, algunos de los aspectos que distinguen al hombre del resto de los animales, vimos la diferencia que hacen los antropólogos y arqueólogos entre hominización y humani-

---

13. *Textos esenciales*, de Paracelso.

zación. Así, la humanización implicaba una serie de comportamientos y procesos mentales exclusivos. El sentido del bien, como elemento presuntamente innato (a la luz de los experimentos del doctor Bloom), lleva a los seres humanos a tener comportamientos que pueden ser totalmente contrarios al instinto animal. Somos, por ejemplo, seres capaces de soportar voluntariamente un gran dolor, físico o emocional, o incluso la muerte, si creemos que eso puede llegar a ser bueno, no sólo para nosotros mismos, sino para otros.[14]

Existe una raíz que ha sido empleada en distintas lenguas para usos aparentemente diferentes, por lo que en los diccionarios aparecen justamente diferenciadas. La raíz en cuestión es **man-**, y en un caso se usa para referirse al hombre en sentido de *tribu* o *conjunto humano*, como en *ala-mans* o alemanes significa «todos los hombres», o en sánscrito, que se usa para formar la palabra *manu*, que también significa *hombre*. El otro caso en el que se usa esta raíz es para significar *mano*, de donde saldrán ideas como *coger* o *contener* y palabras como *manada, manojo, maña, manipular, maniobrar, emancipar, demandar, mandar* y *comandar* entre otras. Hemos querido poner estas dos derivaciones juntas por una curiosa coincidencia.

Blavatsky refiere que la palabra sánscrita *manu* proviene de la raíz **man-** como *pensar*, pero también como *humanidad*, dado que *Manu* es la forma en la que se referían al primer y mítico gran legislador indo de origen divino, y progenitor de la humanidad, llamado también «el que existe por sí mismo».

En plural, los *manús* son los guardianes de los *manvántaras*,[15] y como *Manú-Svâyambhuva*, representa al hombre celeste, equivalente al *Adam Kadmon*[16] cabalístico, o más bien al arquetipo o modelo del hombre como Humanidad. Existe, además, una palabra sánscrita,

---

14. Hay un grupo de insectos denominados eusociales, así como en los animales sociales, en los que se puede encontrar este comportamiento.
15. Manvántaras y pralayas, como vimos al hablar del *tzimtzum* cabalístico, se refieren a los períodos de expansión y contracción de la creación o universo. El manvántara es el período de expansión o desarrollo.
16. El Adam Kadmon, como arquetipo humano, incluye lo masculino y lo femenino aún sin diferenciar.

mano, que equivale a *manas*, que, literalmente, es *la mente*. La «M», y más concretamente *Ma*, que es el nombre sánscrito de esta letra, es equivalente al número cinco y se relaciona con el agua y un extraño monstruo, semejante al que representa el signo de Capricornio, una especie de cocodrilo llamado *Makara*, que constituía la cabalgadura del dios indo de las aguas Varuna. Como *Makaram* representaba el pentágono, la estrella de cinco puntas y las cinco extremidades del hombre. Por su parte, Cirlot, al hablar del simbolismo de la mano, resalta su asociación con el número cinco por los cinco dedos, vinculado también a todo lo que el ser humano puede «hacer» como ser humano, así como al amor, la salud o la humanidad.

BIEN Y MAL

Entre los antiguos egipcios, el jeroglífico del brazo humano extendido con la palma hacia arriba encarnaba la idea de *acción*. Cuando la mano aparecía tendida sujetando un pan, se leía **di**, y significaba *dar* y *ofrecer*. Según explica Jacq,[17] el gesto de tender la mano para pedir era desconocido en Egipto, ya que las manos se tendían para dar: «Dar es alimentar, permitir que otro se alimente para tener buena salud, puesto que, en opinión de los antiguos sabios, no existe felicidad egoísta. El hombre generoso es *Au djeret*, que significa "el que tiene la mano larga"». En nuestra lengua, sin embargo, alguien con la mano larga es aquel que es propenso a quedarse con lo que no es suyo. No podemos obviar que, como en otras ocasiones hemos visto, no existe bondad o maldad en las manos, esto es, en las acciones del hombre, sino que dependerá de dos cosas: conocimiento e intención.

La naturaleza del bien y el mal es algo que ha sido ampliamente discutido y expuesto desde todos los ámbitos humanos: filosófico, religioso, científico, médico, económico… Opiniones hay muchas y diversas, pero vamos a tratar de acercarnos a aquellas que parecen estar más en línea con lo que se revela de la naturaleza humana, ya que ésa parece ser justamente la clave. Parece difícil de rebatir la idea de Platón sobre que todos los seres humanos buscan el bien, igual que buscan y aspiran a la justicia, la belleza y la verdad. En esos cuatro elementos

---

17. *El enigma de la piedra*, de Chistian Jacq.

es donde Platón coloca los arquetipos más elevados a los que puede y debe aspirar el ser humano y, al mismo tiempo, los más próximos a la divinidad. Tengamos en cuenta también que la imagen que nos ha llegado de los dioses griegos es la que dibujaron los poetas. Platón critica duramente en *La república* a los que, a través de sus obras, pervirtieron la visión correcta de los dioses, cargándolos con atributos humanos, y no precisamente con los mejores, como violencia, venganza, libertinaje, celos, deslealtad, mentiras, latrocinios, violaciones, etc. Para Platón, los dioses eran seres arquetípicos y, por tanto, partícipes en grado sumo de la belleza, la verdad, la justicia y la bondad. La felicidad de los dioses es la felicidad que obtiene, por serlo, el que es bello, justo, verdadero y bueno, y por eso los seres humanos, constantemente afanados en la búsqueda de la felicidad, ansían la belleza, la justicia, las cosas buenas y la verdad, pero buscan estas cosas en los lugares más peregrinos e insospechados: los negocios, la afición por el deporte, el cuidado de la belleza corporal, la alimentación, la familia, la religión o, quizá también, en la sabiduría. Pero como ocurre que en muchas de estas cosas lo bueno que encontramos no es duradero ni completo, seguimos insatisfechos y ansiosos tratando de encontrar una nueva cosa en la que fijar nuestra felicidad, y por eso constantemente sentimos que se nos escapa de entre los dedos.

—Y se cuenta, efectivamente una historia –prosiguió Diotima–, según la cual los que van buscando la mitad de sí mismos, ésos son los que están enamorados; pero lo que yo afirmo es que el amor no es de mitad ni de todo, a no ser que de algún modo, amigo, resulte ser bueno, ya que incluso sus propios pies y manos están dispuestos a amputarse los hombres si les parece que estos miembros suyos son perniciosos. En efecto, no es propio, creo yo, aquello por lo que cada cual siente predilección, a no ser que a lo bueno se llame particular y propio, y a lo malo, en cambio, ajeno. Porque, sin duda alguna, no otra cosa sino el bien aman los hombres. ¿O tienes otra opinión?

—¡Por Zeus!, ¡yo, al menos, no! –contesté.

—¿Entonces –dijo ella–, se puede decir así, simplemente que los hombres aman el bien?

—Sí –asentí.

—¿Y qué?, ¿no se debe añadir —dijo— que también aman poseer el bien?

—Debe añadirse.

—¿Y, en este caso —continuó—, no sólo poseerlo, sino también poseerlo para siempre?

—También eso debe añadirse.

—Luego, en resumen, el amor consiste en el deseo de poseer el bien para siempre.[18]

Ahí es, justamente, donde reside la permanente angustia vital de los humanos, en que las cosas que deseamos como buenas para nosotros, las que pensamos que nos harán felices, están condenadas irremediablemente a cambiar, acabarse, desgastarse, desaparecer o morir. Si asumimos como veraz la doble naturaleza del hombre, Platón podría estar en lo cierto al afirmar que, según hacia donde orientemos nuestro amor, así serán más duraderas, buenas y bellas las cosas que buscamos y, por tanto, serán más capaces de hacernos felices porque nos acercarán a los dioses. Mientras que si ponemos nuestro amor en cosas perecederas, en las sombras de las cosas verdaderas, jamás seremos felices ni podremos decir que nuestro amor era verdadero. En este sentido decía Demócrito:

«Les es conveniente a los hombres darle más importancia al alma que al cuerpo, pues la perfección del alma endereza la maldad del cuerpo, pero el vigor del cuerpo sin inteligencia en nada puede hacer por mejorar al alma».[19]

No abundaremos más en esto, pues relativas a lo humano y la humanidad, existen numerosas y excelentes señales en las palabras, que es de lo que quiere tratar este trabajo. Sigamos con el *Crátilo*.

Sócrates: Este nombre, *anzroopos*, significa que los demás animales ven las cosas sin examinarlas, sin dar razón de ellas ni *contemplarlas*

---

18. *El banquete,* de Platón.
19. *Fragmentos presocráticos. De Tales a Demócrito.* Edición de Alberto Bernabé.

(*anazrei*); mientras que cuando el hombre ha visto una cosa (*eoora-ke*), lo que expresa igualmente la palabra *opoope*, la *contempla* y se da razón de ella. El hombre es el único, entre los animales, a quien puede llamarse con propiedad *anzroopos*, es decir, contemplador de lo que ha visto (*anazroon a opoope*).

Hermógenes: Y bien, ¿quieres ahora que yo te pregunte acerca de los nombres que quisiera conocer?

Sócrates: Con mucho gusto.

Hermógenes: He aquí una cosa que parece resultado de lo que acaba de decirse. Hay, en efecto, en el hombre lo que llamamos alma (*psijee*) y cuerpo (*sooma*).

(...)

Sócrates: Mientras el alma habita en el cuerpo, es causa de la vida de éste, es el principio que le da la facultad de respirar, y que le refresca (*anapsujon*); y tan pronto como este principio refrigerante le abandona, el cuerpo se destruye y muere.

(...)

Sócrates: ¿Qué es lo que a tu parecer *mantiene la naturaleza* de nuestro cuerpo y le *transporta* hasta el punto de hacerle vivir y andar? ¿No es el alma?

Hermógenes: Es el alma.

Sócrates: Y qué, ¿crees, con Anaxágoras, que la naturaleza en general está gobernada y sostenida por una inteligencia y un alma?

Hermógenes: Así lo pienso.

Sócrates: No se podía dar a este poder, que transporta y mantiene la naturaleza, otro nombre mejor que *fiseje*. Y bien puede decirse con más elegancia *psijee*.

Al recurrir de nuevo a nuestras raíces indoeuropeas, a partir de **anə-**, que tiene como traducción *respirar*, surgen palabras para representar *él respira, viento, aliento, alma, vida*. En griego la raíz formó el *anemos*, que traducimos por *viento* y que empleamos en palabras como *anemó-metro*. Por su parte, los latinos crearon a partir de ella su *animus*, que significaba a la vez aliento y mente, y de *anima*, alma, espíritu y vida.

De la raíz **bhes-**, traducida como *respirar* y en sánscrito como *él sopla*, se formó la palabra a la que se refería Platón en el *Crátilo*: *psijee* o *psique*. Palabra ésta que aúna los significados de *aliento, vida, espíritu*, y de la que derivarían *psicrós*: frío, de donde partiría esa curiosa propiedad del alma de «refrescar». También los griegos usaron la raíz **pneu-** (*respirar, soplar, viento*), pero más bien en el sentido puramente biológico y funcional de la acción de respirar. Otros emplearon la raíz **wē-** (*soplar*) para referirse a los movimientos del aire o, más bien, al aire en movimiento: *sopla, fuerte ráfaga de viento, tempestad, aire sereno*... De aquí tomaron los latinos la palabra *ventus* (viento), con la que ahora *ventilamos*, designamos los *vendavales* o abrimos nuestras *ventanas*. Más curioso es el uso que se hizo en sánscrito para nombrar el nirvana, en el sentido de destrucción y extinción o «bienaventuranza obtenida por la absorción e incorporación del individuo en la esencia divina».

Cuando ves por primera vez el jeroglífico que usaban los egipcios para hablar de «lo bueno» y «lo bello», la impresión es que se trata de un curioso instrumento de cuerda; sin embargo, se trata de otro *instrumento*, mucho más relacionado con el aire y la respiración: una tráquea junto con el corazón o los pulmones. Esta imagen, que se lee **nefer**, significa precisamente *bello, bueno, perfecto, completo*, y los egipcios podían aplicarlo igualmente al brillo del sol, al vestido del dios o a la cerveza. Lo contrario de **nefer** era **dju**, que se traduce literalmente como *malo*. Se representa como un árido y desolado montículo del desierto, donde es habitual que merodeen las fuerzas peligrosas y nefastas, según dice Jacq.[20] No nos sorprende encontrar de nuevo en estos símbolos la idea de tierra seca en confrontación con lo aéreo, el cuerpo en oposición al alma, lo malo en oposición a lo bueno.

Cuando algo se hace con el alma, es imposible que no sea bueno, incluso disfrutar de una cerveza al ocaso después de un día de productivo trabajo. En cuanto a la verdad y la justicia eran, como ya vimos, **Maat**, la pluma de avestruz en la que se basa toda la civilización faraónica y que servía como referente durante el peso del corazón del difunto ante el tribunal de Osiris. Mientras que **Maat** representa la precisión, el orden del mundo, la verdad, el timón que orienta la nave y el codo que mide todas las cosas, su contrario es Isefet, representado

---

20. *El enigma de la piedra*, de Christian Jacq.

por el *pájaro del mal*. **Isefet** se traduce por *el desorden, el caos, la desgracia, la injusticia* (más entropía), por eso, la principal función del faraón era hacer que Maat ocupara el lugar de **Isefet**. Explica Jacq:

> «No hay mayor tarea que ésta, puesto que la felicidad de un pueblo, como la de un individuo, depende de la práctica de Maat, que es a la vez exactitud y justicia. El tribunal del otro mundo sólo formula una pregunta fundamental a quien se presenta delante de él: "Has respetado y practicado Maat durante el tiempo de tu existencia?"».

Entre nuestros orígenes indoeuropeos, vamos a encontrar varias raíces que hacen referencia a la idea del bien. La primera que nos encontramos es **esu-**, traducida como *bueno* y de donde surgen otras palabras como *bien* y *excelencia*. En sánscrito se usó para formar una palabra que significa *afortunado*; dicha palabra era *esvástica*, y es un ejemplo claro de lo terrible que puede llegar a ser buscar «el bien» en el lugar equivocado, creyéndose en posesión de la verdad, amparados por una profanada fortuna y con autoridad forzada para imponer dicha «verdad» aun a costa de la muerte y el sufrimiento de millones de personas.[21] Nada más lejos del bien y la fortuna que representa **esu-**.

Otra de las raíces que hacen referencia al bien es **mā-** y, como en el caso de **man-**, deriva en tres ideas muy interesantes que establecen algunas relaciones entre sí y también con algunas de las cosas referidas para **man-**. La primera *mā-* se usa para decir *bueno* y para expresar palabras derivadas que significan *en un momento propicio*. De esa idea proviene la palabra latina *mātūrus*, que se refiere a *maduro, en sazón* como lo que ya está en el momento adecuado para recogerse, y también derivan otras que se refieren al inicio del día: *Mātūta*, la diosa de la mañana, la aurora, pero también *māne*, que significa la mañana y el amanecer, *mānis,* que es bueno y, finalmente, *Manes*, que son las almas de los difuntos, a quienes los romanos adoraban como espíritus protectores del hogar. Para los egipcios, *el día* se decía **heru**, y su raíz

---

21. Por si caben dudas, nos referimos al perverso uso que los nazis hicieron de la sagrada esvástica hindú, así como a todos los que usan símbolos sagrados para amparar sus delirios criminales.

her- significaba *ser feliz* y *estar satisfecho*. Pero si querían referirse a la mañana, lo llamaban **beka**, lo que se traducía más o menos por *lugar de la energía*; así es como el momento en el que sale el sol se convierte, según hemos visto, en un buen momento, propicio y lleno de energía para comenzar un nuevo día; un pequeño ciclo que comienza dentro de los grandes ciclos que, como espirales de una caracola, crecen unos sobre otros hasta alcanzar ciclos de tiempo que no llegaremos a ver en nuestra vida mortal. Un nuevo día siempre es un nuevo comienzo.

La segunda **mā-** es la que se refiere a la *madre*, que también es asociada a *diosa* y es una de las palabras que podemos encontrar casi sin cambios en muchos idiomas sin raíces comunes aparentes. Esta **mā-** es también, cómo no, *la mama, el pecho, el seno* y *la ubre*.

La tercera y última **mā-** significa *húmedo*, y no es muy diferente de la vinculación acuática de la letra *Ma* sánscrita. En este caso, la humedad se asoció con la tierra pantanosa en irlandés y galés, y con el *fluir* y *manar* de los manantiales desde el latín con la palabra *mānō*.

La tercera y última de las raíces indoeuropeas que expresan *bien* y *bueno* es **su-**. Algunas lenguas antiguas la emplearon para referirse a algo que *está bien*, que es *abundante*, que está sano y *en buenas condiciones*. En este caso también el sánscrito usó esta raíz para añadir abundancia a su ya afortunada esvástica muchos miles de años antes de que la «escoria de la humanidad»[22] la profanara. Es especialmente interesante que esta raíz tenga una asociación tan directa con la salud, lo sano y lo saludable como algo bueno, aunque resulta casi evidente que así sea. Como ocurre con la raíz **gwei-**, que significa *vivir* y *vida*, pero también *vivificar* y *ser viviente* referido a los animales, derivado esto último de la palabra griega **zoon-**. También los griegos usaron esta raíz para nombrar a una importante diosa, hija del dios de la medicina Asclepios: *Hygea*, protectora de la higiene y la salud. Muchos siglos antes de que el médico sueco Ignacio Semmelweis descubriera en el siglo XIX que lavarse las manos antes de entrar a quirófano evitaba muchas muertes por sepsis, los griegos ya tenían claro que salud e

---

22. *Indiana Jones y la última cruzada*, refiriéndose a los nazis. Desgraciadamente, no son los únicos cuyo comportamiento antihumano les hace merecedores de ese calificativo.

higiene iban de la mano, así es que con esta raíz tenemos más claro que quien no guarda y mantiene la higiene, puede perder la salud o, incluso, la vida.

Si quisiéramos ahora rebuscar en los orígenes del mal, no lo tendríamos tan fácil como con el bien. Lo más cercano que podemos encontrar es una variante de la raíz **mel-**, que significa *de color oscuro*, y de donde vendrán palabras como *negro* o *limo,* lo que no puede dejar de recordarnos la asociación que establecía la alquimia entre la tierra negra y el proceso de putrefacción. Ciertamente nada bueno hay en algo podrido, pero nos evoca una sugerente idea que ha sido respaldada por numerosos filósofos. Lo malo no es algo en sí, sino la ausencia o la pérdida de lo bueno y, de alguna manera, puede ser también un medio para que pueda nacer algo bueno. Decir que el mal no existe sería aventurado, aunque quizá cercano a la realidad, sobre todo si lo definimos como la ausencia del bien, igual que la sombra es sólo el lugar a donde la luz no llega. «El libre albedrío no hubiera podido existir sin el demonio que incita al mal», dice *El Zohar.* Mientras la luz divina esté manifestada, la sombra será inevitable y necesaria prueba para aprender a mirar, lo cual no justifica que se deje al alma caer en el oscuro pozo del mal.

Recordemos que Platón definió en el *Crátilo* el bien (*to agazon*) como lo que tiene la propiedad de mezclarse con todas las cosas y penetrarlas, pero también lo que no permite a las cosas detenerse, ni al movimiento llegar a su fin, ni cesar un instante, y le libra de todo lo que podría hacerle llegar a su fin, de manera que lo haría permanente e inmortal. ¿No decía Diótima en *El banquete* que «el amor consiste en el deseo de poseer el bien para siempre»? Por contra, lo malo es aquello que impide el curso de las cosas, lo que las quiere encadenar y poner obstáculos al movimiento. ¿Qué otra cosa son la enfermedad y la muerte que frenos al movimiento de la vida? Así, todo lo que marcha mal fue llamado por los griegos *kakia,* que significa *maldad.*

No hay duda alguna de que la palabra ha persistido hasta nuestros días de manera tan obstinada como el mismo mal, ya que el *kakós* griego, que significa «malo», proviene de una raíz que no necesita muchas explicaciones: **kakka** (defecar). ¿Y qué otra cosa es la caca que lo que ya no podemos aprovechar de los alimentos que nos mantienen vivos? Eso, de alguna manera, es también el mal, algo que es necesario desechar.

VIRTUD Y PODER

Poco antes, al hablar del mal para los griegos, decíamos que todo lo que marcha mal se denomina *kakia* (malo); sin embargo, para conocer mejor qué implica «marchar mal» o «marchar bien», es necesario seguir extrayendo raíces que nos permitan conocer mejor cómo se ha nutrido el gran árbol de las palabras para construir nombres que reflejen adecuadamente lo bueno y lo malo de las cosas.

Por ejemplo, la cobardía (*deilia*) significa, según el *Crátilo*, *un lazo muy fuerte del alma*. Efectivamente, la palabra *cobardía* en griego tiene una gran carga de fuerza, pero se trata de una fuerza perversa, ya que su poder es el de encadenar al alma por medio del miedo. Platón afirma también que, «en general, todo lo que pone algún obstáculo al movimiento y a la marcha de las cosas, es un mal».[23] Marchar mal también sería *marchar despacio y con torpeza*, y eso también sume al alma en un estado de maldad. En el lado opuesto, el movimiento fácil y libre es lo que señala al alma buena.

> «Lo que marcha o corre siempre, sin coacción y sin obstáculo, he aquí lo que significa la *areté* (virtud o excelencia). Ahora bien, si el cuerpo se asocia a la tierra y el alma al aire, ¿qué es lo que tiene la capacidad de correr y moverse fácilmente siempre?, ¿cuál de los dos puede realmente suponer un obstáculo para el movimiento del otro? Si un muro puede detener el viento y el viento puede hacer que la tierra vuele y viaje lejos, el mal es todo aquello que detiene el movimiento del alma y de la *areté*, puesto que "la virtud es el estado del alma preferible entre todos"».[24]

Puesto que la virtud es lo que da movimiento al alma, conviene saber mejor qué es. Hoy, la virtud puede entenderse con cierta carga de casta y blandita mojigatería. Sin embargo, la palabra «virtud» proviene

---

23. *Crátilo,* de Platón.
24. Ibíd.

de la raíz **wī-ro-**, que significa *hombre*. En sánscrito (*vīrá*) se traduce, además, como *héroe, hombre, marido* o *hijo varón*. De esta raíz surgen palabras latinas para designar las *partes viriles*, el *vigor*, la *capacidad* y la *potencia*, pero también y específicamente, la virtud como f*ortaleza de carácter*.

La excelencia o virtud griega que conocemos como *areté* es algo un poco más complejo que la simple potencia masculina. La excelencia es la cualidad de los *aristos* (los mejores) y el objetivo de la educación. Para los griegos la excelencia de un ciudadano residía en tres virtudes fundamentales: la valentía, la moderación y la justicia, aunque para Platón era necesario añadir una cuarta, la prudencia. Dado que los ciudadanos en estas culturas eran sólo los varones, no es de extrañar que dichas virtudes estuvieran asociadas a los hombres, al igual que luego en Roma estos valores se traspasaron de la misma forma como muestras de *dignidad, honor* y *hombría*. Debió de ser toda una impresión que Platón, en medio de una sociedad como la griega, donde las mujeres estaban relegadas al gineceo y no participaban de la vida pública, afirmara en *La república*:

«Por consiguiente, del mismo modo, si los sexos de los hombres y de las mujeres se nos muestran sobresalientes en relación con su aptitud para algún arte u otra ocupación, reconoceremos que es necesario asignar a cada cual las suyas. Pero si aparece que solamente difieren en que las mujeres paren y los hombres engendran, en modo alguno admitiremos como cosa demostrada que la mujer difiera del hombre en relación con aquello de que hablamos; antes bien, seguiremos pensando que es necesario que nuestros guardianes y sus mujeres se dediquen a las mismas ocupaciones».

Platón asume que, salvo porque físicamente la mujer es más débil que el hombre,[25] en cuanto a las capacidades del alma no existe la más

---

25. Somos conscientes de lo espinoso de este comentario, pero biológicamente es absolutamente cierto. El cuerpo masculino posee más masa muscular que el femenino. Se da la curiosidad de que en la antigua URSS, donde los entrenamientos físicos para las Olimpiadas eran brutales, y se entrenaba a hombres y mujeres igualmente desde muy jóvenes, las marcas femeninas nunca igualaron a

mínima diferencia, y por tanto será necesario no poner obstáculos a su naturaleza, ya sea que ésta habite en cuerpo masculino o femenino, y si una de estas almas demuestra tener gran capacidad para la medicina, el arte, la filosofía, el ejercicio, el gobierno o la guerra, sería absurdo impedir, por cuestiones de sexo, que esa persona desplegara toda la capacidad de su alma para el beneficio de todos.

La raíz **wek-** significa *hablar*. En sánscrito derivó a la palabra *vákti*, que significa *él habla* o también V*âch* en otras versiones,[26] pero como personificación mística del lenguaje, mediante el cual el conocimiento fue dado a los hombres. Dice Blavatsky:

«Es la subjetiva Fuerza creadora que, emanando de la Deidad creadora (el Universo objetivo, su privación o ideación) pasa a ser el manifestado "mundo del lenguaje", esto es, la expresión concreta de la ideación y, por consiguiente, la "Palabra" o "Logos"».

Y, además:

«El Logos femenino, siendo uno con Brahmâ, quien la creó de una mitad de su cuerpo, que él dividió en dos partes; ella es también uno con V*irâj* (llamada la «*Virâj* femenina»), que fue creada en ella por Brahmâ».

Mientras que V*irâj* es:

«El Logos indo de los Purânas; el Manú masculino, creado en la porción femenina del cuerpo de Brahmâ (*Vâch*) por dicho dios».

Así, aunque ambos parten por igual de Brahmâ, *Virâj* sería el prototipo de todas las formas masculinas, ya sea humanas, animales o vegetales, y *Vâch* lo sería de todas las formas femeninas. Ambos son un solo espíritu, pero dada la necesidad de crear, cada una de las partes

---

las masculinas. Aun así, una menor masa muscular sólo es un dato físico, y nunca se puede relacionar con la capacidad emocional, mental o moral.
26. *Glosario teosófico,* de H.P. Blavatsky.

asumirá un papel opuesto y complementario en la dualidad. Vâch-Virâj son el equivalente al *Adam-Kadmon* cabalístico, el «varón-hembra» del primer capítulo del *Génesis*, un arquetipo de la humanidad en su conjunto, donde está incluida necesariamente la dualidad para que puedan darse la generación y la vida.

Si para los egipcios el brazo extendido con un pan servía para dar y no para pedir, porque «no existe felicidad egoísta», de la raíz **bhag-**, traducida como *repartir, compartir*, se formaron palabras que expresaban *él reparte, dios, tesoro* y *suerte*. En griego aparece una idea muy cercana a la egipcia, ya que se forma la palabra *fagein*, que puede traducirse por *comer* y *compartir comida*.

Hay también una interesante relación de palabras para referirse al *yo*. Como en otros casos existe una conocida raíz que, en determinadas lenguas, toma dos orientaciones diferentes, pero no por ello menos sugerentes. **Eg** como palabra se traducía como *yo*, aunque en sánscrito, avéstico y persa antiguo la forma de expresar la idea del individuo referido a uno mismo derivada de esta palabra fue, sucesivamente, *ahám*, *azɘm* y *adam*. Es, también, el *ego* griego y latino. Según Blavaskty, la palabra asiria **ad** significa *el padre;* en arameo, sin embargo, la misma palabra significa *uno*, y *ad-ad*, «el uno solo», pero si nos remitimos al significado hebreo y cabalístico de Adam, su traducción es la de «el único engendrado» y también «tierra roja», siendo, como relata el Génesis 1-27: «Y creó Dios a los hombres a su imagen; a imagen de Dios los creó; varón y hembra los creó». En cualquier caso, es una referencia bastante cercana a lo que hemos visto hasta ahora sobre el sentido de *hombre* y *humanidad*, donde el primer ser humano creado, a imagen de la divinidad, es un modelo arquetípico que ya incluye la dualidad sin, aún, llegar a estar dividido en dos seres independientes.

Según explica Cirlot, el mito del andrógino es un elemento simbólico muy frecuente relacionado con los relatos míticos de la creación, como las divinidades hermafroditas que aparecen en el pedestal de uno de los colosos de Memnón. Aparece también en la India, como un ser escindido en dos sexos, pero ligados en una sola personalidad, representado simbólicamente en el *linga* o *lingam* que, lejos de ser una simple representación fálica, como pretendieron ver los griegos, es un símbolo de la creación abstracta, y servía para designar al creador, tanto masculino como femenino, *Ziva* y *Zakti*, aspecto primero y doble de la creación. La palabra *linga*, además de traducirse como miembro viril, también tiene otro significado que nos resultará familiar: *marca, señal, sello, signo característico* o *distintivo, atributo, emblema, evidencia, prueba,* etc.[27] El mito del andrógino está presente también en la reunión de principios aparentemente separados de Quetzalcoatl, en el simbolismo de Géminis y, de una u otra manera, en los mitos chinos, iranios, hebreos, australianos, etc., siendo en definitiva, y como explica Mircea Eliade, una representación de la idea de biunidad divina. El teósofo Sri Ram dijo sobre esto:

> «Todos los hombres son un solo Hombre, aunque parecen separados unos de otros por sus individualidades diferentes. El que está revelándose por medio de ellos es una persona sola cuya inteligencia usa mil cabezas, o es multicéfala».[28]

Esta dualidad «unida» no tiene una única lectura generadora en el sentido sexual, también es la confluencia de las fuerzas contrarias, como veíamos con la reunión en un mismo símbolo de la serpiente y las alas. El ser humano, sea hombre o mujer, tiene una naturaleza dual, ya que es al mismo tiempo de la tierra y del cielo, material y espiritual. Esa dualidad reunida es el *yo*, y también, como vimos, la «Y». Alquímicamente aparece el símbolo del andrógino asociado a Mercurio o Hermes, en forma de persona con dos cabezas y, frecuentemente, con la palabra *rebis* (cosa doble) escrita. El *rebis* o *abesi*, en alquimia, es la materia muerta, el excremento que abona la vida futura.

El texto alquímico del siglo XVI *Aurora consurgens* describe en el proceso de la *cópula*[29] que «está escrito que la hembra disuelve al varón y el varón fija a la hembra. Es decir, el espíritu disuelve al cuerpo y lo ablanda, y el cuerpo fija el espíritu». Igualmente, en el *Rosarium philosophorum* se dice: «Hermes escribe: el dragón no muere sino cuando

---

27. Ibíd.
28. Del libro de Sri Ram *El hombre: su origen y evolución.*
29. La *cópula* alquímica es el nombre simbólico que se da a uno de los procesos de la creación de la piedra filosofal.

lo matan conjuntamente su hermano y su hermana. Uno de los dos no es suficiente, tienen que hacerlo ambos, a saber, el Sol y la Luna». Tras la cópula alquímica, esta pareja de hermanos, que es una pareja regia, busca abrazarse «para concebir un hijo sin igual en el mundo». En ese proceso de unión, el «grandísimo» amor de ella lo encierra a él en su seno, haciéndolo desaparecer, y lo fracciona en partes indivisibles. En las ilustraciones alquímicas aparece ya un solo cuerpo con dos cabezas, la del rey y la de la reina, compartiendo una sola corona mientras se descomponen en su tumba de piedra. Tras varias conjugaciones de los cuatro elementos, ambos hermanos-esposos comienzan el proceso de putrefacción, a partir del cual se podrá engendrar una nueva creación. Así, la pareja real, ya vivificada por el fuego, resurge como *rebis*, y se levanta del sepulcro como un ser andrógino. Su forma es, justamente, la de una «Y», equivalente a la *yod* hebrea y al número diez (IO), así como ésa era la letra pitagórica que representaba los dos caminos del ser humano: el vicio y la virtud, la encrucijada del tres en uno de la que ya hablamos. Según *El Zohar*, Rabbí Abba dijo:

«El primer hombre era varón y hembra a la vez, pues está escrito: *Y dijo Elohim: Hagamos al hombre a nuestra imagen y semejanza* (Gen, 1:26). Precisamente porque el hombre se parecía a Dios fue creado varón y hembra a la vez y posteriormente fue separado».

Hasta ahora sólo hemos hablado de uno de los significados de **eg**, concretamente de **eg** como palabra, ahora bien, también se usó como raíz (**eg-**) por pueblos como los nórdicos o los alemanes para revelar la idea de *carecer*, entonces se usa para expresar *necesidad, escasez, indigencia* y *pobreza*, que es, de alguna manera, la situación del hombre (siempre en el sentido de humanidad) separado en dos naturalezas (hombre y mujer, cielo y tierra) con la necesidad de encontrarse y reunirse. Recuerda esta idea a la descrita por Platón en el *Banquete*, en el que hace a Eros, el amor, hijo de Poros (*el recurso*) y Penía (*la pobreza*), y lo describe como ese ser intermedio o *daemon* que busca denodadamente conseguir aquello que no tiene, y unirse por siempre a aquello que le falta. Igualmente el hombre, como hijo de la misma necesidad, está embarcado en la misma aventura del amor, entendiendo este

Amor como una poderosa fuerza que busca la unión permanente, que une y mantiene las cosas unidas.

La raíz **ghabh-**, que significa *dar* o *recibir*, se relacionó con *mano, apoyo, riqueza, coger* y *abundancia*. Es evidente que sólo puede dar aquel que tiene; de ahí las ideas de riqueza y abundancia, o las de *tenencia* y *posesión* que se recogieron en latín a través de *habeō*, una idea que incluye las de *deuda* y *deber*, igualmente heredadas en castellano desde el latín por *debeō*, ya que lo que tenemos no es nuestro ni lo hemos creado nosotros, sino que lo hemos *cogido* y, de alguna manera, lo *debemos*. De ahí dichos como el de nuestro refranero que dice: «A quien Dios más ha dado, a más es obligado»,[30] o el verso del *Alégrate* de Amado Nervo: «Si eres rico, alégrate, por toda la fuerza que el destino ha puesto en tus manos para que la derrames…».

Para los egipcios, la idea de *posesión* o *riqueza* no era una bendición, sino un compromiso. La palabra usada para «poseer» era **ich**, que estaba representada por una cuerda montada sobre dos piernas, una cuerda de las que se usaban para conducir animales y, a su lado, el determinante, representado por un hombre manejando un bastón. Para los egipcios, *poseer* era un esfuerzo, ya que había que *conquistar, tomar posesión* y *quitar*. Lo que uno tiene de más lo tiene otro de menos, claro está, pero el esfuerzo al que se referían los egipcios no se limitaba al de la conquista de los bienes, sino a algo más sutil, la letra pequeña de la riqueza, ya que poseer algo es una atadura y un impedimento, porque las posesiones pueden llegar a dominar al que las posee. Con el jeroglífico **neb**, que era una sencilla *cesta* que simbolizaba el receptáculo de los bienes, se referían también a la idea de *dominio*, ya que el poseedor de las cosas debía tener la suficiente fortaleza para dominarlas sin que ellas le dominaran a él. **Jer** significaba tanto *en posesión de* como *debajo*, puesto que la posesión de algo implica que es necesario tener la capacidad para soportar su peso.

En la raíz **ked-** está *ceder* y las ideas de *cesar, cesión, acceder* o *secesión*. Los latinos usaron *cēdō* como *marchar* e *irse*, y con el prefijo *en-* y el sufijo *-ti*, (*nekedti*) se expresó la idea de aquello «de lo que uno no puede

---

30. Del refranero que recoge Juliana Panizo Rodríguez en el portal de la biblioteca virtual Miguel de Cervantes.

apartarse». Del latín *neccesse* vendría entonces *lo necesario, lo inevitable* y *la necesidad*. De esta forma, ceder es el único movimiento posible cuando uno se enfrenta a lo inevitable. Una idea muy en consonancia con las doctrinas estoicas, que exhortan a diferenciar entre las cosas que dependen de nosotros y las que no, de manera que centremos nuestros esfuerzos en cambiar las cosas que dependen de nosotros y no en enfrentarnos y luchar contra aquellas en las que no hay, en nuestra mano, nada que podamos hacer. De la misma manera, el hexagrama 33 del *I Ching*, llamado *La retirada*, dice:

> «La fuerza de lo sombrío está en ascenso. Ante su avance lo luminoso se retira, poniéndose a buen recaudo, de modo que aquella fuerza no pueda afectarlo. No se trata, en lo que se refiere a esta retirada, de una arbitrariedad humana, sino del cumplimiento de leyes que rigen el acontecer en la naturaleza. De ahí que en este caso sea *La retirada* el modo correcto de actuar, que no desgasta las energías».[31]

En cuanto a la fortaleza y las ideas asociadas al poder, hay variados e interesantes orígenes. Por un lado está la raíz **mel-**, que se traduce por *fuerte* y *grande*, pero también *más* y *mejor,* de donde viene la palabra *medrar*, que es crecer o hacerse más en el sentido de *ir a más*, mejorar. Existen otras tres raíces idénticas con significados diferentes, pero no exentos de cierta posibilidad de vinculación. Uno de esos significados es el que se refiere a algo *suave, maleable, blando, cariñoso, fundible, sin filo* y hasta *débil*. Estamos aparentemente ante dos ideas divergentes, pero en las que podríamos intuir la vinculación en dos hexagramas del *I Ching*. Uno de ellos es el 9, *La fuerza domesticadora de lo pequeño*, que reza:

> «El signo representa lo pequeño, la fuerza de lo sombrío, que retiene, amansa y frena. (…) Visto desde el ángulo de la imagen simbólica, es el viento que sopla en lo alto del cielo. Refrena el aliento descendente de Lo Creativo, las nubes, a fin de que se condensen. Pero no es lo suficientemente fuerte como para provocar acto seguido su precipita-

31. *I Ching*, versión de Richard Wilhelm.

ción. El signo da una constelación en la cual, pasajeramente, lo fuerte se ve dominado, refrenado por lo débil. Esto, si ha de verse acompañado por el éxito, sólo puede lograrse mediante la suavidad».

Mientras que en el hexagrama contrario, el 26, *La fuerza domesticadora de lo grande*, explica:

«Para sujetar y acumular fuerzas grandes y creadoras, se requiere un hombre fuerte y lúcido al que honra el gobernante. El signo *Ch'ien* (lo Creativo, el cielo, que se encuentra en el trigrama inferior) indica una potente fuerza creadora, el signo *Ken* (el Aquietamiento, la montaña, que está en el trigrama superior), firmeza y verdad; ambos indican luz y claridad y una diaria regeneración del carácter. Sólo mediante tal autorregeneración cotidiana permanece uno en la cúspide de su vigor».

En una tercera traducción de **mel-** está el significado *de color oscuro,* que también es, entre otras acepciones, *negro* y *limo,* usada para expresar enfermedades como la melanosis, la melanuria, la melena, un tipo de lepra o la melancolía. La cuarta traducción de **mel-** implica *moler, majar, triturar, aplastar, machacar* y la formación de palabras como *martillo, mazo* o *piedra de moler.* De alguna manera, el exceso de debilidad deriva en descomposición y enfermedad, y el exceso de fuerza en destrucción. En cualquiera de los dos casos, ya sea por exceso o por defecto, el resultado es nefasto.

El poder y el dominio vendrán expresados a través de la raíz **poti-**, que significa *poderoso* y *señor.* También tendrá relación con el amo de la casa, el esposo, el poseedor, el dueño. De aquí tenemos actualmente palabras como *potestad, poderío, posible, potencia, potente, pudiente, pujante* o *poseer,* entre otras, así como un elemento heráldico llamado *potenza,* consistente en una figura con forma de T que puede disponerse a modo de cruz, en lo que se llama «cruz potenzada», que fue usada por la orden del Temple durante las cruzadas. Recordemos que la Tau es, posiblemente, una de las representaciones cruciformes más antiguas y universales que existen, de la cual deriva también la cruz ansada egipcia y la misma cruz sobre la que se dice que Moisés clavó la serpiente de bronce para librar a su pueblo de las plagas.

También, cómo no, equivale a la vara sobre la que se enroscan las dos serpientes del caduceo hermético, culminado en las representaciones alquímicas por una cruz o una flor de lis, siendo, por tanto, un elemento *mágico* de poder. Poderoso no es quien tiene un poder, sino el que lo domina, convirtiéndose en su dueño y señor.

Wal- es una raíz de la que provienen palabras como *gobernar, tierra, poseer, heredero* o *gobernante*, y cuya traducción es *ser fuerte*, traducción heredada por los latinos en la palabra **valeō,** de donde se originan palabras como *valer, válido, valiente* y *valor*. En un sentido similar está **weg-**, traducida por *ser fuerte y vívido,* pero de la que se revelaron otros significados asociados como *fuerza, maza, grueso, despertar* o *rayo*. Aquí, la fuerza está asociada a la vigilancia, al *vivaque* que cuida la ciudad durante la noche, para lo que se precisa ser vivo, tener buena salud, mantenerse despierto, estar dispuesto, ser rápido y vigilante; por esta razón derivan de aquí palabras como *vigente, vigor, velar, vigía* o *veloz*.

En la cúspide del poder humano está el rey, pero esta palabra no representa ni una posesión, ni un reino, ni una potestad divina. La idea de *rey* o de *reina* proviene de la raíz **reg-**, que significa *mover en línea recta* y *conducir,* en el mismo sentido que el *rex* latino, el *rikja* nórdico y el *rajá* sánscrito. El regente, la persona que tiene en sus manos el gobierno o la dirección de un territorio y sus gentes, es aquel que puede guiarlos en el camino correcto. De aquí provienen las palabras *enderezar, corregir, derecho, dirección, erguir, erigir, rico* o *surgir*, entre otras. Se relaciona con la facultad de obrar conforme a la ley y la justicia. No fue hasta después, por una desviación del sentido de la palabra, que el poder y la riqueza dejaron de asociarse con la rectitud y la conducción para convertirse en sinónimos de ambición y avaricia.

En Egipto había distintas formas de referirse al faraón, pero existían dos jeroglíficos que, de alguna manera, expresaban el gran equilibrio que debía tener el monarca en su propia vida y en su acción como faraón para lograr mantener Maat en el país. Uno de esos jeroglíficos era **Heqa**, que significa *gobernar* y que estaba representado por un *bastón de pastor*, un cayado idéntico al que luego usaron los obispos como «herederos» del «buen pastor», simbolizado por Cristo. El otro símbolo era **Hem**, que significa *el servidor,* cuya imagen era la de una *estaca* con la que representaban la idea de *rectitud, verticalidad, estabilidad,* dado que el faraón era, efectivamente, el guía y gobernador de los egipcios, pero, antes que todo eso, su principal deber y función era la de ser su servidor. No sin razón explicaba Platón en *La república*:

> «Porque si hubiera una ciudad formada toda ella por hombres de bien, habría probablemente lucha por no gobernar, como ahora la hay por gobernar, y entonces se haría claro que el verdadero gobernante no está en realidad para atender su propio bien, sino el del gobernado; de modo que todo hombre inteligente elegiría antes recibir favor de otro que darse quehacer por hacerlo él a los demás».

En resumidas cuentas, poder, gobierno, dirección, reinado, fuerza no son adquisiciones gratuitas, sino conquistas y, como toda conquista, requiere un esfuerzo. Como decía Lao Tsé:

> «Quien conoce a los demás es inteligente. Quien se conoce a sí mismo tiene visión interna. Quien conquista a los demás tiene fuerza. Quien se conquista a sí mismo es realmente poderoso».[32]

CONSECUENCIAS DE ESTAR VIVO

Si la humanización es un misterio, la vida es, quizá, la madre de todos los misterios. Cómo surgió, cómo se sostiene y, sobre todo, por qué apareció y con qué sentido, si es que lo tiene. La inquietud por estas preguntas nos ha ayudado a avanzar como especie, y aunque no hemos dado con la respuesta final, sí que hemos desvelado algunas de las pequeñas verdades que guarda la vida, así como su hermana de camino, la muerte: otro misterio que no podemos resolver si no es traspasando el umbral de esta existencia.

El hecho de llegar a la vida es un misterio, sí, pero gracias al deseo de mantenernos con vida y en buenas condiciones el máximo tiempo posible, ha sido tremendamente valioso en las sociedades contar con personas que supieran reconocer las enfermedades y la forma de

---

32. *Tao Te Ching,* de Lao Tsé.

curarlas. Aquellos dotados con el don del médico han sido seres ex-cepcionales, con un saber y un deber equiparables a un sacerdocio. No por nada los conocimientos sobre sanación estuvieron vinculados al mundo espiritual, religioso o iniciático. Como ya se ha explicado, el problema de permitir que ciertos conocimientos lleguen a manos de cualquiera es que cualquiera podría hacer cualquier cosa con ellos, y quien tiene el conocimiento de las plantas que curan o matan pero no la moral que antepone el enfermo al médico, a la riqueza o al poder, bien sería capaz de cualquier cosa. Como el faraón, el médico tiene el poder de enderezar lo que se ha torcido, y por eso su mayor deber es el de servir.

Una vieja historia griega cuenta que Asclepio, hijo de Apolo, era un médico tan hábil que logró resucitar a los muertos, ocasionando con ello la cólera de Zeus, que lo mató con un rayo, aunque luego acabó convirtiéndolo en la constelación de Ofiuco, *el que lleva serpientes*.

La relación entre la curación y las serpientes es harto conocida y antigua, y la hemos mencionado aquí en multitud de ocasiones. Encontramos a la serpiente en el cayado de Moisés, en el caduceo hermético, en la vara de Asclepio y en otros muchos símbolos, pero siempre elevada, enroscada en ascenso a través de un elemento ver-tical. Ya hemos hablado también de su doble significado en cuanto al buen o mal uso del conocimiento. En medicina es igual, también representa la sabiduría, puesto que el conocimiento de la verdad es el mayor remedio contra el principal y más terrible de los males, cau-sante de todos los demás: la ignorancia. Pero en un sentido menos elevado y más mundano, representa el justo equilibrio que permite la salud y la vida, ya que tanto el exceso como el defecto pueden enfermar y matar.

Los centros consagrados a Asclepio no eran lugares dedicados sólo a hacer ofrendas o sacrificios. Su carácter era prácticamente el de sa-natorios, especialmente en Epidauro, donde los enfermos acudían a someterse a curas que podían extenderse hasta varios días. Se conser-van numerosos testimonios de las curaciones que allí se producían. Aunque muchos de esos testimonios describen hechos aparentemente milagrosos, «la fama alcanzada por Epidauro y el gran número de ex-votos aparecidos allí –sin hablar del desarrollo científico que tuvieron sus técnicas en la escuela hipocrática– son garantía suficiente de que aquellas curaciones no eran puramente ilusorias».[33]

Después de Asclepio, uno de los médicos más famosos y respetados por su saber e integridad fue Paracelso. Sus *Confesiones* fueron, y son, toda una declaración de intenciones de lo que debería ser la profesión médica, y una línea que seguir para todos los que se sientan llamados por la medicina:

> «Esto prometo: ejercer mi medicina y no apartarme de ella mientras Dios me consienta ejercerla, y refutar todas las falsas medicinas y doctrinas. Después, amar a los enfermos, a cada uno de ellos más que si de mi propio cuerpo se tratara. No cerrar los ojos, y orientarme por ellos, ni dar medicamento sin comprenderlo ni aceptar dinero sin ganarlo. No confiarme a ningún boticario ni entregar ningún niño a la violencia. No llorar, sino saber… (…) Nada está en mí, sino en lo mejor de lo que es capaz la medicina, en lo mejor que hay en la naturaleza, en lo mejor que la naturaleza de la tierra sabe dar fielmente a los enfermos. Por eso no parto de mí, sino de la naturaleza, de la que también yo he salido».[34]

El nombre egipcio del médico era **sunu**, y estaba representado por una *flecha* (uno de los símbolos asociados a Apolo) para dar en el blanco con acierto a la hora de diagnosticar, y con una *vasija*, usada para contener los remedios. En la raíz **sun-** se expresaba la idea de *enfermedad* o *dolor*, que era lo que el médico debía tratar. El médico debía ser rápido, ágil y preciso a la hora de aplicar los remedios, pero también ser un gran conocedor de las fórmulas mágicas. Los remedios, pociones o medicamentos estaban representados por los intestinos y se llamaban *pejeret*, derivados de la raíz **pejer-**, que significaba *circular*, dado que era muy importante que el medicamento administrado circulara por todo el cuerpo, empezando por los intestinos. Algo, el sistema digestivo, a lo que se le daba gran importancia en la medicina

---

33. *Diccionario de mitología clásica,* de Falcón Martínez, C., Fernández Galiano, E. y López Melero, R.
34. *Textos esenciales*, de Paracelso.

egipcia y con lo que Paracelso coincidía, así como con muchos de los actuales descubrimientos de la biología y la medicina.[35]

En cuanto a la salud, se escribía **seneb**, y su raíz, **udja-**, significaba *ir, moverse, avanzar lentamente*, lo que equivalía a *ir bien*. La prueba de la salud estaba en *poder moverse correctamente*. En cuanto al *udjat*, era el ojo de Horus, uno de los amuletos mágicos más usados por los egipcios y comprados por los turistas. Otro elemento fuertemente asociado a la salud es la *energía*, representada por **mu**, el *agua*, que, a su vez, proviene del *agua celeste* del Gran Océano cósmico que los egipcios llamaban *Nun*. Ya hemos mencionado que el médico debía saber manejar por igual los remedios «farmacéuticos» y los mágicos. La magia era, sin duda, un elemento indispensable en la vida de los egipcios. La palabra que la nombraba era *heka* y, tal como explica Jacq:

«Este poder mágico, cuando se utiliza bien, permite manipular la energía que une a los mundos entre sí. En las enseñanzas que un faraón daba a su hijo, el soberano revelaba que la *heka* podía ayudar al ser humano a eludir un destino infausto, es decir, a luchar victoriosamente contra la fatalidad. El universo está lleno de *heka*; al hombre sabio le corresponde distinguirla y servirse de ella en el momento oportuno».[36]

Paracelso manejaba en ese mismo sentido las artes mágicas, y hacía dos distinciones. Por un lado estaba la magia buena o blanca, que empleaba los conocimientos naturales secretos para ayudar a los enfermos e investigar la naturaleza; mientras que la magia negra, mala o hechiceril se usaba con el fin de causar daño. Por eso, con fines curativos podía usar sellos, amuletos y conjuros, que no eran otra cosa que formulaciones verbales y simbólicas que tenían la finalidad de facilitar el acceso a las cosas ocultas, ya fueran celestes o terrestres, pero no basado en la hechicería, sino «por medio de un conocimiento intuitivo obtenido

---

35. Muy recomendable sobre este tema (el de los procesos digestivos y su importancia en el buen funcionamiento del sistema inmune) es leer el libro *La digestión es la cuestión*, de Giulia Enders.
36. *El enigma de la piedra*, de Christian Jacq.

a través de la gracia de Dios y una visión concentrada, que abre paso a las grandes relaciones secretas entre Dios, el mundo y el hombre».[37]

La raíz **leg-** aporta curiosas vinculaciones. Su traducción es *recoger y recolectar*, pero también palabras derivadas que significan *hablar*, como *decir* o *expresar*. Por esta razón se vinculó con aquellos que pronuncian las palabras mágicas para curar o, lo que es lo mismo, con el médico. De esta raíz hemos heredado palabras como *léxico, leer, lectura, leyenda, sortilegio, legado, colegio, logos, lógica* y todas las *analogías* que nos permite establecer este trabajo, por ejemplo.

No hablaremos más sobre magia. ya que difícilmente se puede explicar algo que no apela a la lógica racionalista, sino a la intuición, aunque el mundo de la intuición no esté carente de cierta lógica. Aun así pueden ser arenas movedizas, por lo que nos centraremos en rebuscar en el sentido arcaico y arcano de las palabras para adentrarnos, en la medida de lo posible, en el significado de la salud, la vida, la enfermedad y la muerte.

Aiw- era traducido como *fuerza vital, vida y eternidad,* y se asoció a otras palabras como la *longevidad,* el *tiempo,* la *edad* y la *época.* Era, por tanto, el tiempo de duración de la vida en general, no tanto de la vida particular de los hombres. De ahí proviene la palabra eón, en el sentido de «inteligencia eterna emanada de la unidad divina, que ocupa el intervalo entre la materia y el espíritu».[38] **Ner-** también se traducía por *fuerza vital,* pero además hacía referencia al *hombre* y a la *voluntad.*

De **bheuә-** (*ser, existir, crecer*) se desarrollarán ideas como las de *naturaleza, tierra, se hace, hombre, beneficio, habitar* o *ser.* Es, fundamentalmente, una expresión del poder generador de la naturaleza, que hace que las cosas crezcan y se desarrollen, como los cultivos, y que el hombre se haga a los ciclos de crecimiento de las plantas en la tierra, y pueda habitarla y vivir en ella. De aquí los griegos formaron la palabra *fisis* para designar a la naturaleza, *fitón* para referirse a las plantas y *filon* para señalar la especie o la raza de algo, su linaje. Los latinos formaron la palabra *probus* para referirse a *lo que brota* o *crece bien,* así como

---

37. Extracto del glosario de los *Textos esenciales* de Paracelso.
38. *Diccionario etimológico indoeuropeo de la lengua española,* de Edward Roberts y Bárbara Pastor.

para formar la palabra *probo*, que hemos heredado como sinónimo de *honrado* e *integridad*, que es la virtud del que se ha desarrollado correctamente.

Una de las cosas que todos deseamos para nuestra vida es disfrutar. Ése es justamente el significado de la raíz **bheug-**, que hace referencia al *disfrute* y el *placer*, pero no sólo en cuanto a los placeres de los sentidos, sino al placer y disfrute que supone cumplir con un deber, y así lo expresaron los latinos con la palabra *fungor*, de donde obtuvimos las palabras *función* y *fungible*, pero también *defunción* y *difunto*, que no es otro que «el que ya ha cumplido con su tarea». Una idea diferente de la que expresa la raíz **dhwen∂-**, que significa *desaparecer* y *morir,* pero también *vaho*, por la idea de que el mismo aliento que da la vida es el que exhalamos como último suspiro al perderla.

Nacer es la consecuencia del parto, que también se denomina poéticamente «dar a luz». El origen de esto está en la raíz **gen-**, que además de para referirse al nacimiento, se asociaba también al *origen*, al *principio* y a la *raza* o el *clan*, que no es más que nuestro linaje nativo, el lugar o la línea de la que somos originarios, de donde somos naturales. Lo interesante de esta idea es que si aplicáramos a las personas y a las razas la teoría celular,[39] cosa nada descabellada en nuestra opinión, y entendiésemos que de la misma manera que una célula siempre proviene de otra célula por división, un ser humano proviene siempre de otro ser humano (no por división de la célula, sino por unión de dos humanos), sería posible remontarse muy, muy, muy lejos, a un tiempo en el que apareció la primera célula y, luego, el primer ser humano, mucho antes de que hubiera muchos seres humanos y éstos aprendieran a diferenciarse por colores o atributos, inventaran las fronteras y establecieran jerarquías ajenas a la naturaleza. **Gen-** hace referencia también al *germen,* al origen de todo, al punto en el que sólo había uno y, por tanto, un único progenitor que nos convierte a todos, nos guste o no, en hermanos. No es poesía, es etimología. De germen proviene también la palabra latina *germanus,* que no es otra cosa que «hermano».

Ken- es una curiosa raíz con tres traducciones distintas. Por un lado puede traducirse por *estar activo*. Los griegos compusieron a par-

---

39. Toda célula proviene de otra célula.

tir de ella la palabra *diakonos*, que es igualmente el *servidor*, el *criado*, el *asistente* o el *diácono*; los latinos usaron *cōnor*, que se traduce por *esforzarse* e *intentar*. Otra de las traducciones de **ken-** es *fresco*, *nuevo* y *joven*, vinculado también a *nacer*, al *niño* o al *cachorro* y, en general, a aquello que es reciente y nuevo en la vida. La tercera traducción es la que resulta más curiosa, ya que **ken-** se interpretó en otras lenguas por *vacío*. De alguna manera, las cosas nuevas, las recién venidas a la vida, están plenas de vitalidad, pero en realidad aún no han vivido lo suficiente como para acumular experiencia. Verdaderamente, el que nace aún está vacío, está por llenar. De esta última raíz se originan dos interesantes palabras: *cenofobia*, como miedo a los espacios vacíos, y *cenotafio*, que es un monumento funerario dedicado a alguien que, en realidad, no está enterrado ahí. Es, por tanto, un espacio funerario vacío. La vida y la muerte son, sin duda, dos grandes espacios desconocidos ante los que siempre sentimos cierto temor. Curiosamente, la palabra castellana «vacío» proviene del verbo latino *vacare*, de donde se forman palabras como *vago* o *vagar*, todo lo contrario de estar activo y ser un servidor eficiente.

En la raíz **kei-**, de dos posibles traducciones, encontramos también elementos de aparente contradicción. En la primera traducción encontramos palabras como *yacer, cama, querido* y *amado*. Esta asociación de ideas, tal cual se presenta, nos puede llevar fácilmente a pensar en los actos amorosos, sin embargo esta raíz se usó para expresar la idea de *pueblo, aldea, ciudad* o *ciudadano*. La vida comunitaria se hace en las plazas y en los lugares comunes de los asentamientos humanos, incluso comer puede ser un acto social, pero es en el hogar (la casa) donde uno duerme y donde está con sus seres amados. En latín se formó la palabra *cūnae*, que significa *cuna*, para referirse al lugar donde duermen los recién nacidos, mientras que en griego se usó para representar otra forma de estar acostado: el cementerio (de acostar, *koináo* y *terion*, el lugar donde te acuestas para no volver a levantarte).

Ahora, para seguir por el camino de la vida y la muerte, toca volver a hablar de cuernos. La raíz **ker-**, con cuatro acepciones diferentes, tiene como primera traducción *cuerno* y *cabeza*. Se usó igualmente para referirse a una parte alta (*altura, cima, alto, cumbre*), a la parte alta del cuerpo (*cabeza, cerebro, casco, cráneo, cuello*) y también a animales astados (*corzo, ciervo, vaca, buey, reno*). La segunda acepción de **ker-** también hace referencia a las alturas, pero a través de diversas palabras usadas para expresar ruidos y diversos tipos de pájaro. Tanto griegos (*koráx*) como latinos (*cŏrvus*) generaron a partir de ella la palabra *cuervo*, que simbólicamente volvería a remitirnos, según explica Cirlot, a la imagen de la primera materia que se genera tras la división o putrefacción de los elementos, por lo que representa el estado inicial de la vida. El cuervo es también un mensajero del cielo, con el poder de adivinar el futuro, y a pesar de su negrura, un símbolo solar, ave emblema del dios nórdico Odín, vinculado también a Apolo y al mito del diluvio. La tercera acepción de **ker-** hace referencia a la idea de *crecer*. De esta raíz se forma el nombre de la diosa latina del cereal y la agricultura, *Ceres*. Representa el crecimiento del grano y, por extensión, aquel alimento que nutre y hace crecer a los animales y a los niños, que permite engendrar y procrear, por lo que también se usó para expresar las ideas de *descendencia* y *linaje,* así como al *kóros* o joven, de donde toman su apelativo dos importantes divinidades griegas, hijos de Zeus y Leda: los *dióscuros* Cástor y Pólux. El mito es bastante curioso, ya que Zeus, metamorfoseado en cisne, sedujo a Leda el mismo día en que ésta mantuvo relaciones con su esposo, el rey de Esparta. De este extraño trío ocurre que Leda gesta un huevo del que nacen los gemelos Cástor y Pólux, aunque sólo uno de ellos era hijo de Zeus y, por tanto, de naturaleza inmortal. Ninguno de los dos sabía cuál era el hijo del dios y cuál el de Tindáreo (esposo de Leda), hasta que Cástor perdió la vida en una de sus muchas aventuras juntos. El amor fraternal que se tenían era tal que, a la muerte de su hermano, Pólux, roto de dolor, pidió a Zeus que le librara de su inmortalidad para no vivir sin su gemelo, ante lo cual Zeus inmortalizó a ambos en el cielo en lo que hoy se conoce como la constelación de *Géminis*. Ambos fueron los héroes nacionales de los espartanos, representados como dos jóvenes gemelos montados sobre caballos blancos, vestidos con túnica blanca y capa roja, con una lanza en la mano y un casco en forma de media cáscara de huevo, coronado por una estrella. También se los representó como sendas vigas de madera unidas por un travesaño; un emblema que fue usado como amuleto por los dos reyes espartanos (correyes) como símbolo de la mutua colaboración y la ausencia total de rivalidad.[40] De la cuarta y última traducción de la raíz **ker-**, tenemos *calor* y *fuego*. Con ella se compusieron palabras relacionadas como *hogar, cocina, caliente, rojo, hermoso* o *quemar*, incluyendo la palabra griega *keramós*, el barro cocido que se convierte en cerámica, elemento primordial de la vida y el desarrollo de los hogares y las sociedades, gracias a que en ella no sólo se podía cocinar, sino también almacenar alimentos vitales como los cereales.

El dolor emocional y el sufrimiento tiene una raíz: **kwent(h)**, y su poder para influirnos es tal que puede enfermarnos. La palabra griega *pathos*, que surge de esta raíz, significa a la vez *sentimiento* y *enfermedad*. Una palabra que ya vimos en el antiguo egipcio, **mer**, que significaba *amor* y que estaba representada por una azada, tenía como sinónimo la pirámide (también pronunciado **mer**), que simbolizaba el amor constructivo que unía al faraón con los dioses. Pero el amor, como fuerza, también tiene una cara oscura. Cuando esta raíz estaba acompañada en los jeroglíficos por el pájaro del mal, su significado se transformaba en *enfermedad*. Sobre la naturaleza de la enfermedad, Paracelso afirmaba:

> «Hay dos ámbitos en los que las enfermedades penetran y por los que pueden expandirse. El uno es la materia, es decir, el cuerpo; en él se ocultan todas las enfermedades y viven allí; …el otro ámbito no es material, sino que es el espíritu del cuerpo, que vive en éste, intocable e invisible, y que puede sufrir exactamente las mismas enfermedades que el cuerpo. Pero como el cuerpo no participa de este ser, es del *ens spirituale*, del ser espiritual, del que parte la enfermedad… Por eso hay dos clases de enfermedades: las espirituales y las materiales».[41]

Cuando el sufrimiento es grande, no sólo deseamos el final de ese dolor, también queremos olvidarlo. De la raíz **kwent(h)** los griegos dieron nombre al *nepente*, una bebida con la que los dioses podían curarse heridas y dolores pero que, además, producía olvido, de ma-

---

40. *Diccionario de mitología clásica,* de Falcón Martínez, C., Fernández Galiano, E. y López Melero, R.
41. *Textos esenciales,* de Paracelso.

nera semejante a cómo las aguas del río Leteo forzaban a las almas de los difuntos a beber de ellas y olvidar, antes de volver a la vida en otro cuerpo y con una nueva oportunidad de purgar las faltas del pasado y disfrutar de los bienes conquistados sin el lastre del recuerdo.

Aristóteles no fue el único que habló de la virtud del término medio. Entre los mensajes que exhortaban a los fieles en el templo de Delfos, hay dos que han quedado grabados a fuego hasta nuestros días. Uno es «Conócete a ti mismo» (la frase completa era «Conócete a ti mismo y conocerás el Universo y a los dioses») y el otro era «Nada en exceso». Esta llamada a la moderación está fuertemente relacionada con la salud y la vida. La raíz **med-**, traducida como *medir y tomar medidas apropiadas*, servía también para expresar *pensamiento*. Pensar en la justa medida de las cosas es lo que llevó a configurar palabras como *medēor* (del latín), que significa *cuidar, tratar* y *curar*, ya que estamos hablando del oficio del médico y de la elaboración de los remedios. En la visión médica de Paracelso:

> «El camino recto no consiste en la especulación, sino que profundiza en la experiencia. De ella recibe el médico su ayuda, y todo su saber se basa en ella. Tiene que tener un rico caudal de experiencias, porque nació como un ciego, y del saber letrado todavía no se ha hecho ningún médico. (…) Los ojos, que se recrean en la experiencia, serán tus maestros, porque tu propio fantasear y especular no puede llevarte tan lejos como para que te ufanes de ser médico».[42]

Por eso en **med-** encontramos el origen de la palabra latina *meditor*: meditar, pensar en, considerar; así como *modestus*: moderado, mesurado, comedido, razonable; y *moderō*: mantener dentro de la medida. Pensar en la justa medida de las cosas y la moderación que nos haga evitar los excesos no sólo son la clave del médico para encontrar los remedios, también son los caminos para no caer en manos de la enfermedad. En época ptolemaica se desarrolló un importante culto sincrético en Alejandría, el del dios Osiris-Apis, más conocido como Serapis. Estaba asociado con el inframundo, la sabiduría y la sana-

---

42. Ibíd.

ción. Por estas razones sus principales atributos eran la compañía del can Cerbero, un cayado sobre el que se enroscaba verticalmente una serpiente y un curioso tocado en la cabeza con forma de vaso que representaba, ni más ni menos, que la justa medida. Por algo decía Demócrito que «si se sobrepasa la medida, lo más agradable se torna en lo más desagradable».[43]

El hecho como tal de morir tiene una raíz específica: **mer-**, pero es una palabra con acepciones diversas y también muy interesantes. **Mer-** puede traducirse en su primera interpretación por los verbos *parpadear, oscilar* y *vacilar*, pero también hace referencia a la *luz*, el *esplendor*, la *pureza*, la *claridad* y el *ardor*. Quizá estos nombres derivados indiquen aquello sobre lo que actúa el verbo; ¿una luz que parpadea?, ¿un esplendor vacilante?, ¿una pureza que oscila?, ¿algo que empieza a interrumpirse? La segunda acepción es *causar daño* y *borrar*, referido a algo que se golpea, que es aniquilado, que se gasta y consume, a una mordedura y, finalmente, a una enfermedad a través de la palabra latina *morbus* (mórbido). La tercera acepción es, directamente, *morir* y *muerto*, pero con una derivación llamativa, y es que con prefijo y sufijo da lugar a *ambrotos*, de donde viene la *ambrosía* que bebían los dioses inmortales. Finalmente, en la cuarta acepción indoeuropea encontramos lo más curioso: *atar* y *ligar*. Para los egipcios, morir podía traducirse, aproximadamente, por *amarrarse a un poste*. La palabra que usaban era **met**, y se representaba mediante un hombre caído con sangre saliendo de su cabeza, ya que **met** también puede ser el vaso o canal conductor. Tal como explica Jacq,[44] «para Egipto, la muerte física parece haber estado asimilada a la rotura de un vaso, traduciendo así la interrupción de la circulación de energía». **Meni** era otra forma de referirse al hecho de morir, e incluía en su representación jeroglífica un poste de amarre, traduciéndose de una forma náutica como *abordar, fijar al poste de amarre, ser fijo, duradero*, indicando de alguna manera que la navegación por el proceloso mar de la vida se ha desarrollado adecuadamente, se ha llegado a puerto y ya está amarrada la nave.

---

43. *Fragmentos presocráticos. De Tales a Demócrito,* versión de Alberto Bernabé.
44. *El enigma de la piedra*, de Christian Jacq.

La comparación de la vida con un viaje en barco tenía, para los egipcios, una simbolización muy clara. Si la muerte era llegar a puerto, la vida o el hálito vital era el viento que empujaba la vela de nuestro barco. Y así era justamente como se representaba: **chau**, el aire o hálito vital, se identificaba con un mástil y una vela hinchada por el viento; un viento sin el cual el viaje no era posible.

Lo más interesante de esta idea es que no entiende, como en nuestra cultura, la muerte como un final trágico y doloroso, sino como el fin de un viaje. No como una destrucción o aniquilación y, por consiguiente, nada que impida volver a soltar amarras y poner rumbo, otra vez, a nuevos puertos.

Blavatsky explica que:

> «Según expresa una fórmula que se halla en las inscripciones funerarias, los egipcios "amaban la vida y detestaban la muerte". Así es que tenían mucho cuidado de alejar la idea de muerte, hasta el extremo de que en los textos no figura dicha palabra. La aniquilación era considerada el supremo castigo de los malvados; los justos no bajaban a la tumba más que para prepararse allí para nuevas existencias. La región infernal es la tierra de los *vivientes*, y en las inscripciones tumularias, el nombre del difunto va muchas veces seguido del epíteto *reviviente*».[45]

Al parecer, para ellos la muerte como final no era real ni duradera, salvo para aquellos que perdían su alma a causa de sus malvados actos. Así, la palabra **met** se asociaba a **Mut**, que significa *madre*, puesto que cuando los justos morían, su vida no acababa, sino que seguían viviendo dentro de la madre cósmica, donde tenía lugar la «resurrección» o renacimiento. La raíz indoeuropea *māter-* no sólo significa «madre», también es la *matriz*, el *vientre*, la *ciudad*, el *origen* y la misma *materia* o *madera*, como el tronco de un árbol que hunde su raíz en la tierra y se eleva vertical hacia el cielo.

Pero si **mer-** se refería más al acto de morir y al difunto, **nek-** alude a la muerte. **Mer-** es la desaparición, la destrucción que hace perecer, y también se relacionaría con el *cadáver*, el *daño*, el *perjuicio* o la *expo-*

---

45. *Glosario teosófico*, de H.P. Blavatsky.

sición a un peligro; y, de la misma manera que esa raíz llegaba a vincularse con la ambrosía, de **nek-** se originará el néctar de los dioses, la bebida de los inmortales. Curiosamente, lo habitual era que los héroes alcanzaran la inmortalidad celestial sólo después de muertos.

JUSTICIA Y EDUCACIÓN

La palabra **yewes**, que se traduce por *ley*, no sólo se usó para referirse a lo *justo*, los *jueces* o a los *rituales* (que eran lo que en justicia debía hacer el hombre para reproducir y comprender las leyes de la naturaleza), también se usó para decir, simple y maravillosamente, *¡salud!*

> «No es, por tanto, ¡oh, Polemarco!, obra propia del justo el hacer daño
> ni a su amigo ni a otro alguno, sino de su contrario, el injusto. (...)
> Por tanto, si alguien afirma que es justo dar a cada uno lo debido y
> entiende con ello que por el hombre justo se debe daño a los enemigos
> y beneficio a los amigos, no fue sabio el que tal dijo, pues no decía verdad; porque el hacer mal no se nos muestra justo en modo alguno».[46]

Desde el momento en que el ser humano empezó a vivir en sociedad, fue necesario establecer normas que permitieran la convivencia, así como límites y sanciones para los infractores. El código de Hammurabi es, de momento, el texto legal más antiguo que se conserva. Las leyes no eran algo fácil de imponer, a menos que hubiera un consenso social en la necesidad de establecer unas normas, así como un principio de autoridad y un sentido de justicia en las mismas. De no darse lo anterior podría producirse una rebelión, y la única forma de imponer esas leyes sería por la fuerza.

El consenso y la justicia favorecían que las sociedades aceptaran las leyes como buenas para el conjunto, y el principio de autoridad quería garantizar que el código no se modificara a gusto de los hombres, por eso quizá los mitos siempre registran que las primeras leyes fueron dadas a los hombres por un dios. De alguna manera, aquel dato refrendaba la validez irrefutable de esas leyes, pero simbólicamente tienen un significado más profundo, ya que revela que existen

---

46. *La república*, Platón

las leyes humanas y las leyes divinas, y esas leyes divinas no serían otra cosa que las leyes naturales o universales, como aquellas a las que hace referencia el Kybalión. Pondremos dos ejemplos para explicarlo, ya que la antinatural separación entre ciencia y filosofía ha creado dos formas de entender las mismas cosas; en el primer caso con un sentido «real» y «objetivo», y en el otro como algo cuasi mágico o místico, sin fundamento científico.

Ejemplo 1

Entre la tradición oriental existe un concepto que, desde hace un par de siglos, comenzó a popularizarse en Occidente. El concepto es el del *karma*, entendido entre los orientalistas poco serios como una acción que condiciona nuestras existencias pasadas, presentes y futuras, como una especie de premio-castigo que se extiende sobre nosotros hasta el final de los tiempos por culpa de la reencarnación de nuestra alma, que nos encadena una y otra vez a nacer de nuevo mientras tengamos deudas que pagar. Los gurús espirituales venden purificaciones del karma por internet. Los libros de autoayuda se refieren a ella como ley cósmica, gran energía o «juez de los actos», términos que no ayudan mucho a que una parte de la población lo tome como algo consistente. Blavatsky define el karma de una forma más imparcial:

> «Físicamente, acción; metafísicamente, la Ley de Retribución, la Ley de causa y efecto de Causación ética. (…) El karma no castiga ni recompensa; es simplemente la Ley única, universal, que dirige infaliblemente y, por decirlo así, ciegamente todas las demás leyes productoras de ciertos efectos a lo largo de los surcos de sus causaciones respectivas».

Básicamente estamos ante una ley, no ante una acción caprichosa de alguna divinidad particular o cósmica. El universo mismo está sometido a ella, ya que eso es lo que quiere decir «ley universal», y no hay trampa, argucia o purificación *online* del karma que exonere a ningún ser de sus efectos. Una vez que se produce una acción, ésta lleva inexorablemente a producir un efecto, y todo lo que existe funciona así. Como explica Blavatsky, en lo físico es «acción» o, lo que es lo mismo, ley de *acción-reacción*, la tercera ley de Newton. Ahora bien, si entendemos que una ley universal es verdaderamente universal, quiere decir que funciona en todos los ámbitos de la vida, sin excepción. Si las acciones físicas tienen consecuencias (el desplazamiento de un fluido que se produce al sumergir un cuerpo, tal como expresa el principio de Arquímedes, es también una reacción –desplazamiento de agua– a una acción –sumergir un cuerpo–, y se rige a su vez por otras leyes que implican el juego de fuerzas entre el peso del cuerpo y el empuje del fluido), las acciones morales no pueden estar al margen de la ley sólo porque podamos medir el empuje hidrostático con una fórmula pero no el efecto de una buena o mala acción, que no por no ser visible deja de ser un efecto más «mecánico» que místico. Que se le llame karma o tercera ley de Newton no cambia en lo más mínimo su funcionamiento.

Ejemplo 2

Desde hace algunos años, se vienen estudiando los sistemas complejos, como las redes ecológicas. Se sabe desde hace tiempo que la eliminación de una especie dentro de un ecosistema puede tener efectos desastrosos en el conjunto (si se dan cuenta, esto también es acción-reacción). Las redes ecológicas[47] establecen patrones muy curiosos de interrelaciones en los que existe una gran cantidad de nodos con pocas interrelaciones y una pequeña cantidad de nodos fuertemente relacionados. De alguna manera, en estas redes ecológicas no todas las especies tienen el mismo peso. Esto no quiere decir que su papel sea más o menos relevante, ya que se ha podido ver que cuando uno de estos nodos (o especies) menos interconectadas desaparece, una o varias especies se hacen cargo de su función en el ecosistema.

La naturaleza establece jerarquías en base a las «responsabilidades» o roles desempeñados dentro del sistema, y si la especie encargada de una de esas funciones desaparece, el sistema es lo bastante robusto para mantenerse y sustituir a los «encargados». El problema está cuando lo que se ataca es uno de los nodos principales, de esos que tienen el mayor número de interconexiones.

---

47. De un trabajo de Montoya, José; Solé, Ricard V.; y Rodríguez, Miguel Á. titulado «La arquitectura de la naturaleza: complejidad y fragilidad en redes ecológicas».

En los ecosistemas serían las especies clave, sin las cuales todo el sistema puede venirse abajo.[48]

Otra de estas «leyes universales» dice algo así: «Como es arriba, es abajo; como es abajo, es arriba». Que no significa otra cosa más que los sistemas y las estructuras que demuestran ser los más eficientes se replican continuamente en todos los niveles de la naturaleza, y que si el hombre quiere crear sistemas y estructuras estables y duraderas, debe fijarse en cómo están constituidas de forma natural. Si aplicamos la idea de las redes ecológicas a las relaciones sociales humanas y a los sistemas de gobierno, vemos que los nodos más interrelacionados y, por tanto, los que más oportunidades de vida e interrelación dan (siempre dar, siempre al servicio de los otros) al resto de seres del ecosistema, deberían corresponder con las cabezas jerárquicas. Si se destruyen las interrelaciones o desaparece un nodo principal, no es tan fácil de sustituir como un nodo secundario o terciario, y todo el ecosistema corre el riesgo severo de derrumbarse. Esto no quiere decir, y la historia lo prueba, que cuando un gobernante muere, todo el conjunto de la sociedad se tambalea. Hemos hablado de nodos principales y de cabezas jerárquicas, y éstas pueden (o no) coincidir con los gobernantes. Los nodos principales en las relaciones humanas son, siempre, ejemplos morales de gran calado, porque ése es elemento vertebrador de las sociedades; el sentido del bien y la justicia son, *per se*, los nodos esenciales que interrelacionan absolutamente todo lo humano, ya que son, de modo intrínseco, la esencia diferenciadora de la humanidad, y los que dan verdaderamente la oportunidad de ser mejores a los demás gracias a su ejemplo. Por eso, las sociedades no se derrumban cuando desaparece el dirigente, sino cuando se desintegran sus valores morales. Decía Confucio: «Si un hombre no tiene humanidad, ¿para qué le sirven los ritos? Si un hombre no tiene humanidad, ¿para qué le sirve la música?».[49]

Sobre la justicia consensuada en favor de la sociedad, que mencionábamos antes, el hexagrama 13 del *I Ching*, *T'ung Jen*, se traduce como «Comunidad con los hombres» y está representado por dos

---

48. De un artículo publicado en el diario *El Mundo* sobre el trabajo antes citado de Montoya, José; Solé, Ricard V.; y Rodríguez, Miguel Á.
49. *Analectas*, de Confucio.

trigramas: arriba lo creativo, el cielo, y abajo lo adherente, la llama, y señala que:

> «La real comunidad entre los hombres ha de llevarse a cabo sobre la base de una participación cósmica. No son los fines particulares del yo, sino las metas de la humanidad lo que produce una duradera comunidad entre los hombres; por eso está dicho: comunidad con hombres en lo libre tiene éxito. Cuando predomina la unión de este tipo, pueden llevarse a cabo aun las tareas difíciles y peligrosas, como el cruce de las grandes aguas. Mas para poder encaminar la existencia de tal comunidad, hace falta un conductor perseverante y esclarecido, cuyas metas sean claras, evidentes y entusiasmadoras y a las que sepa convertir en realidad, con toda energía. (El trigrama interior significa claridad, el exterior fuerza)».[50]

Ahora bien, sería interesante preguntarse cuáles son las «metas de la humanidad» como tal. Para Confucio, seguidor ferviente de la sabiduría del *I Ching*, la humanidad podía entenderse como el conjunto de los seres humanos, pero también como la virtud suprema confuciana, donde humanidad era sinónimo de bondad. Siendo el bien común el sentido de la comunidad entre los hombres, bien podría ser la conquista de la bondad su finalidad.

Si desde el principio de la historia se han establecido leyes y normas, es porque, evidentemente, ha habido (y hay, quién lo duda) gente que actúa en contra de los intereses generales, poniendo en riesgo al conjunto. Pero si como vimos en este trabajo hay pruebas que avalan el sentido innato de la ética y la justicia, ¿por qué hace falta establecer leyes? La razón podría estar en algunas de las cuestiones que hemos visto hasta ahora sobre la doble naturaleza del ser humano y la etimología del «yo». Plotino, como otros antes y después de él, afirmaba que el mal era un agregado del alma, algo que se le pegaba como la suciedad y que impedía que reluciera la luz que le es propia y, como Platón, señalaba que el alma tiene dos movimientos: uno hacia arriba y otro hacia abajo. Así es que cuando somos generosos,

---

50. *I Ching*, versión de Richard Wilhelm.

valientes, fuertes y virtuosos, el alma se mueve hacia arriba, hacia el lugar que le es propio por naturaleza, la región celeste de la que proviene, y eso le proporciona tranquilidad, alegría y felicidad. Sin embargo, cuando la persona se comporta de manera egoísta, cobarde y dañina, el alma se hunde en la suciedad de la materia, que la atrapa y enfanga cada vez más, alejándola de la luz celeste, y volviendo a esa persona inquieta, ansiosa, triste e infeliz.

La inocencia es el nombre del hexagrama 25, *Wu Wang*, simbolizado arriba por lo creativo, el cielo, y abajo por lo suscitativo, el trueno. En él se dice que:

> «El hombre ha recibido desde el Cielo su naturaleza originalmente buena, inocente, con el designio de que ésta lo guíe en todos sus movimientos. Al entregarse a esta índole divina que tiene dentro de sí, alcanza el hombre una límpida inocencia, la cual, sin segundas intenciones en cuanto a recompensas y ventajas, hace sencillamente y con instintiva certeza lo que es recto. Esta certeza instintiva obra elevado éxito, y es propicia mediante la perseverancia. Pero no todo es naturaleza instintiva en ese elevado sentido de la palabra, sino que lo es tan sólo lo recto, aquello que concuerda con la voluntad del Cielo. Sin observar lo recto en este sentido, un modo de obrar instintivo e irreflexivo, tan sólo acarreará desgracia. El Maestro Kung dijo al respecto: "El que se aparta de la inocencia, ¿a dónde irá a llegar? La voluntad y la bendición del Cielo no acompañan sus acciones"».

La existencia de esos dos posibles movimientos implica otra cuestión en la que deseamos no meternos demasiado en este trabajo: la libertad. Dirigirnos hacia arriba o hacia abajo, conducirnos en un sentido o en otro, depende única y exclusivamente de nuestras decisiones. Como explicaban los estoicos, hay cosas que no dependen enteramente de nosotros, como tener más o menos dinero, ser más o menos guapos, tener más o menos salud, que nos quieran y admiren, lo que otros piensen de nosotros, lo que otros nos hagan o nos digan, los desastres naturales, la vida y la muerte, etc. Sin embargo, si algo depende enteramente de nosotros son las decisiones que tomamos respecto a cómo vamos a tomarnos lo que nos pasa y cómo vamos a proceder ante ello. Entonces, sobre la dirección que tome nuestra alma es sobre lo que mayor libertad de acción tenemos, ya que de lo demás no podemos más que ser juguetes del cambiante sino.

Hemos visto cómo, para los egipcios, el núcleo vertebrador de su sociedad era Maat, la verdad y la justicia: todos en el país, empezando por el faraón, tenían el deber de ser fieles servidores de Maat. Lo interesante es que tenían muy claro que a Maat no se la sirve con ofrendas y sacrificios, sino con los rectos comportamientos de todos, para lo cual era esencial que todos los egipcios tuvieran, desde su más tierna infancia, la mejor educación posible. La idea que hay detrás de esto fue magistralmente expresada por Pitágoras (o al menos se le atribuye a él):

«Educad a los niños y no tendréis que castigar a los hombres».

Si **yewes** habla de la ley, la raíz **deik-**, traducida por *mostrar, indicar, decir, señalar* y *pronunciar solemnemente*, fue usada por los griegos para las palabras *dike* y *dikaion*, «justicia» y «lo justo», ya que para que haya justicia, nunca se debe dejar pasar una injusticia, y el primer paso es mostrar y señalar ante todos que lo que se ha hecho no está bien. Nuestro componente social quiere aceptación, y cuando hacemos algo malo, lo primero que queremos es que nadie lo sepa, ocultarlo y, si es necesario, mentir. Diríamos que por temor al castigo legal, pero las miradas de reproche y el ostracismo hacia el que comete un acto perverso son también un castigo a veces más duro que la cárcel o la muerte, por no hablar de la propia conciencia.[51] Ya vimos cómo los egipcios borraban o cambiaban el nombre de los delincuentes, de manera que todo el mundo pudiera «ver» a esa persona como era en verdad, para que pudiese ver su mal. Para los egipcios, justicia y verdad iban de la mano, porque cuando la verdad se muestra, se puede aplicar la justicia.

Recordemos de nuevo, y al completo, lo que sobre *dikaion* dice el *Crátilo*:

---

51. Platón afirmaba que todo el mundo busca el bien, pero que no sabiendo lo que es el Bien realmente, pueden cometer los más terribles actos por alcanzar lo que consideran que es bueno para ellos o según ellos. Por eso también se justifican para no ver que es el mal, y no el bien, lo que están generando.

«Sobre algunos extremos, los más están de acuerdo, pero no lo están sobre otros. Los que creen que todo está en movimiento, suponen que la mayor parte del universo no hace más que pasar, pero que hay un principio que va de una parte a otra del mismo, produciendo todo lo que pasa, y en virtud del cual las cosas mudan como mudan; y que este principio es de una velocidad y sutileza extremas. ¿Cómo, en efecto, podría atravesar en su movimiento este universo móvil, si no fuese bastante sutil para no verse detenido por nada, y bastante rápido para que todo estuviese en relación a él como en reposo? Puesto que este principio gobierna todas las cosas, penetrándolas (*diaion*), se le ha dado con toda propiedad el nombre de *dikaion*, formado con aquella palabra y una *k* para hacer la pronunciación más suave. Hasta aquí, como he dicho, todo el mundo está de acuerdo en que tal es la naturaleza de lo justo. Pero yo, querido Hermógenes, deseoso de conocerlo mejor, me he informado en secreto, y he descubierto que lo justo es también *la causa* (por causa se entiende lo que da el ser a una cosa), y se me ha dicho, en confianza, que de aquí procede la propiedad de la palabra *dikaion*».

No muy alejada etimológicamente de **deik-** estaba **deuk-**, traducida por *conducir* y *llevar*. Este sentido de conducción se asoció más a la idea de dirigir y guiar a otros que a la de transportar cosas. Por eso de aquí se formó la idea de *toar*, que significa *remolcar la nave* (como la nave de la vida que los egipcios deseaban llevar a buen puerto), y también una importante palabra latina: *educō*, traducida como *sacar adelante*, *instruir* y, en definitiva, *educar*.

Existe otra interesantísima raíz que sugiere numerosas relaciones. **Ag-**, traducida por *conducir*, implica también las ideas de *llevar hacia*, *movimiento*, *partida*, *guiar*, *llevar* y *surco*.

De aquí se formó la raíz griega *ago-*, de la que hemos heredado palabras como *analogía*, *estratagema*, *mistagogo*, *pedagogo* o *sinagoga*. A través de la versión latina **agō-**, que significa *hacer*, *actuar*, *conducir*, tenemos palabras como *acción*, *coacción*, *castigar*, *cuidar*, *lidiar*, *litigar*, *navegar*, *purgar*, *remar*, *examen*, *exacto* o *exigir*. Desde el griego también se formaron otras palabras para designar las acciones de *considerar*, *sopesar*, *guiar* o *dirigir como justo*, así como aquellas cosas o acciones que son *dignas* o *valiosas*.

Si en las palabras era esencial conocer la intención para poder interpretar adecuadamente, con la justicia ocurre exactamente lo mismo. Hemos visto raíces exactamente iguales que tienen significados distintos, aunque vinculados. De la misma manera, no se pueden juzgar igual actos similares, sino las intenciones detrás de esos actos y el grado de conciencia del infractor acerca del mal que causaba.

Ser consciente de y *saber* provienen de la raíz **bheudh-**, que derivó en ideas relacionadas con la *aprobación*, la *voluntad*, el *orden*, el *mando* y la *observación*. Por eso, de esta raíz se han formado palabras como *Buda* (iluminado) o la palabra de origen germánico *ómbudsman* que, aunque no resulta muy común su uso en castellano es, literalmente, el «supervisor de la ejecución de las normas jurídicas, con poder para pedir el procesamiento del funcionario que por favor, parcialidad y otro motivo cometa una ilegalidad o sea negligente en el cumplimiento de los deberes inherentes a su oficio». Según Fundéu,[52] en español todo esto puede sustituirse por «defensor del pueblo».

En egipcio antiguo, *enseñar* y *la puerta* se dicen **seba**. Su determinante es un hombre con un bastón que hace referencia a la necesidad de esfuerzo. Sin embargo, la misma palabra puede escribirse con otro determinante, el de una estrella de cinco puntas. De esta manera se vinculan a la enseñanza dos importantes ideas: por un lado es necesariamente un esfuerzo del que enseña, pero también es dar al estudiante «una luz, una estrella para que pueda orientarse» y, al mismo tiempo, darle la posibilidad de abrir la puerta del conocimiento (¿no es eso lo que hacen los nodos esenciales de las redes ecológicas?).

Así, la responsabilidad de la buena enseñanza o de la buena educación recae, fundamentalmente, en los maestros, y sólo conforme el alumno aprende y despierta, puede responsabilizarse de la dirección que toman sus actos. La clave está en aprender a desear y amar lo que es justo, para que la mano y el corazón no tengan el más mínimo conflicto; claro que eso no se consigue en un curso escolar, sino que es el trabajo de toda una vida. El más importante de todos los trabajos: el que se hace con uno mismo.

---

52. El portal de consultas lingüísticas www.fundeu.es

«El Maestro (Confucio) dijo: A los 15 años me dediqué a aprender. A los 30, me establecí. A los 40, no tenía dudas. A los 50, conocí la voluntad del Cielo. A los 60, mi oído estaba sintonizado. A los 70, sigo todos los deseos de mi corazón sin quebrantar ninguna ley».[53]

Para los egipcios, el carácter había que trabajarlo. Podías nacer con unas u otras características físicas, pero el carácter podía moldearse, por eso la forma que tenían de expresar esta idea era mediante un *formón de carpintero*, **menej**, una palabra que podía significar también *poderoso, eficaz, bien hecho, digno de confianza, excelente* y *bien ajustado*. De esta manera, el carácter se convertía en **qed**, una *estaca* que se anclaba con solidez en el suelo.

Medicina y justicia son, habitualmente, comparadas por Platón. La una se ocupa de la salud y el equilibrio del cuerpo humano, mientras que la otra lo hace de la salud y el equilibrio del «cuerpo» social. Las sociedades, al estar compuestas y gestionadas por personas, heredan sus vicios y virtudes, así como, análogamente, sus enfermedades y remedios. Para ambas cosas, salud y justicia, Platón plantea la necesidad de una educación adecuada que enseñe a las personas a guiarse por la virtud de la templanza personal, de manera que si las personas saben moderarse a sí mismas, darán como resultado una sociedad igualmente moderada y más justa.[54]

Según explica Simon Leys en su introducción a las *Analectas* de Confucio:

«La educación confuciana estaba abierta a todos sin ninguna discriminación: a ricos y pobres, a nobles y plebeyos. Su objetivo era principalmente *moral*; el logro intelectual era el único medio para cultivarse éticamente. Existía una creencia optimista en el omnipresente poder de la educación: se presuponía que una conducta equivocada procedía de una falta de comprensión, de una carencia de conocimientos; sólo

---

53. *Analectas*, de Confucio.
54. Nada más nocivo y peligroso para una sociedad, por tanto, que no poner todo el esfuerzo posible por dar la mejor educación a todos y cada uno de sus ciudadanos sin ningún tipo de distinción.

con que pudiera enseñarse al delincuente y hacerle percibir la naturaleza errónea de sus acciones; éste enmendaría de forma natural su proceder. (...) Pero lo más importante es que la educación confuciana era humanista y universalista. (...) Lo importante no es la información técnica acumulada ni la profesionalidad especializada, sino el desarrollo de la propia humanidad. La educación no tiene que ver con *tener*, sino con *ser*».[55]

Esta forma de entender la educación no era muy diferente a la expuesta por Platón en *La república*. Platón, nacido poco más de 50 años después de la muerte de Confucio y separado de éste por casi 8 000 kilómetros, desarrolló conceptos sobre la educación, el valor y la justicia muy semejantes a los de Confucio. Cualquiera que enfrente el *aristos* platónico con el hombre *Ju* confuciano descubrirá idéntica relación.

«El señor Ji Kang preguntó a Confucio sobre el gobierno. Éste respondió: "Gobernar es ser recto. Si te comportas rectamente, ¿quién se atreverá a no hacerlo?". (...) El Maestro dijo: "Si un hombre puede conducir su vida rectamente, las tareas del gobierno no serían problema para él. Si no puede conducir su propia vida con rectitud, ¿cómo podría conducir rectamente a los demás?"».[56]

«Sócrates: Habrá, pues, que elegir entre todos los guardianes a los hombres que, examinada su conducta a lo largo de toda su vida, nos parezcan más inclinados a ocuparse con todo celo en lo que juzguen más útil para la ciudad y que se nieguen en absoluto a realizar aquello que no lo sea. (...) Creo, pues, que es menester vigilarles en todas las edades de su vida para comprobar si se mantienen siempre en esa convicción y no hay seducción ni violencia capaz de hacerles olvidar y echar por la borda su idea de que es necesario hacer lo que más conveniente resulte para la ciudad».[57]

---

55. SER mejor como persona es el tipo de educación a la que nos referimos en la nota 51. *Véase* pág. 244.
56. *Analectas*, de Confucio.
57. *La república*, de Platón.

Cuenta *El Zohar* que, antes de que Dios comenzara la creación, las letras estaban ocultas y, cuando quiso crear, se fueron presentando una a una ante él para ofrecer su ayuda, y una a una iban siendo examinadas por Dios:

> «La letra Sadde entró inmediatamente e hizo la misma petición, afianzándose en el hecho de que la palabra *saddiqin* (Justos) aplicada a los hombres y a Dios empieza con la letra Sadde, tal como está escrito: *Porque Dios es justo (saddiq) y ama la justicia (sadaqot).* (Sal. 11:7). Le respondió Dios: "Ciertamente eres justa, letra Sadde; pero no conviene que me sirva de ti para la creación del mundo, ya que debes permanecer oculta para no inducir al error"».

Entre los griegos, la diosa que personificaba la justicia, las leyes sagradas, el orden establecido y la conducta por seguir era *Temis*, aunque Zeus era el que velaba porque todo ello se cumpliera. Ambos, Zeus y Temis, eran los padres de *Astrea*, identificada también con la justicia y la virtud, así como con la constelación de Virgo. De Astrea se cuenta que vivió entre los hombres durante su Edad de Oro, pero huyó a refugiarse en el cielo cuando los hombres degeneraron en sus costumbres. Es interesante recordar que Temis es, también, madre de Prometeo y la que reveló a Deucalión y Pirra cómo restaurar la raza de los hombres después del diluvio; así que, aunque Astrea huyera a causa de la corrupción humana, lo cierto es que lo que el mito revela es que la humanidad nunca ha sido abandonada por la Justicia. Recordemos las palabras de Khrishna a Arjuna en el *Bhagavad Gita*:

> «Has de saber que cuando la virtud y la justicia decaen en el mundo y se entronizan el vicio y la injusticia, entonces Yo, el Señor, me manifiesto como un hombre entre los hombres, y mediante mi influencia y enseñanzas destruyo el mal y la injusticia para sustituirlos con la virtud y la justicia».

Hace falta igualmente hacer una distinción entre justicia y ley. La primera emana de la propia naturaleza, se puede encontrar fácilmente observándola y siguiendo lo que está acorde con ella; la segunda es obra de los hombres con la intención de establecer la distinción entre las cosas justas y las injustas. Sócrates señalaba que los hombres son justos en la medida en que hacen lo que les corresponde. Montesquieu diferenciaba claramente que una cosa no es justa porque lo diga la ley, pero debería ser ley todo lo que es justo, y Cicerón acertó al decir que «cuantas más leyes, menos justicia».

EPÍLOGO

Comenzábamos este trabajo con una invitación a indagar en la «rectificación de los nombres» y ha terminado asomándonos a un poco de lo mucho que se podría decir acerca de la justicia. De alguna manera, este ensayo ha querido también buscar en el origen de algunas palabras una forma de ser justos con ellas, de entender para qué se crearon, cuál era su intención, cuál su significado original.

El paso del tiempo no discurre en vano por nada ni por nadie. La memoria se diluye, y la realidad es sustituida por recuerdos vagos cuyas lagunas rellenamos, las más de las veces, con ilusiones y falsedades, a veces inocentemente y otras veces con la clara intención de manipular el pensamiento de las gentes.

Sigamos el consejo de Platón, seamos filósofos como los perros.

—¿Pero no crees que el futuro guardián necesita todavía otra cualidad más? ¿Que ha de ser, además de fogoso, filósofo por naturaleza?

—¿Cómo? –dijo–. No entiendo.

—He aquí otra cualidad –dije– que puedes observar en los perros: cosa, por cierto, digna de admiración en una bestia.

—¿Qué es ello?

—Que se enfurecen al ver a un desconocido, aunque no hayan sufrido previamente mal alguno de su mano, y, en cambio, hacen fiestas a aquellos a quienes conocen aunque jamás les hayan hecho ningún bien. ¿No te ha extrañado nunca esto?

—Nunca había reparado en ello hasta ahora –dijo–. Pero no hay duda de que así se comportan.

—Pues bien, ahí se nos muestra un fino rasgo de su natural verdaderamente filosófico.

—¿Y cómo eso?

—Porque –dije– para distinguir la figura del amigo de la del enemigo no se basan en nada más sino en que la una la conocen y la otra no. Pues bien, ¿no va a sentir deseo de aprender quien define lo familiar y lo ajeno por su conocimiento o ignorancia de uno y otro?

—No puede menos de ser así –respondió.

—Ahora bien –continué– ¿no son lo mismo el deseo de saber y la filosofía?

—Lo mismo, en efecto –convino.

—¿Podemos, pues, admitir confiadamente que para que el hombre se muestre apacible para con sus familiares y conocidos es preciso que sea filósofo y ávido de saber por naturaleza?

—Admitido –respondió.[1]

Amigos y enemigos, propios y extraños, realidad y fantasía, no son más que palabras para evocar la justicia de los nombres, para distinguir entre lo que es propio de cada uno, de aquello que el tiempo y las aviesas intenciones han ido añadiendo o modificando de las ideas originales, desviando así el pensamiento de su idea original y verdadera. El perro (el filósofo) es el buscador más puro, el que sigue sin descanso aquello que ama. Por encima de su instinto de supervivencia, está el instinto superior de seguir el vínculo que le conecta con su amo. Diferenciar lo propio de lo ajeno es también saber qué es lo propio del ser humano y lo que no, es saber lo que nos identifica como tales, para ser fieles navegantes dentro de la corriente de las leyes que nos rigen a todos por igual.

Como explica Platón, «no es en los nombres, sino en las cosas mismas donde es preciso buscar y estudiar las cosas».[2] Sólo con los nombres nos veremos inmersos en el riesgo que señalaba el faraón Thamus (en realidad es un nombre referido a Amón) a Thot, el inventor de la escritura, de perdernos en las interpretaciones por no poder pregun-

---

1. Ibíd.
2. *Crátilo,* de Platón.

tar directamente al escritor qué quiso decir. En el proceso de indagar en los nombres para rectificarlos, aunque pueda sernos de utilidad, la etimología no es la verdadera fuente. Acercarnos a las palabras por el nombre nos puede ayudar, pero donde realmente está la clave es en el sentido de las mismas, y eso es algo que sólo conoce el corazón humano (para los egipcios era el asiento del pensamiento), ya que ahí es donde tuvo nacimiento. No es en nuestra individualidad donde vamos a encontrar respuestas, sino en nuestra humana unidad. Quizá ése sea uno de los mayores retos a los que se enfrenta el ser humano en su conjunto, así como todos y cada uno de nosotros en particular, conocer nuestro sentido, el lugar que ocupamos en la gran red del ecosistema universal. Nos vemos y vivimos como entes particulares, pero por encima de eso encarnamos juntos una única humanidad, un solo hombre con un solo pensamiento y lenguaje.

> «El Maestro dijo: "Un hombre sin virtud no puede soportar la adversidad ni la alegría durante mucho tiempo. Un hombre bueno descansa en su humanidad. Un hombre sabio sabe cómo utilizarla"».[3]

---

3. *Analectas*, de Confucio.

BIBLIOGRAFÍA

LIBROS

AMIRIAN, N. (2000) *El cuentacuentos persa*. Barcelona. Editorial Océano.

ARISTÓTELES. (1988) *Política*. Madrid. Editorial Gredos.

Bhagavad Gita. (1988) Versión de Yogui Ramacharaka . Buenos Aires. Editorial Kier.

BLAVATSKY, H.P. (2000) *La doctrina secreta*. Málaga. Editorial Sirio.

—: (1993) *Glosario Teosófico*. Barcelona. Humanitas.

BORGES, J.L. (2013) *Poesía completa*. Barcelona. Debolsillo.

BRUNO, G. (2009) *Las sombras de las ideas*. Madrid. Editorial Siruela. Extracto del prólogo de Eduardo Vinatea.

CIRLOT, J.E. (1997) *Diccionario de símbolos*. Madrid. Ediciones Siruela.

CONFUCIO. (1998) *Analectas*. Versión y notas de Simon Leys. Madrid. Edaf.

COYLE, D. (2019) *El código de la cultura*. Barcelona. Penguin Random House.

DE SANTOS OTERO, A. (2006) *Los evangelios apócrifos*. Madrid. Biblioteca de Autores Cristianos.

ELIADE, M. (2007) *Nacimiento y renacimiento. El significado de la iniciación en la cultura humana*. Traducido por Miguel Portillo. Barcelona. Kairós.

El Zohar. El libro del esplendor. (2012) Barcelona. Ediciones Obelisco.

Enūma elish. (2020) Edición de Rafael Jiménez Zamudio. Madrid. Ediciones Cátedra.

Epopeya de Gilgamesh. (1998) Edición de Jean Bottéro. Madrid. Akal.

Falcón Martínez, C., Fernández Galiano, E. y López Melero, R. (2002) *Diccionario de Mitología Clásica*. Madrid. Alianza Editorial.

Fragmentos presocráticos. De Tales a Demócrito. (2008) Introducción, traducción y notas de Alberto Bernabé. Madrid. Alianza Editorial.

Frankl, V. (2017) *El hombre en busca de sentido.* Barcelona. Herder Editorial.

Fulcanelli. (1971) *El misterio de las catedrales.* Barcelona. Plaza & Janés.

García Gual, C. (2011) *Diccionario de mitos.* Madrid. Siglo xxi editores.

Hernández de la Fuente, D. (2014) *Las vidas de Pitágoras.* Girona. Atalanta.

Hippel, W. (2020) *El salto social.* Barcelona. Editorial Kairós.

Hofstadter, D. (2015) *Gödel, Escher, Bach.* Barcelona. Tusquets.

Hölderlin, F. (1990) *Hiperión o el eremita en Grecia.* Madrid. Ediciones Hiperión.

I Ching. (1995) Versión y notas de Richard Wilhelm (traducción del chino al alemán). Barcelona. Edhasa.

Irving, W. (2004) *Leyendas de la Alhambra.* Arganda del Rey. Edimat Libros.

Jacq, C. (1999) *El enigma de la piedra.* Barcelona. Ediciones B.

Lao-Tse. (2003) *Tao Te Ching.* Edición de Luis Racionero. Madrid. Martínez Roca.

Lee, B. (2013) *Pensamientos extraordinarios. Sabiduría para la vida cotidiana.* Madrid. Dojo Ediciones.

Mitos y leyendas de los aztecas. (1989) Edición de John Bierhorst. Madrid. Edaf.

Paracelso. (2007) *Textos esenciales.* Edición de Jolande Jacobi y epílogo de Carl Gustav Jung. Madrid. Siruela.

Platón. (1841) *Crátilo.* Platón, obras completas. Versión de Patricio Azcárate. Tomo IV. Madrid. Medina y Navarro editores.

—: (2005) *El banquete.* Madrid. Alianza Editorial.

—: (2008) *La república.* Madrid. Alianza editorial.

Quaglia, G. (2014) *Mitos de Platón.* Madrid. Editorial N. A.

Ram, S. (2012) El hombre: su origen y evolución. Barcelona. Editorial Teosófica.

ROBERTS, Edward A. y PASTOR, Bárbara. (2019) *Diccionario etimológico indoeuropeo de la lengua española*. Madrid. Alianza editorial.

ROOB, A. (2006) *Alquimia y Mística*. China. Taschen.

SCHOLEM, G. (2001) *Los orígenes de la Cábala*. Barcelona. Paidós.

SCHWARZ, F. (2017) *El ocultamiento de lo sagrado*. Madrid. Edit. N. A.

—: (2008) *Geografía sagrada del antiguo Egipto*. Buenos Aires. Longseller.

SPINOZA, B. (2014) *Tratado teológico-político*. Madrid. Alianza Editorial.

WITTGENSTEIN, L. (2017) *Investigaciones filosóficas*. Madrid. Editorial Trotta.

ARTÍCULOS

BARRA ALMAGIÁ, E. «Influencia del estado emocional en la salud física», en *Terapia psicológica*, Universidad Concepción, Chile. (2003) Vol, 21, nº 1, 55-60.

BAUER, L. «Cambiar nuestra personalidad», en *Mente y cerebro*, (2020) nº 103.

CARBONELL, E. & HORTOLÀ, P. «Hominización y humanización, dos conceptos clave para entender nuestra especie», en *Revista atlántica-mediterránea de prehistoria y arqueología social*. 11, 7-11. BIBLID [11-38-9435 (2013) 15,1-212].

DESMURGET, M. «Cómo las pantallas perjudican el cerebro de nuestros hijos», en *Mente y cerebro*, (julio-agosto 2020) nº 103.

DUQUE, M.P. y PACKER, M.J. «Pensamiento y lenguaje. El proyecto de Vygotsky para resolver la crisis de la psicología», en *Tesis psicológica*, (2014) 9 (2), 30-57.

GRABENHORST, F. «Neuronas para la cognición social», en *Mente y cerebro*, (julio-agosto 2020) nº 103

HAMLIN, J. Kiley; WYNN, K.; BLOOM, P. y MAHAJAN, N. «How Infants and Toddlers React to Antisocial Others», en *Proceedings of the National Academy of Sciences of the United States of America* (2011/11/28). 19931- 6. 108. 10.1073/pnas.1110306108.

JIMÉNEZ GORDILLO, L. «Análisis sobre un fragmento de *Poder y naturaleza humana de Helmuth Plessner*». Trabajo para el departamento de Filosofía de la Historia de la UCM (2020).

«Neuroimage», en *Mente y cerebro*, (julio-agosto 2020) nº 103. 10.1016/j.neuroimage.2019.116341, 2020.

«Proceedings of the Royal Society», en *Mente y cerebro*, (julio-agosto 2020) nº 103. 10.1098/rspb.2019.2241, 2020.

Montoya, J., Solé, Ricard V. y Rodríguez, Miguel Á. «La arquitectura de la naturaleza: complejidad y fragilidad en redes ecológicas», en *Ecosistemas* (2001) (AEET), año x, nº 2, mayo-agosto.

Pérez de Alejo, L.M.; Moré, C.X.; Álvarez, Y.G. y Alemán, A. «Psiconeuroendocrinoinmunología: reclamo de una visión integral en los estudios médicos», (2019) ISSN 2077-2874 Universidad de Ciencias Médicas de Villa Clara, Cuba.

Quea, E. (2014) «Los cuantos o fotones». Artículo publicado en el número 10 (2002) Vol. 7 de la revista *Investigación educativa* de la Universidad Nacional Mayor de San Marcos (Perú).

Weiller, C. «El modelo de doble ruta», en *Mente y cerebro*, (2015) nº 11.

WEBS

http://etimologias.dechile.net

www.hungerforwords.com

www.rtve.es/alacarta/videos/redes

www.actualidadenpsicologia.com

https://theconversation.com

https://cenie.eu

www.culturagenial.com

www.salesforce.com

https://ethic.es

www.sas.com

www.cell.com

www.revistaesfinge.com

https://es.wikipedia.org

www.ted.com

www.investigacionyciencia.es

www.atapuerca.org

https://dle.rae.es
www.news-medical.net
www2.udec.cl
https://encyclopedia.ushmm.org
www.hermesinstitut.org
www.technologyreview.es
www.cervantesvirtual.com
www.elmundo.es
www.fundeu.es

ÍNDICE